甘肃向西开放务实合作丛书

甘肃向西开放务实合作

西亚篇

韩建民 ◎ 著

四川大学出版社

项目策划：邱小平　梁　平
责任编辑：陈克坚
责任校对：傅　奕
封面设计：璞信文化
责任印制：王　炜

图书在版编目（CIP）数据

甘肃向西开放务实合作. 西亚篇 / 韩建民著.
— 成都：四川大学出版社，2020.4
ISBN 978-7-5690-3359-5

Ⅰ.①甘… Ⅱ.①韩… Ⅲ.①区域经济合作
—国际合作—研究—甘肃、西亚 Ⅳ.① F752.842

中国版本图书馆 CIP 数据核字（2020）第 011167 号

书　名	甘肃向西开放务实合作·西亚篇
著　者	韩建民
出　版	四川大学出版社
地　址	成都市一环路南一段24号（610065）
发　行	四川大学出版社
书　号	ISBN 978-7-5690-3359-5
印前制作	四川胜翔数码印务设计有限公司
印　刷	成都金龙印务有限责任公司
成品尺寸	170mm×240mm
印　张	16.75
字　数	306千字
版　次	2020年4月第1版
印　次	2020年4月第1次印刷
定　价	68.00元

◆ 版权所有 ◆ 侵权必究

◆ 读者邮购本书，请与本社发行科联系。
　电话：(028)85408408/(028)85401670/
　(028)86408023　邮政编码：610065
◆ 本社图书如有印装质量问题，请寄回出版社调换。
◆ 网址：http://press.scu.edu.cn

四川大学出版社
微信公众号

前　言

西亚地处亚洲、非洲、欧洲三大洲的交界地带，是联系亚、欧、非三大洲和沟通大西洋、印度洋的枢纽，是古"丝绸之路"的交通要道和交汇点。中国与西亚国家交往历史悠久，友谊源远流长，共同为东西方经济、文化交流和人类发展进步做出了重要贡献。2014年6月，习近平主席在中阿合作论坛部长级会议上提出中阿共建"一带一路"，构建"以能源合作为主轴，以基础设施建设、贸易和投资便利化为两翼，以核能、航天卫星、新能源三大高新领域为突破口"的"1+2+3"合作格局。2016年1月，习近平主席在阿拉伯国家联盟总部，提出中阿共建"一带一路"倡议与和平、创新、引领、治理、交融的五大理念，开展促进稳定、创新合作、产能对接、增进友好四大行动。中国—中亚—西亚经济走廊是"一带一路"陆上经济带的重要组成部分。中国和西亚各国的经贸合作正面临着加快发展、合作共赢的难得历史机遇。

在国际形势复杂、经济波动加剧的情况下，中国与西亚国家的双边货物进出口规模呈现不断扩大的趋势。2017年，中国与西亚国家进出口贸易总额达到2320.37亿美元，占到当年中国贸易总额的5.66%，其中，中国从西亚国家的进口额为1142.47亿美元，占中国进口总额的比重为6.23%，中国向西亚的出口额为1177.90亿美元，占中国出口总额比重的5.20%。由于中国与西亚国家的资源禀赋和产业结构互补性较强，未来中国与西亚国家双边贸易的增长空间前景广阔。

为全面贯彻落实习近平总书记"一带一路"建设的重要思想和甘肃省委省政府一系列关于扩大对外开放的重大决策部署，充分利用好"一带一路"建设机遇，加快实现甘肃高质量发展的战略目标，甘肃省委党校（省行政学院）整合并依托省内相关智库研究力量，聚焦"甘肃向西开放务实合作"，开展基础性、战略性、前瞻性、储备性、可操作性研究，为新形势下甘肃充分利用好重大历史机遇，进一步扩大向西开放，深入推进务实合作，打造丝绸之路经济带黄金段，加快开放型经济结构调整和发展方式转变，构建全方位、多层次、宽领域的开放型经济新格局，提供高质量的决策咨询和政策建议。

本书以中国与西亚国家经济贸易关系为脉络，综合分析甘肃发展开放型经济的资源、产业、产品、技术和服务现状，深入研究西亚国家的资源禀赋、产业发展、市场环境、投资机遇、投资壁垒、市场开拓前景、安全与风险等情况，以及分析与甘肃经济发展的互补性，数据翔实，内容丰富全面，并提出了甘肃扩大向西开放、务实合作的具体策略和政策建议，可为甘肃各级政府和企业了解和开拓西亚各国市场提供支撑。

目 录

第一章　甘肃与西亚国家务实合作 ……………………………………（ 1 ）
　第一节　西亚基本概况 …………………………………………………（ 1 ）
　第二节　中国与西亚国家的合作情况 …………………………………（ 8 ）
　第三节　甘肃与西亚国家经贸关系 ……………………………………（ 17 ）

第二章　甘肃与阿联酋务实合作 ………………………………………（ 40 ）
　第一节　阿联酋基本概况 ………………………………………………（ 40 ）
　第二节　中国与阿联酋务实合作 ………………………………………（ 44 ）
　第三节　甘肃与阿联酋经贸关系 ………………………………………（ 52 ）

第三章　甘肃与沙特阿拉伯务实合作 …………………………………（ 55 ）
　第一节　沙特阿拉伯基本概况 …………………………………………（ 55 ）
　第二节　中国与沙特阿拉伯务实合作 …………………………………（ 59 ）
　第三节　甘肃与沙特阿拉伯经贸关系 …………………………………（ 69 ）

第四章　甘肃与伊朗务实合作 …………………………………………（ 72 ）
　第一节　伊朗基本概况 …………………………………………………（ 72 ）
　第二节　中国与伊朗务实合作 …………………………………………（ 76 ）
　第三节　甘肃与伊朗经贸关系 …………………………………………（ 85 ）

第五章　甘肃与土耳其务实合作 ………………………………………（ 88 ）
　第一节　土耳其基本概况 ………………………………………………（ 88 ）
　第二节　中国与土耳其务实合作 ………………………………………（ 92 ）
　第三节　甘肃与土耳其经贸关系 ………………………………………（ 99 ）

第六章　甘肃与以色列务实合作 ………………………………………（102）
　第一节　以色列基本概况 ………………………………………………（102）
　第二节　中国与以色列务实合作 ………………………………………（106）
　第三节　甘肃与以色列经贸关系 ………………………………………（111）

第七章　甘肃与伊拉克务实合作 ……………………………… (114)
第一节　伊拉克基本概况 ……………………………………… (114)
第二节　中国与伊拉克务实合作 ……………………………… (118)
第三节　甘肃与伊拉克经贸关系 ……………………………… (125)

第八章　甘肃与阿曼务实合作 ………………………………… (128)
第一节　阿曼基本概况 ………………………………………… (128)
第二节　中国与阿曼务实合作 ………………………………… (132)
第三节　甘肃与阿曼经贸关系 ………………………………… (137)

第九章　甘肃与约旦务实合作 ………………………………… (140)
第一节　约旦基本概况 ………………………………………… (140)
第二节　中国与约旦务实合作 ………………………………… (144)
第三节　甘肃与约旦经贸关系 ………………………………… (149)

第十章　甘肃与也门务实合作 ………………………………… (152)
第一节　也门基本概况 ………………………………………… (152)
第二节　中国与也门务实合作 ………………………………… (156)
第三节　甘肃与也门经贸关系 ………………………………… (160)

第十一章　甘肃与黎巴嫩务实合作 …………………………… (163)
第一节　黎巴嫩基本概况 ……………………………………… (163)
第二节　中国与黎巴嫩务实合作 ……………………………… (167)
第三节　甘肃与黎巴嫩经贸关系 ……………………………… (173)

第十二章　甘肃与科威特务实合作 …………………………… (176)
第一节　科威特基本概况 ……………………………………… (176)
第二节　中国与科威特务实合作 ……………………………… (180)
第三节　甘肃与科威特经贸关系 ……………………………… (185)

第十三章　甘肃与卡塔尔务实合作 …………………………… (188)
第一节　卡塔尔基本概况 ……………………………………… (188)
第二节　中国与卡塔尔务实合作 ……………………………… (192)
第三节　甘肃与卡塔尔经贸关系 ……………………………… (197)

第十四章　甘肃与巴林务实合作 ……………………………… (200)
第一节　巴林基本概况 ………………………………………… (200)
第二节　中国与巴林务实合作 ………………………………… (204)
第三节　甘肃与巴林经贸关系 ………………………………… (209)

第十五章　甘肃与叙利亚务实合作……………………………………(212)
　　第一节　叙利亚基本概况……………………………………………(212)
　　第二节　中国与叙利亚务实合作……………………………………(216)
　　第三节　甘肃与叙利亚经贸关系……………………………………(219)
第十六章　甘肃与阿富汗务实合作……………………………………(222)
　　第一节　阿富汗基本概况……………………………………………(222)
　　第二节　中国与阿富汗务实合作……………………………………(225)
　　第三节　甘肃与阿富汗经贸关系……………………………………(230)
第十七章　甘肃与巴勒斯坦务实合作…………………………………(233)
　　第一节　巴勒斯坦基本概况…………………………………………(233)
　　第二节　中国与巴勒斯坦务实合作…………………………………(237)
　　第三节　甘肃与巴勒斯坦经贸关系…………………………………(240)
第十八章　甘肃与塞浦路斯务实合作…………………………………(243)
　　第一节　塞浦路斯基本概况…………………………………………(243)
　　第二节　中国与塞浦路斯务实合作…………………………………(247)
　　第三节　甘肃与塞浦路斯经贸关系…………………………………(252)
参考文献…………………………………………………………………(255)
后　记……………………………………………………………………(256)

第一章 甘肃与西亚国家务实合作

第一节 西亚基本概况

一、基本国情

西亚地处亚洲、非洲、欧洲三大洲的交界地带，位于阿拉伯海、红海、地中海、黑海和里海（内陆湖）之间，被称为"五海三洲之地"，是联系亚、欧、非三大洲和沟通大西洋、印度洋的枢纽，地理位置十分重要。古代著名的陆上贸易通道"丝绸之路"就是从中国长安（现西安）出发，沿河西走廊出新疆，经过中亚、西亚到达欧洲。西亚除有铁路、公路以及国际航空线联结亚洲其他地区、欧洲和非洲之外，还控制着海上交通要道。

西亚包括伊朗、伊拉克、塞浦路斯、土耳其、叙利亚、约旦、以色列、黎巴嫩、巴勒斯坦、阿联酋、沙特阿拉伯、科威特、巴林、卡塔尔、也门、阿曼、阿富汗17国。西亚总土地面积约690.8651万平方公里（包括埃及在西奈半岛上的6万平方公里，不包括土耳其在欧洲的2万平方公里），约占亚洲总面积的15.54%。

西亚的主要居民有阿拉伯人、波斯人、土耳其人和犹太人等，其中阿拉伯人的分布最为广泛。第二次世界大战以后，西亚地区成为人口增长最快的地区之一，从20世纪50年代至80年代，人口年平均自然增长率超过25‰。但西亚仍是世界人口最稀疏地区之一，人口密度每平方公里平均为22人，人口分布极不平衡，地中海沿岸、两河平原人口最为稠密。以海湾六国为主吸收了大量外籍劳工，占总劳动力的80%左右，成为具有世界意义的劳务市场。2017年西亚17国总人口达到3.46亿人，占世界总人口（74.67亿）的4.63%。

西亚不仅是亚、欧、非三大洲的结合部，也是人类古代文明发祥地之一,古巴比伦(即两河文明)就产生于美索不达米亚平原。西亚是世界三大宗教伊斯兰教、基督教和犹太教的发源地,绝大部分居民信仰伊斯兰教。伊斯兰教对社会发展和人们的生活有着深刻的影响。犹太人主要信仰犹太教。伊斯兰教、基督教和犹太教都将耶路撒冷奉为圣城。麦加是伊斯兰教的圣城。

近代史上西亚几经殖民主义、帝国主义列强瓜分,使西亚地区的民族、宗教及领土、边界问题都相当复杂,成为当今世界上局势最动荡的地区之一。

二、西亚经济体分类

西亚国家经济发展速度很快。2005年西亚各国的GDP为17060.14亿美元,到2017年,已经达到34611.95亿美元,增加了17551.81亿美元,增长了102.88%,年均增长8.57%。西亚各国的人均GDP从2005年的6050.39美元增加到2017年的9530.97美元,增加了3480.58美元,增长了57.53%,年均增长4.79%,属于世界同期增长较快的经济区域。

根据世界银行发布的按人均GDP和石油收入占GDP的比重为标准来划分,从2017年数据看,西亚17国中,有8个高收入经济体(人均收入超过12736美元),包括卡塔尔、阿联酋、以色列、科威特、巴林、沙特阿拉伯、阿曼、塞浦路斯。这8个高收入经济体可分为能源型和非能源型经济体。以石油收入占GDP比重为依据,当这一比值超过10%,则将其视为能源型经济体;而当这一比值小于10%,则将其归类为非能源型经济体。能源型高收入经济体主要包括卡塔尔、阿联酋、科威特、巴林、沙特阿拉伯和阿曼6个产油国,而非能源型高收入经济体则只有以色列和塞浦路斯。

中等收入经济体(人均收入在4126~12735美元)有5个国家,包括土耳其、黎巴嫩、伊朗、伊拉克、约旦。能源型中等收入经济体主要包括伊朗、伊拉克、约旦,而非能源型中等收入经济体则只有土耳其、黎巴嫩。

中低等收入经济体(人均收入在1002~4125美元)没有西亚国家在此范围。

低收入经济体(人均收入低于1001美元)有4个国家,包括也门、叙利亚、巴勒斯坦、阿富汗。能源型低收入经济体只有也门,叙利亚(没有数据)、巴勒斯坦、阿富汗三国为非能源型国家(参见表1-1)。

表 1-1　2017 年西亚国家 GDP 及人均 GDP 情况

排序	国家	GDP（亿美元）	人均 GDP（美元）	石油收入占 GDP 的比重（%）	按收入类别划分
1	卡塔尔	1676.00	63508.90	32.35	高收入经济体
2	阿联酋	3825.00	41860.70	18.09	
3	以色列	3508.51	40270.25	0.23	
4	科威特	1201.26	28834.85	41.29	
5	塞浦路斯	216.52	25233.57	3.34	
6	巴林	353.00	24178.00	11.46	
7	沙特阿拉伯	6838.00	21007.68	24.90	
8	阿曼	726.43	15668.37	28.86	
9	土耳其	8511.02	10540.62	0.51	中等收入经济体
10	黎巴嫩	518.44	8523.75	0.08	
11	伊朗	4395.00	5415.00	17.11	
12	伊拉克	1977.16	5165.71	33.74	
13	约旦	400.68	4129.75	0.03	
14	也门	256.73	856.00	3.38	低收入经济体
15	叙利亚	0.00	0.00	0.00	
16	巴勒斯坦	144.98	3094.55	0.00	
17	阿富汗	208.15	585.85	0.33	

数据来源：根据世界银行发布的数据整理（说明：石油收入中包括天然气收入）。

西亚各国又可分为这两种经济类型，即石油输出国和非石油输出国。石油输出国包括沙特阿拉伯、阿联酋、卡塔尔、巴林、科威特、伊拉克、伊朗和阿曼 8 国，其中沙特阿拉伯、阿联酋、卡塔尔、巴林、科威特和阿曼 6 国都是依靠石油收入成为高收入经济体的，伊拉克、伊朗两国依靠石油成为中等收入经济体。非石油输出国包括以色列、塞浦路斯、土耳其、黎巴嫩、约旦、也门、叙利亚、巴勒斯坦、阿富汗 9 国。石油是各石油输出国的经济命脉，石油业在国民生产总值、国民收入和出口值中的比重较大，并且国内众多相关产业如建筑业、运输业、加工业和商业都以石油产业为发展基础。但是单一的经济结构常受国际市场，特别是能源市场价格波动的严重影响，为此，各石油输出国都在积极调整经济发展战略，逐步向多样化发展。

三、西亚经贸发展概况

(一) 西亚经济贸易结构分析

西亚的进出口贸易发展迅速,在国民经济中占据着重要位置。2005年西亚国家进出口贸易总额为10694.95亿美元,占当年GDP的比重为62.69%。到2017年,西亚国家进出口贸易总额达到21040.89亿美元,占当年GDP的比重为60.79%。2017年,西亚国家进出口贸易总额比2005年增加了10345.94亿美元,增加了96.74%,年均增加了8.06%,但占GDP的比重下降了1.9个百分点,进出口贸易平衡有一定改善(见表1-2)。

表1-2 西亚国家进出口情况

年度	进口总额（亿美元）	增长率（%）	占进出口总额比重	出口总额（亿美元）	增长率（%）	占进出口总额比重
2005	4555.92	18.02	42.60	6139.03	31.89	57.40
2017	9646.44	4.26	45.85	11394.45	19.30	54.15

数据来源:根据世界银行发布的数据整理。

(二) 西亚贸易结构变化

2017年,西亚国家主要进口产品排第一的是机械和机械装置、核反应堆、锅炉及其部件,进口额达1156.94亿美元,比2005年的544.6亿美元增加了612.34亿美元,增加了112.44%;在进口总额中占比为11.99%,比2005年的11.95%上升了0.04%,基本保持不变。排在第二位的是电动机械和设备及其部件、录音机和复印机、电视,进口额为1144.7亿美元,比2005年的350.17亿美元增加了794.53亿美元,增加了226.89%;在进口总额中的占比为11.87%,比2005年的7.69%增长了4.18个百分点。排在第三位的是天然或养殖珍珠、半宝石、贵金属等,进口额为943.03亿美元,比2005年的301.3亿美元增加了641.73亿美元,增加了212.99%,增加幅度排第二;在进口总额中的占比为9.68%,比2005年的6.63%增长了3.05个百分点。排在第四位的是铁路或电车轨道车辆以外的车辆及其零件,进口额799.5亿美元,比2005年的384.51亿美元增加了414.99亿美元,增加了107.93%,在进口总额中的占比略有下降。排在第五位的是矿物燃料、矿物油及其蒸馏产物、沥青物质、矿物蜡,进口额为698.99亿美元,比2005年的396.92亿美元增加了302.07亿美元,增加了76.1%,但在进口总额中的占比下降了1.46个百分点。其他进口产品依次为化学制品,塑料及其制品,钢铁及未指明的商品,光学、摄影、电影等仪器设备,谷物,家具、床上用品和类似的填充家具,肉类、可食用水果和坚果、食用蔬菜和某些根和块茎等产品,合计进口额为2143.17亿美元,占进口总额的比重为22.22%,与2005年相比,进口额增加了1029.03亿美元,但在进口总额中的占比变化不大。

西亚国家出口产品排名第一的是矿物燃料、矿物油及其蒸馏产物,沥青物质,矿物蜡,2017年出口额达到5170.39亿美元,比2005年的3240.22亿美元增加了1930.17亿美元,增加了59.57%,但在出口总额中的占比为45.38%,比2005年的52.78%下降了7.4个百分点。能源出口仍然在西亚出口产品中占绝对优势,西亚的出口结构仍然依赖石油等矿产品。排名在第二、第三、第四位的出口产品是未指明的商品,天然或养殖珍珠、半宝石、贵金属,化学制品,它们的出口额都有所增加,但出口总额中的位次没有发生变化。排名第五、第六的出口产品是塑料及其制品、机械和机械装置等,在出口总额中的占比分别为3.36%、3.33%,分别比2005年的1.73%、2.02%增加了1.63%、1.31%。排名第七的出口产品是纺织原料及纺织品,在出口总额中的位次没有发生变化。钢铁和矿石、盐、硫、土石、石灰、水泥出现在2017年前十大出口产品中,分别占出口总额的1.06%、0.9%。可食用水果和坚果,食用蔬菜和某些根和块茎,肉类和谷物的出口额合计为134.41亿美元,在出口总额中的比重合计为1.18%。

(三)西亚进出口市场变化

2005年,西亚主要进口市场名列前十的国家是德国、美国、中国、英国、意大利、日本、俄罗斯、法国、印度、韩国。这前十大进口市场国进口额为2132.56亿美元,占西亚国家进口总额的比重为46.81%。2017年,前十大进口市场国家没有变化,但在进口总额中的位次发生了明显变化,依次为中国、美国、德国、印度、意大利、日本、韩国、俄罗斯、法国、英国。这前十大进口市场国进口额为4518.82亿美元,占西亚国家进口总额的比重为46.85%。进口额比2005年增加了2386.26亿美元,增长了111.90%,在西亚进口总额中的比重也增加了0.04个百分点。这前十大进口市场国在西亚国家进口总额中的地位加强了,说明西亚国家进口市场依赖程度较高(参见表1-3)。

表 1-3　西亚主要进口市场国家变化情况

2005 年			2017 年		
国家	进口总额（亿美元）	占进口总额比重（%）	国家	进口总额（亿美元）	占进口总额比重（%）
德国	355.80	7.81	中国	1177.9	12.21
美国	288.80	6.34	美国	695.59	7.21
中国	264.46	5.80	德国	538.05	5.58
英国	214.12	4.70	印度	401.33	4.16
意大利	197.59	4.34	意大利	332.54	3.45
日本	184.82	4.06	日本	312.57	3.24
俄罗斯	178.65	3.92	韩国	307.24	3.19
法国	171.21	3.76	俄罗斯	278.57	2.89
印度	156.37	3.43	法国	249.24	2.58
韩国	120.74	2.65	英国	225.79	2.34
合计	2132.56	46.81	合计	4518.82	46.85

数据来源：根据世界银行发布的数据整理。

2005 年，西亚国家主要出口市场名列前十大国家的是日本、美国、意大利、中国、印度、韩国、新加坡、德国、法国、英国。这前十大出口市场国出口额为 2556.65 亿美元，占西亚国家出口总额的比重为 41.65%。2017 年，前十大出口市场国家和在出口总额中的位次发生了明显变化，依次为中国、美国、印度、德国、英国、意大利、法国、韩国、荷兰、日本。这前十大出口市场国出口额为 2554.49 亿美元，占西亚国家出口总额的比重为 22.41%。出口额仅比 2005 年减少了 2.16 亿美元，下降了 0.08%，在西亚国家出口总额中的比重下降了 19.24 个百分点。这说明前十大出口市场国在西亚国家进口总额中的地位明显下降，西亚国家的出口市场比较分散，出口市场依赖程度较低（参见表 1-4）。

表1-4 西亚主要出口市场国家变化情况

2005 年			2017 年		
国家	出口总额（亿美元）	占出口总额比重（％）	国家	出口总额（亿美元）	占出口总额比重（％）
日本	751.021	12.23	中国	1142.47	10.03
美国	525.89	8.57	美国	343.11	3.01
意大利	229.98	3.75	印度	247.37	2.17
中国	219.57	3.58	德国	194.59	1.71
印度	196.45	3.20	英国	186.04	1.63
韩国	183.24	2.98	意大利	159.87	1.40
新加坡	126.02	2.05	法国	102.54	0.90
德国	122.53	2.00	韩国	82.55	0.72
法国	111.85	1.82	荷兰	51.05	0.45
英国	90.10	1.47	日本	44.90	0.39
合计	2556.65	41.65	合计	2554.49	22.41

数据来源：根据世界银行发布的数据整理。

（四）石油在西亚贸易中的影响

西亚号称"世界石油宝库"，波斯湾及里海沿岸是世界上石油储量最丰富、产量最大、出口量最多的地区。

2017年，西亚的石油储量1015.75亿吨，约占世界石油总储量的50.61％，产量11.13亿吨，占到世界石油总产量的25％，出口量11.834亿吨，占到世界出口总量的35.65％，相比2000年西亚石油出口量占世界出口总量44.4％的份额，下降了8.75个百分点，但仍是世界最重要的石油出口地区。2017年，西亚石油出口量中出口到中国的石油为2.013亿吨，占西亚总出口量的17.01％；出口日本1.549亿吨，占西亚总出口量的13.09％；出口印度1.537亿吨，占西亚总出口量的12.99％；出口亚太其他地区3.373亿吨，占西亚总出口量的28.5％。上述四地合计占西亚总出口量的71.59％。其次为西欧，出口量为1.664亿吨，占西亚总出口量的14.06％。最后为美国，出口量为0.875亿吨，占西亚石油总出口量的7.39％。亚太地区、西欧、美国这三个地区的出口量占西亚总出口量

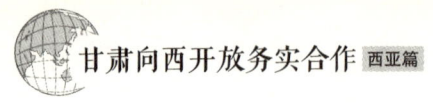

的 93.04%。

第二节 中国与西亚国家的合作情况

一、中国与西亚国家经济贸易的现状分析

"丝绸之路"是西汉时张骞出使西域开辟的以长安（现西安）为起点，经河西走廊，进入伊朗，进而连接西亚各国，最终抵达非洲和欧洲的历史大通道，是黄河文明、两河文明、尼罗河文明、爱琴海文明相互沟通交融的国际大通道。中国与西亚国家交往历史悠久，友谊源远流长，共同为东西方之间的经济、文化交流和人类发展进步做出了重要贡献。2014年6月，习近平主席在中阿合作论坛部长级会议上提出中阿共建"一带一路"，构建"以能源合作为主轴，以基础设施建设、贸易和投资便利化为两翼，以核能、航天卫星、新能源三大高新领域为突破口"的"1+2+3"合作格局。2016年1月，习近平主席在阿拉伯国家联盟总部，提出中阿共建"一带一路"倡议与和平、创新、引领、治理、交融的五大理念，开展促进稳定、创新合作、产能对接、增进友好四大行动。中国—中亚—西亚经济走廊是"一带一路"陆上经济带的重要组成部分。中国和西亚国家的经贸合作正面临加快发展、合作共赢的难得历史机遇。

（一）中国与西亚国家贸易规模迅速扩大

在国际形势复杂、经济波动加剧的情况下，中国与西亚国家的双边贸易规模呈现不断扩大的趋势。2005—2017年，中国与西亚国家进出口贸易总额从761.53亿美元扩大到2320.37亿美元，增长了204.7%，年均增长达到17.06%。由于受到地缘政治和国际石油价格大幅下跌的影响，中国与西亚国家的贸易额在2014年达到峰值3035.8亿美元后连年下降。2017年，中国与西亚国家的贸易额在中国贸易总额41045.04亿美元中的比重为5.66%，比2014年的7.05%下降了1.39个百分点。中国从西亚国家的进口额为1142.47亿美元，占中国进口总额的比重为6.23%，比2014年峰值8.43%下降了2.2个百分点；中国对西亚国家的出口额为1177.9亿美元，占中国出口总额比重的5.20%，比2014年峰值5.90%下降0.7个百分点。由于中国与西亚国家的资源禀赋和产业结构互补性较强，未来中国与西亚国家双边贸易的增长空间前景广阔。

2000年以前,中国同西亚各国的贸易量较小,进出口贸易额基本平衡。随着中国经济的持续增长,作为世界最重要的石油供应地:西亚自然就成为中国能源资源的最主要进口来源地。2012—2014年,中国对西亚国家的贸易持续逆差,分别达到462.08亿美元、441.939亿美元和270.554亿美元。到2015年,中国对西亚国家贸易开始出现顺差。2015—2017年,中国对西亚国家贸易顺差分别为250.08亿美元、253.991亿美元和28.822亿美元。2017年,中国对西亚国家贸易逆差排名前五位的国家是沙特阿拉伯(133.87亿美元)、阿曼(110.67亿美元)、科威特(58.22亿美元)、伊拉克(54.84亿美元)和卡塔尔(47.18亿美元)。中国对西亚国家贸易顺差排名前五位的国家是阿联酋(165亿美元)、土耳其(143.38亿美元)、以色列(47.12亿美元)、约旦(25.24亿美元)和黎巴嫩(19.87亿美元)。能源资源的出口在西亚国家的对外经贸中仍然占据着重要的地位。从数据中可以看出,中国对西亚逆差的国家全部是能源型国家。随着中国从西亚国家进口石油、天然气等能源资源的增加,双边贸易额也迅速增加,中国用于能源资源进口的开支也相应扩大,能源进口是影响中国与西亚国家贸易平衡的最重要项目。而顺差国家除阿联酋外,其余都是非能源型国家。

(二)中国对西亚国家进出口贸易地位明显提升

从出口方面看,2005年,中国对外出口总额为7620亿美元,对西亚出口只有261.59亿美元,西亚仅占中国出口总额的3.43%。到2017年,中国对外出口总额增至22635.22亿美元,对西亚出口已增至1177.9亿美元,占中国出口总额增至5.20%,增长了1.77个百分点。从进口方面看,2005年,中国进口总额为6601.2亿美元,从西亚进口仅12.46亿美元,西亚占中国进口总额的比重仅为0.19%。

中国已经成为西亚各国最重要的贸易伙伴。2017年,中国向西亚的出口额为1177.9亿美元,占西亚进口总额的12.21%,比2005年的5.8%增加了6.41个百分点,成为西亚第一大进口贸易来源国。中国从西亚的进口额为1142.47亿美元,占西亚出口贸易总额的10.03%,超过德国、美国,成为西亚第一大出口市场。

(三)中国与西亚国家贸易结构互补性增强

从贸易产品结构看,2017年,中国对西亚国家出口额最高的产品为电动机械和设备及其部件、录音机和复印机、电视等，达210.42亿美元，占出口总额的比重为17.86%。其次为机械和机械装置、核反应堆及其部件等，达192.56亿美元，占出口总额的比重为16.35%。这类出口产品占出口总额的34.21%，充分体现出中国作为制造业大国的比较优势。第三为服装、非针织或钩编服装，家具，床上用品、床垫支架、垫子和类似的填充家具等，这类产品出口额合计为124.747亿美元，占比10.59%。第四为铁路或电车轨道车辆以外的车辆及其零部件，出口额58.3亿美元，占比4.95%。最后为食用蔬菜、可食用水果和坚果、肉类、谷物等，合计为5.584亿美元，占比0.47%。

从中国自西亚国家进口看，2017年，进口额最高的产品为矿物燃料、矿物油及其蒸馏产物，沥青物质，矿物蜡，达830.16亿美元，占进口总额的比重为72.66%，占绝对比重，也体现出西亚国家资源产品的比较优势。其次为塑料及其制品，化学制品，矿石、矿渣，机械、电子、光学工业设备及金属等，分别为99.293亿美元、99.197亿美元、49.832亿美元、33.731亿美元、14.285亿美元，合计占比为25.93%。第三为纺织品、可食用水果和坚果、食用蔬菜和某些根和块茎等，数额很小。

（四）中国对西亚国家贸易的国别类型差异明显

按照贸易国别类型，可以划分为四种类型：一是全面合作型。标准是双边贸易规模大，商品交易范围广、种类齐全，双边贸易额在100亿美元以上。二是潜力增长型。标准是双边贸易规模大，贸易额在100亿美元以上，商品交易范围有待拓展，将来合作潜力大。三是结构单一型。标准是双边贸易主要以资源类商品为主。四是有待发展型。标准是双边贸易额低于30亿美元，以一般商品贸易为主。按照这四类标准，中国与西亚国家贸易的国别类型可以划分为：土耳其、以色列为全面合作型，沙特、阿联酋、伊朗、伊拉克、阿曼、科威特为潜力增长型，沙特、阿联酋、阿曼、卡塔尔、伊拉克、巴林为结构单一型，塞浦路斯、约旦、黎巴嫩、也门、叙利亚、巴林、阿富汗、巴勒斯坦为有待发展型（参见表1-5）。2017年，中国与西亚国家的主要贸易伙伴按照贸易规模排序依次为沙特、阿联酋、伊朗、土耳其、伊拉克、阿曼、以色列、科威特。中国与这8个国家的贸易额占到中国与西亚国家贸易总额的86.03%。这8个国家中，伊拉克与中国贸易水平提升最为显著，2017年成为中国在西亚的第四大贸易伙伴，这主要是因为美伊战争后的社会重建和经济复苏进程比较顺利地进行。近几年，中国与西亚国家的贸易合作有向国别多元化发展的趋势,但与沙特阿拉伯、伊朗、伊拉克等西亚产油大国的石油贸易仍占据着最重要的位置。这与中国确保能源安全和产业结构调整的要求相适应,也与西亚国家的经济发展模式相吻合。

表1-5 2017年中国与西亚国家贸易类型

贸易类型	国家	标准
全面合作型	土耳其、以色列	双边贸易规模大,商品广 双边贸易额在100亿美元以上
潜力增长型	沙特阿拉伯、阿联酋、伊朗、伊拉克、阿曼、科威特	双边贸易规模大,潜力大 双边贸易额在100亿美元以上
结构单一型	沙特阿拉伯、阿联酋、阿曼、卡塔尔、伊拉克、巴林	资源型贸易为主
有待发展型	塞浦路斯、约旦、黎巴嫩、也门、叙利亚、巴林、阿富汗、巴勒斯坦	双边贸易额低于30亿美元(包括30亿美元) 以一般商品贸易为主

(五)中国与西亚国家石油贸易的影响

早在2013年,中国就已成为全球最大的石油和其他液体燃料进口总量的净进口国。伴随着经济和炼油能力的增长,中国原油进口将在未来几年继续增长。此外,随着每年大量填补战略原油库存和国内石油生产下降,中国的原油进口依存度也必然增长。

随着中国继续增加石油进口,越来越多的石油生产商将竞相提高它们对全球最大原油进口市场——中国的份额。2017年,中国原油进口量按国别统计排名前三位的依次是俄罗斯、沙特和安哥拉,分别占中国原油进口总量的14.23%、12.44%和12.01%。前十一大供应国占中国原油进口总量的81.34%。西亚国家原油出口量中出口到中国的原油为2.013亿吨,占中国原油进口总量的47.98%,在中国原油进口中的最重要供应国地位没有变化。而美国在中国的市场份额大增,从2016年的0.2%增加到2017年的1.82%。由于美国对中国的原油出口激增,使美国成为中国第十一大供应国。2018年,因中美贸易战,中国大幅减少了美国的石油进口。

随着中国经济总量的扩大,对能源的需求也越来越多。2014年,中国进口石油达到3.0838亿吨,进口额也达到228.31亿美元。但随着国际石油价格大幅下滑,2017年,中国石油进口量达到4.1957亿吨,比2014年进口量增加了36.05%,但进口额却下降到162.33亿美元,下降了40.65%。

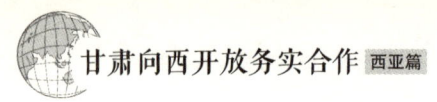

国际石油贸易的竞争加剧。

二、中国与西亚的投资情况

(一) 中国与西亚相互投资状况分析

中国—中亚—西亚经济走廊建设离不开相关国家银行之间的互利合作。因此,扩大双边本币在贸易和投资中的使用规模,引导各类资金参与丝绸之路经济带重点项目建设是丝绸之路经济带建设的基础性保证。

为促进丝绸之路经济带互联互通建设和经济一体化进程,中国倡议建立的亚洲基础设施投资银行目前吸引了57个国家申请成为创始成员国,其中包括以色列、伊朗、科威特、约旦、阿曼、土耳其、沙特、卡塔尔、阿联酋9个西亚国家,这为中国与西亚国家在亚洲基础设施投资银行框架内加强金融合作提供了条件。

中国目前拥有3万多亿美元外汇储备,西亚国家则拥有近2万亿美元主权财富基金,双方在依托主权财富基金开展联合投资方面具备良好条件。依据主权基金研究机构SWFI 2014年度的最新评级:中国主权财富基金总额为18274亿美元,居世界第一位;阿联酋主权财富基金为10785亿美元,位居世界第二位;沙特、科威特、卡塔尔、阿曼、伊拉克、巴林等西亚国家的主权财富基金也位居世界前十[①],但目前中国与西亚双方对外直接投资水平相对较低,投资合作前景广阔。

2017年,中国仍是发展中国家中最大的吸收外资国和对外投资国。中国吸收外资1360亿美元,创历史新高,在全球仅次于美国,排名第二。亚洲地区仍是中国吸收外资的主要来源地。中国实际利用亚洲外商直接投资占中国实际利用外资的比重为78.44%,比2014年、2015年下降约4个百分点,其中2016年来自西亚的外商直接投资较小,仅为1.1947亿美元,比上年减少了209.62%。

2017年,中国对外投资1582.9亿美元,是近几年来首次下降,在全球仅次于美国、日本,排名第三。亚洲仍是中国最重要的投资目的地。中国对亚洲直接投资净额占中国对世界直接投资净额的比重为66.41%,比2015年下降约8个百分点。2017年中国对西亚国家直接投资净额占中国对世界直接投资净额的比重较小,仅占0.33%,比2013的高点1.96%下降了

---

① http://www.mofcom.gov.cn/article/i/jyjl/k/201412/20141200850540.shtml.

1.63个百分点。按行业看，2005—2016年，中国对西亚国家投资总额达445亿美元，主要投资集中在能源、交通、有色金属领域。其他领域依次为科技、房地产、农业、金融、旅游等。按国别看，中国对伊拉克直接投资额最多，达98.3亿美元，占投资总额的22.09%；其次是以色列，达63.7亿美元，占投资总额的14.31%；再次是伊朗，达47.2亿美元，占投资总额的10.61%；等等。

2017年，中国实际利用外资1360亿美元，实现了连续增长。而中国实际利用西亚外商直接投资金额很小，2016年仅1.19亿美元。从表1-6中国对西亚国家FDI（指外商直接投资）存量情况看，亚洲仍是中国对外投资的重点，2017年亚洲占中国对外投资额的比重达到63.00%，比2007年下降了4.18个百分点。十年间中国对西亚国家的FDI存量增加了407.54%，但投资比重从0.83%下降到0.71%，下降了0.08个百分点。

表1-6　2007年、2016年、2017年中国对西亚国家FDI存量情况

单位：万美元

年度	2007年	2016年	2017年
中国对亚洲FDI存量总额	7921793	90944547	113932379
亚洲在中国对外FDI存量总额中的占比（%）	67.18	66.63	63.00
中国对西亚国家FDI存量合计	131838	1904601	2092578
中国对西亚国家FDI在总额中的占比（%）	1.12	1.40	1.15
阿富汗	77	44050	40364
阿联酋	23431	488830	537283
阿曼	3717	8663	9904
巴勒斯坦	0	23	4
巴林	75	3736	7437
卡塔尔	3979	102565	110549
科威特	51	57810	93623
黎巴嫩	44	301	201
塞浦路斯	136	11005	71869
沙特	71089	260729	203827

续表1-6

年度	2007年	2016年	2017年
土耳其	1199	106138	130135
叙利亚	555	1031	1031
也门	10723	3921	61255
伊拉克	2245	55781	41437
伊朗	12235	333081	362350
以色列	1087	422988	414869
约旦	1195	3949	6440
中国对外FDI存量总额	11791050	135739045	180903652

资料来源：根据2007年、2016年、2017年度中国对外直接投资统计公报数据整理。

从中国对西亚各国家FDI存量情况看，中国对亚洲FDI存量占到中国对外FDI存量的绝对份额，2017年达到63%，比2007年下降了4.18个百分点。2017年中国对西亚国家FDI存量占1.15%，比2007年的1.12%略有提高，所占份额很小。其中，中国对阿联酋、以色列、伊朗、沙特、土耳其、卡塔尔的FDI存量占比较高，这6个国家占整个西亚各国FDI存量的84.06%。

三、中国与西亚国家工程承包业务合作

国际石油价格大幅波动给西亚国家经济带来很大压力，甚至使有些国家陷入社会动荡之中。但西亚各国积极调整财政金融政策，大力发展非石油产业，扩大基础设施建设，刺激非石油产业增长并取得了一定成效，这为多元化经济发展注入了活力，保证了西亚各国国际工程承包市场的活跃。

长期以来，欧洲各国、美国、日本等发达经济体主导了西亚国际工程承包市场，但随着中国、韩国、土耳其等国家的积极努力，成功打入西亚市场并扩大了西亚市场份额。2011年韩国企业在西亚地区完成的工程承包营业额超过美国，成为西亚最大的工程承包商；中国位列第三；土耳其位列第五。2016年，中国对外承包工程合同金额达到2440亿美元。中国对亚洲承包工程完成营业额达到768.514亿美元，其中，中国对西亚承包工程完成营业额达到234.417亿美元，占中国对亚洲承包工程完成营业额的30.5%，占对外承包工程合同金额的9.61%。沙特阿拉伯、伊拉克、伊朗、阿联酋、

土耳其排在中国对西亚承包工程完成营业额的前五位，分别占到当年中国对西亚承包工程完成营业额的 40.45％、14.74％、9.58％、9.58％、9.15％。中国企业在沙特阿拉伯、阿联酋等国广泛参与港口建设和投资，实施建设公路、铁路、输油管线、供水管网等项目，并成为西亚国家通信网络建设的重要合作伙伴。中国还与阿联酋、卡塔尔、沙特阿拉伯、阿曼等国实现了民航直飞。

四、中国与西亚国家合作发展的建议

中国与西亚国家的合作发展经历了种种考验。中国与西亚国家已经建立起了全面合作基础框架，双方的合作力度不断增强，合作领域不断加宽，合作互信不断加深。中国已经成为西亚各国最重要的贸易伙伴。当前，中国已经成为西亚第一大进口贸易来源国和第一大出口市场。在当前国际形势复杂多变的背景下，中国与西亚国家的交流与合作还存在诸多问题，可以在以下几方面加强磋商，深化合作。

一是拓宽合作领域。西亚国家与中国的贸易额在中国贸易总额 41045.04 亿美元中的比重为 5.66％，占比不高，但西亚国家对中国的出口产品 72.33％集中在能源产品上，而中国对西亚国家的出口产品以电动机械和设备及其部件，机械和机械装置、核反应堆、锅炉及其部件等工业制成品为主。一方面体现了中国与西亚双方的资源禀赋和产业结构互补性较强，另一方面也说明双方贸易的范围还很有限，应该积极促进机电产品、高新技术产品升级转型，未来双边贸易的增长空间广阔。长期的社会动荡，使西亚国家积极反思动荡的原因并寻求稳定发展的路径。当前，许多西亚国家积极改善民生，注重社会经济发展，营造良好的营商环境，大力吸引国际投资，中国应继续把握机遇，积极投身西亚国家基础设施、农业、交通、文化、旅游、新能源开发等领域的投资与开发，推动双边经贸合作转型，实现互利共赢。

二是建立健全双方合作机制。由于中国和西亚各国在社会、经济、宗教、文化、国家体制等方面有显著差异，企业层面的合作随意性较高，企业缺乏整体规划，难以进行有效的统筹管理。同时，语言、宗教、文化、习俗成为双方沟通的主要障碍。"中国通""西亚通"式人才缺乏，降低了统筹管理的有效性、及时性，一定程度上影响了国家形象、产品形象。因此，建立健全人才培养、市场准入、法律等制度建设和顶层设计将有利于中国与西亚国家全面战略伙伴关系的顺利推进和发展。

三是规避风险，提高合作成熟度。持久的、复杂的地缘政治冲突、极端

民族主义、恐怖主义是西亚地区最大的风险所在。为最大限度地规避风险，精选合作对象成为提高合作成熟度的关键。一是加强与海湾阿拉伯国家合作委员会（简称海合会）成员国的合作。海合会成员国都是高收入经济体，不仅能源丰富，而且投资开放程度较高，政策透明度高，政治社会稳定，总体风险较低。二是加强与以色列的合作。中国作为最大的发展中国家，资金、技术是合作重点。以色列是当今世界高科技产业最发达的国家之一，也是中国的友好国家。因此，非常适合中国企业投资以色列的高科技产业，尤其是在以色列设立研发中心。三是加强基础设施建设及产业互联互通合作。与西亚国家共建"一带一路"的倡议必须是在保证交通基础设施网络的联通性和有效匹配衔接的前提下进行和实施。因此，加快推进中国和西亚国家在港口、铁路、航空领域的互联互通进程，加强中国和西亚各国在海、陆、空通道的建设和升级，共同维护输油、输气管道等运输通道安全，推进跨境电力与输电通道建设，共同推进跨境光缆等通信干线网络建设，提高国际通信互联互通水平，畅通信息丝绸之路，是中国与西亚国家深化全方位战略合作的支撑和保障。

四是加强人文交流，建立高度互信。一方面，要加强双方官方和民间多层次、多领域的交流与互动，加强舆论宣传，增进双方相互了解，最大限度消除公众的疑虑，双方还应采取有效措施推动和开展政党、学者的交流，逐步建立起一个具有广泛基础的多层次、形式丰富多样、稳定而繁荣的交流机制，建立高度政治和社会互信，以确保双方关系在稳定和可预见的环境中发展。另一方面，双方应夯实基础，突出重点，开拓创新，在深化全面合作、共同发展的中阿战略合作关系的同时，坚持共商、共建、共享原则，打造中阿利益共同体和命运共同体，构建"1＋2＋3"的合作格局，不断优化贸易结构，在互惠互利基础上开展合作。在充分利用两地经济的比较优势，推动双向投资的同时，努力消除贸易壁垒，不断推动市场的自由化、透明化，提高市场服务的便利度。

第三节　甘肃与西亚国家经贸关系

一、甘肃省基本情况

（一）自然地理

甘肃地处黄河上游，东接陕西，北与内蒙古、宁夏毗邻，南邻四川，西连青海、新疆，并与蒙古人民共和国接壤，总面积45.4万平方公里。全省设14个地、市、州，87个县（市、区），省会兰州。甘肃省地貌复杂多样，山地、高原、平川、河谷、沙漠、戈壁，类型齐全，交错分布，地势自西南向东北倾斜。地形呈狭长状，东西长1655公里，南北宽530公里，复杂的地貌形态使甘肃形成特色分明的地形区域：陇南山地山高谷深，植被丰厚，为秦岭的西延部分；陇中黄土高原位于甘肃省中部和东部，东起甘陕省界，西至乌鞘岭畔，这里蕴含着丰富的石油、煤炭资源；甘南高原是"世界屋脊"青藏高原东部边缘一隅，地势高耸，是典型的高原区；河西走廊斜卧于祁连山以北，北山以南，东起乌鞘岭，西迄甘新交界，是一块自东向西、由南而北倾斜的狭长地带；祁连山地处河西走廊以南，长达1000多公里，大部分海拔在3500米以上，终年积雪，冰川逶迤，是河西走廊的天然固体水库，荒漠、草场、森林、冰雪等植被垂直分布明显。

甘肃矿产资源丰富，发现了173种矿产，其中，镍、钴、铂、硒等11个矿种储量居全国之首。铅、锌、铜、铝等有色金属和贵金属的储量和产量居全国前列。甘肃是全国重要的原材料产地和有色金属工业产地。

甘肃具有多种能源，包括天然气、石油、风能、太阳能等，其中可开采的石油、天然气和煤炭储量位居全国前列。风能资源储量丰富，河西的瓜州素有"世界风库"之称。甘肃是全国太阳能最为丰富的地区。

（二）历史沿革

甘肃历史悠久，是中国远古人类的主要聚居地和农耕文化的主要发祥地之一。追溯到史前时期，甘肃气候还比较温暖湿润，草木茂盛，河流纵横。根据考古发现，20万年前的旧石器时期，已有先民曾在甘肃活动。西周时期，秦人先祖就定居于现在的甘肃天水一带，后又向关中发展，后统一全

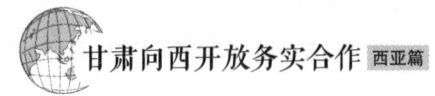

国,遂设立了陇西郡,筑起西起临洮、东至陕北的秦长城。隋唐时期,甘肃是陆上中西贸易丝绸之路的黄金通道。元代设立行省制度,在甘肃设中书省,治所设在张掖,管辖甘肃大部分地区及青海、宁夏、新疆、内蒙古的部分地区。至明清时期,设置甘肃布政使司,将治所从巩昌(今陇西)移至兰州,奠定了甘肃的基本格局。

1949年8月,甘肃解放后即成立甘肃行政公署,辖11个分区(专区、市)、73个县(区)。1985年经国务院批准,进行了一系列调整,全省设7个行政公署、2个自治州、5个省辖市,下设68个县(7个民族自治县)、11个市辖区、7个地辖市。

(三)政治宗教

甘肃是一个多民族、多宗教的省份,全省现有汉、回、藏、东乡、土、裕固、保安、蒙古、萨拉、哈萨克、满等17个民族,有佛教、道教、伊斯兰教、基督教、天主教五种宗教。截至2017年,甘肃省信教群众344.3万人,约占全省总人口的13.15%,有批准开放的宗教活动场所6700多处,有教职人员2万多人,有各类爱国宗教组织230个,有兰州伊斯兰教经学院和甘肃省佛学院两所宗教院校,根据各宗教需要,进行宗教教职人员培养教育,并开展了伊斯兰教阿訇函授学历教育。

(四)人口及主要城市

2017年,甘肃常住人口为2609.95万人。其中,省会兰州市有常住人口370.55万人。

兰州是西北地区重要的工业基地和综合交通枢纽,西部地区重要的中心城市之一,丝绸之路经济带的重要节点城市。

二、甘肃省经济结构

2017年,全省完成生产总值7677亿元。其中,第一产业增加值1063.6亿元,第二产业增加值2562.7亿元,第三产业增加值4050.8亿元。三次产业结构为14∶33∶53。

(一)第一产业

甘肃的粮食作物品种丰富,畜牧业较为发达。野生药材产量居全国第二位,是全国重要的药材产地。经济作物有棉花、油料、蓖麻、芝麻、甜菜、烟草等十几种。果树资源有 1000 多个品种。2017 年，全省粮食总产量 1128.3 万吨，油料产量 71.6 万吨，蔬菜产量 2106.5 万吨，园林水果产量 557 万吨。全省猪出栏 733.3 万头，牛出栏 213.1 万头，羊出栏 1551.4 万只，禽出栏 3704.4 万只。甘肃第一产业增加值 1063.6 亿元，占全国比重仅为 0.36%。

（二）第二产业

工业是甘肃经济发展的支柱产业。甘肃依靠丰富的自然资源，形成了以重工业为主，轻工业协同发展的格局。目前有石油和天然气开采业，石油加工、炼焦及核燃料加工业，电力、热力的生产和供应业，煤炭开采和洗选业，化学原料及化学制品制造业，黑色金属冶炼及压延加工业，有色金属冶炼及压延加工业，交通运输设备制造业等。高污染、高耗能、高耗水的"三高"企业占比高，环保压力大。2017 年第二产业增加值 2562.7 亿元，占全国比重仅为 0.89%。

（三）第三产业

2017 年，甘肃社会消费品零售总额 3426.6 亿元。全省批发业销售额 5585.1 亿元，零售业销售额 3479.7 亿元，住宿业营业额 116.3 亿元，餐饮业营业额 717.6 亿元。2017 年第三产业增加值 4050.8 亿元，占全国比重为 1.08%。

2017 年，甘肃一般公共预算收入 815.6 亿元，同口径比上年增长 7.8%。其中，税收收入 547.1 亿元，增长 10.4%；非税收入 268.5 亿元，增长 2.9%。一般公共预算支出 3307.3 亿元，增长 5.0%。

2017 年，甘肃城镇居民人均可支配收入 27763.4 元，农村居民人均可支配收入 8076.1 元。

三、甘肃对外贸易

（一）甘肃对外贸易概况

随着经济的持续发展，甘肃对外贸易也实现了较快增长。从 2005 年至 2014 年，甘肃省进出口总额从 217.6 亿元增加到 524.8 亿元，增加了 141.17%，年均增加了 15.68%。受经济放缓的影响，甘肃进出口总额从 2015 年开始连续下降，到 2017 年下降到 341.7 亿元，比 2014 年下降了

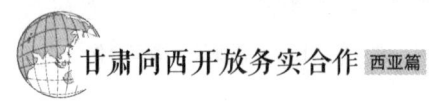

34.89%（参见表1-7）。

表1-7 甘肃省进出口贸易额　　　　　　　　　　单位：万元

区域	2005年	2013年	2014年	2015年	2016年	2017年
出口总额	902240.46	3611869	3254490	3611734	2681780	1237000
进口总额	1273894.20	1350237	1993981	1328248	1850242	2180000
进出口差额	-371653.80	2261632	1260779	2283487	831538	-943000
甘肃省进出口总额	2176134.60	4962106	5248466	4939982	4532022	3417000
中国进出口总额	11.69	25.83	27.40	24.55	24.33	27.79
甘肃省占全国的比例（%）	0.18	0.19	0.19	0.20	0.18	0.12

数据来源：根据国家统计局数据、甘肃省对外贸易经济合作厅（以下简称甘肃省外贸厅）发布的数据整理。

甘肃是全国最不发达的省份之一。2017年，全省GDP为7677亿元，占全国总量的0.93%；进出口总值341.7亿元，占全国进出口总额的0.12%，比2005年的0.18%下降0.06个百分点。

甘肃对外贸易方式以一般贸易为主，加工贸易占比较小，但增长速度快。2016年甘肃省一般贸易进出口额为308.7亿元，下降23.5%，占甘肃省进出口总额的68.1%。其中，出口额为223.9亿元，下降33.4%；进口额为84.8亿元，增长25.6%。同期，甘肃加工贸易进出口额为123.1亿元，增长60%，占甘肃省进出口总值的27.2%。其中，出口额为36.8亿元，增长1.1倍；进口额为86.3亿元，增长45%。此外，海关特殊监管方式进出口额为21.3亿元，增长58.9%，占同期进出口总额的4.7%。其中，出口额为7.4亿元，下降3%；进口额为13.9亿元，增长1.4倍。

甘肃进出口市场发生了较大变化，亚洲成为甘肃对外贸易的主要市场。2016年，亚洲市场占甘肃进出口贸易总额的63.67%，其中进口市场占53.19%，出口市场占70.90%，分别比2010年增加20.64、21.95个百分点。2010年美洲市场占甘肃进出口贸易总额的26.17%，2016年下降到15.61%，下降了10.56个百分点。2010年大洋洲市场占甘肃进出口贸易总额的16.98%，2016年下降到4.49%，下降了12.49个百分点。2010年欧洲市场占甘肃进出口贸易总额的0.94%，2016年增长到9.93%，增加了8.99个百分点。2010年非洲市场占甘肃进出口贸易总额的0.41%，2016年增长到6.78%，增加了6.37个百分点（参见表1-8）。

表 1-8 2010 年与 2016 年甘肃对外贸易区域结构

区域	2010 年			2016 年		
	进出口总值（万元）	进口总值（万元）	出口总值（万元）	进出口总值（万元）	进口总值（万元）	出口总值（万元）
美洲	1913174	1551966	361205	707818	419485	288329
占甘肃进出口总额（%）	26.17	27.35	22.07	15.61	22.67	10.75
欧洲	68972	44489	24483	450272	147882	302390
占甘肃进出口总额（%）	0.94	0.78	1.49	9.93	7.99	11.27
非洲	30537	0	30537	307607	122972	184636
占甘肃进出口总额（%）	0.41	0	1.86	6.78	6.64	6.88
大洋洲	1241375	1218288	23087	203834	175740	28096
占甘肃进出口总额（%）	16.98	21.47	1.41	4.49	9.49	1.04
亚洲	2647879	1847026	800851	2885735	984163	1901576
占甘肃进出口总额（%）	36.22	32.55	48.95	63.67	53.19	70.90
西亚	330002	121618	208383	201056	15574	185484
占甘肃进出口总额（%）	4.51	2.14	12.73	4.44	0.84	6.92
总额	7309282	5673156	1636120	4532022	1850242	2681780

数据来源：根据国家统计局、甘肃省外贸厅发布的数据整理。

民营企业是甘肃省外贸发展的主力军。2016 年，甘肃民营企业进出口额为 311.2 亿元，比上年下降了 17%，占全省进出口总值的 68.8%；国有企业进出口额为 140.4 亿元，比上年增长了 19.9%，占全省进出口的 31%；外资企业进出口额为 1.6 亿元，比上年下降了 27.1%。

2017 年，甘肃进出口总额为 341.7 亿元，比上年下降了 23.9%。其中，出口额为 123.7 亿元，比上年下降了 53.4%；进口额为 218.0 亿元，比上年增长了 18.6%。贸易逆差额为 94.3 亿元。

甘肃对外进出口贸易相对集中。2010 年，前十八大贸易伙伴进出口额占甘肃对外进出口总额的 81.37%。其中，前五大贸易伙伴澳大利亚、智利、哈萨克斯坦、民主刚果、美国的贸易额占甘肃对外进出口总额的 59.41%，除美国外，前四大贸易伙伴与甘肃进出口贸易主要集中在矿产品上。2016 年，前十八大贸易伙伴进出口额占甘肃对外进出口总额的 70.3%。其中，前五大贸易伙伴中国香港，以及美国、哈萨克斯坦、韩国、澳大利亚的贸易额占甘肃对外进出口总额的 39.9%,除美国、韩国外,前三大贸易伙伴与甘肃进出口贸易仍主要集中在矿产品上(参见表 1—9)。

表 1—9 2010 年与 2016 年甘肃进出口商品情况

国家和地区	2010 年		国家和地区	2016 年	
	进出口总额(万元)	占比(%)		进出口总额(万元)	占比(%)
澳大利亚	1235677	16.90	中国香港	483903	10.68
智利	1148008	15.70	美国	419676	9.26
哈萨克斯坦	1129771	15.45	哈萨克斯坦	390052	8.61
民主刚果	442771	6.05	韩国	319386	7.05
美国	388558	5.31	澳大利亚	194718	4.30
蒙古	275283	3.76	蒙古	175910	3.88
韩国	184462	2.52	马来西亚	174962	3.86
西班牙	144255	1.97	中国台湾	152072	3.36
德意志联邦共和国	120595	1.65	新加坡	117092	2.58
俄罗斯	116397	1.59	日本	112026	2.48
日本	115735	1.58	俄罗斯	92408	2.04
伊朗	110336	1.51	印尼	87142	1.92
毛里塔尼亚	105284	1.44	吉尔吉斯	84804	1.87
印尼	97621	1.33	秘鲁	82707	1.82
菲律宾	93106	1.27	印度	79351	1.75
中国香港	81997	1.121	越南	74488	1.64
马来西亚	79573	1.08	泰国	72573	1.60
印度	78389	1.07	民主刚果	72352	1.60
合计	5947818	81.37	合计	3186009	70.30
总额	7309282	100.00	总额	4532022	100.00

数据来源:根据世界银行、国家统计局和甘肃省外贸厅发布的数据整理。

2016 年,甘肃前二十大企业对外进出口贸易额达 191.17 亿元,占全省进出口贸易总额的 42.18%。其中,进口额达 152.64 亿元,占全省进口总额的 82.50%,出口额达 38.53 亿元,占全省出口总额的 14.37%。这二十大企业对外进出口贸易额尤其是进口贸易额占全省进出口贸易额的相当比重。金川集团有限公司、白银有色集团有限公司、天水华天科技股份有限公司、方大炭素新材料科技股份有限公司、兰州金川新材料科技股份有限公司五家大型企业实现进出口额140.05亿元，占全省进出口总额的30.90%，其中进口额占全省进口总额的63.18%，体现出国有骨干企业的龙头地位，而中小企业处于从属地位（参见表1－10）。

表1－10 2016年甘肃主要进出口企业 单位：万元

单位名称	进出口总额	进口总额	出口总额
金川集团有限公司	767236	734453	32783
白银有色集团有限公司	276709	249853	26856
天水华天科技股份有限公司	244354	123821	120532
方大炭素新材料科技股份有限公司	44992	550	4494
兰州金川新材料科技股份有限公司	67282	60481	6802
甘肃酒钢集团宏兴钢铁股份有限公司	153683	106268	47415
甘肃诺客达贸易有限公司	161346	158708	2638
兰州百圣牛实业有限公司	80053	42113	37941
兰州德鑫恒盛电子有限公司	3437	3437	0
甘肃长河世贸进出口贸易有限公司	6564	0	6564
甘肃天水海林进出口有限公司	22822	0	22822
兰州兰石石油装备工程有限公司	6612	231	6380
天水华天电子集团股份有限公司	28488	17107	11380
酒泉钢铁（集团）有限责任公司	21790	21790	0
兰州新区宇轩科技有限公司	0	0	0
金川集团工程建设有限公司	0	0	0
兰州中远电子科技有限公司	0	0	0
兰州安鸿数码科技有限公司	5639	3136	2502
甘肃中仕达贸易有限公司	11125	4485	6640
静宁县鑫龙果品贸易有限责任公司	9644	0	9644
合计	1911776	1526433	385340
占全省进出口贸易总额比重（%）	42.18	82.50	14.37

数据来源：根据国家统计局、甘肃省外贸厅发布的数据整理。

（二）甘肃出口贸易

甘肃出口商品以劳动密集型产品为主，资本密集型产品所占比重较小，工业制成品中技术密集型产品含量较低，工业制成品的整体出口层次不高。

甘肃对外出口市场比较分散，2016年，中国香港以及韩国、美国、马来西亚、吉尔吉斯斯坦为甘肃前五大贸易伙伴，分别占甘肃对外贸易总值的16.12%、10.96%、6.92%、4.80%、3.16%，合计为41.96%。2016年前20大贸易伙伴出口额占甘肃出口总额的71.45%，比2010年的72.01%降低了0.56个百分点（参见表1—11）。

表1—11 2010年与2016年甘肃出口商品情况

国家和地区	2010年		国家和地区	2016年	
	进口总额（万元）	占比（%）		出口总额（万元）	占比（%）
美国	250366	15.30	中国香港	64050.37	16.12
韩国	175489	10.72	韩国	43540.30	10.96
日本	97625	5.96	美国	27489.48	6.92
中国香港	78626	4.80	马来西亚	19051.26	4.80
德国	59404	3.63	吉尔吉斯	84804	3.16
印度	54456	3.33	新加坡	83633	3.12
伊朗	45972	2.81	印度	71843	2.68
荷兰	39437	2.41	泰国	70676	2.64
巴西	37529	2.29	朝鲜	59767	2.23
泰国	36567	2.23	哈萨克斯坦	58364	2.17
西班牙	36564	2.23	俄罗斯	53847	2.01
中国台湾	33285	2.03	日本	53323	1.98
伊拉克	30537	1.86	中国台湾	50022	1.86
阿联酋	30529	1.86	荷兰	48993	1.82
马来西亚	28144	1.72	阿联酋	48477	1.80
意大利	27234	1.66	越南	43650	1.62
土耳其	24483	1.49	德国	39425	1.47
英国	24185	1.47	英国	38158	1.42
沙特	24171	1.47	菲律宾	37349	1.39

续表1-11

国家和地区	2010年		国家和地区	2016年	
	进口总额（万元）	占比（%）		出口总额（万元）	占比（%）
巴基斯坦	23142	1.41	伊朗	33555	1.25
合计	1178177	72.01	合计	1916273	71.42
总额	1636120	100.00	总额	2681780	100.00

数据来源：根据国家统计局、甘肃省外贸厅发布的数据整理。

2016年，甘肃对外出口主要集中在机电高新产品，纺织、服装、家具类产品，贱金属及其制品，农产品和药材上，分别占甘肃出口总值的14.29%、7.66%、3.15%和3.41%。不难看出，与对外贸易发达的省份相比，甘肃出口商品结构较为单一，以劳动密集型产品为主（参见表1-12、表1-13）。

表1-12 2016年甘肃主要出口商品名称及金额　　　　单位：万元

主要出口商品名称	出口额
集成电路	214261
鲜苹果	61492
未列名塑料制鞋面的鞋靴	54290
炉用碳电极	44049
处理器及控制器	32247
未列名电灯及照明装置	28103
镀锌或涂锌普通钢铁板材	25603
蔬菜种子	25437
未列名塑料制品	22517
塑料或纺织材料作面的提箱、小手袋等	19610
按重量计铜含量超过99.9935%的精炼铜阴极	18231
枝形吊灯及天花板或墙壁上的电气照明装置	17319
塑料片或纺织材料作面的手提包	14869
家具用贱金属制附件及架座	14038
瓷制固定卫生设备	13702
棉制女裤	13623

续表1-12

主要出口商品名称	出口额
化纤制针织或钩编套头衫、开襟衫、马甲等	13143
星型轮及碟刹件	12407
棉制男裤	11708
贱金属制仿首饰	10229
金属家具	10059
上釉的陶瓷砖、瓦、块及类似品	8878
装软垫的金属框架的坐具	7427
未列名化纤女式带风帽防寒短上衣、防风衣等	5962
静止式变流器	5414
材料制家具	4222
硅	1455
合计	710296

数据来源：根据国家统计局、甘肃省外贸厅发布的数据整理。

表1-13 2015年与2016年甘肃出口主要农产品数量和金额

产品名称	2015年		2016年	
	数量（吨）	金额（万元）	数量（吨）	金额（万元）
盐渍绵羊肠衣	465	7041	681	10095
蕨菜干	7	27	4	16
干扁豆	11636	6446	8740	5194
干蚕豆	2980	2741	2745	1995
荞麦	45	22	48	23
当归	65	377	67	428
黄芪	73	208	145	408
苦杏仁	1008	2654	1340	2843
黑瓜子	1649	2804	702	1187
番茄酱罐头	823	512	756	437
已梳无毛山羊绒	22	883	17	734

数据来源：根据甘肃省统计局发布的数据整理。

（三）甘肃进口贸易

甘肃进口市场也相当集中。2016 年，哈萨克斯坦、美国、蒙古、澳大利亚以及中国台湾为甘肃前五大贸易伙伴，分别占甘肃对外进口贸易总额的 17.93%、12.65%、9.43%、9.37%、5.52%，合计为 54.9%。2016 年前 18 大贸易伙伴进口额占甘肃进口总额的 76.33%，比 2010 年的 88.34% 下降了 12.01 个百分点（参见表 1－14）。

表 1－14 2010 年与 2016 年甘肃进口情况

国家和地区	2010 年		国家和地区	2016 年	
	进口总额（万元）	占比（%）		出口总额（万元）	占比（%）
澳大利亚	1218288	21.470	哈萨克斯坦	331688	17.93
智利	1136590	20.030	美国	234122	12.65
哈萨克斯坦	1126853	19.860	蒙古	174495	9.43
民主刚果	441120	7.770	澳大利亚	173315	9.37
蒙古	274621	4.840	中国台湾	102051	5.52
美国	138192	2.430	日本	58703	3.17
西班牙	107691	1.890	智利	57844	3.13
俄罗斯	105242	1.850	印度尼西亚	55190	2.98
毛里塔尼亚	102642	1.809	中国香港	51563	2.78
菲律宾	85283	1.503	马来西亚	46367	2.51
印度尼西亚	82473	1.453	俄罗斯	38561	2.08
墨西哥	66629	1.174	新加坡	33459	1.81
伊朗	64365	1.134	德国	29501	1.59
加拿大	61712	1.087	韩国	25489	1.38
合计	5011701	88.340	合计	1412290	76.33
总额	5673156	100.000	总额	1850242	100.00

数据来源：根据国家统计局、甘肃省外贸厅发布的数据整理。

甘肃对外贸易进口商品结构过于单一，进口主要集中在矿产品、金属原材料、电气设备及其零件产品上。2016 年，甘肃进口的矿产品、金属原材料、电气设备及其零件产品分别占其进口总额的 67.89%、16.87% 和 10.72%。哈萨克斯坦是甘肃最主要的进口国，进口商品主要是铜矿砂及其精矿、未精炼铜和镍矿砂等。2016 年，甘肃从世界各地区进口各类矿产品的金额为 1154030.2 亿元，比上年增长了 35.9%，占进口商品总额的 77.73%。

（四）甘肃各州市进出口情况

2016 年，甘肃各州市中，兰州市占全省对外贸易额的 61.13%，其中出口额占全省出口总额的 82.17%，占据绝对份额；进口额占全省进口总额的 30.65%。金昌市和天水市，位列全省的第二、第三位。金昌市、白银市的进口额居前，进口商品以铜、镍等矿产品原料为主。天水市的进出口商品以集成电路为主（参见表 1－15）。

表 1－15　2016 年甘肃各州市进出口商品额

地区	进出口 商品额（万元）	进出口 占比（%）	出口 商品额（万元）	出口 占比（%）	进口 商品额（万元）	进口 占比（%）
甘肃省	4532021	100.00	2681775	100.00	1850243	100.00
兰州市	2770563	61.13	2203564	82.17	566999	30.65
金昌市	768424	16.95	34903	1.30	733522	39.64
天水市	319519	7.05	176556	6.58	142963	7.72
白银市	299944	6.62	43066	1.60	256879	13.88
嘉峪关市	176476	3.89	48316	1.80	128161	6.92
武威市	21328	0.47	21119	0.78	208	0.01
张掖市	15296	0.34	15130	0.56	166	0.01
平凉市	22526	0.50	20534	0.77	1992	0.11
酒泉市	48115	1.06	45702	1.70	2413	0.13
庆阳市	39889	0.88	29861	1.11	10028	5.42
定西市	19768	0.43	14281	0.53	5487	0.29
陇南市	17285	0.38	17052	0.63	232	0.01

数据来源：根据国家统计局、甘肃省外贸厅发布的数据整理。

（五）甘肃省实际利用外资情况

2018年10月，甘肃省人民政府办公厅出台了《关于积极有效利用外资推动经济高质量发展若干措施》，积极引导外资投向节能环保、循环农业、中医中药、文化旅游、通道物流、先进制造业等十大生态产业；允许符合条件的外国自然人投资者依法投资省内非外商投资企业、上市公司；允许外商投资企业在境外发行人民币或外币债券，并可全额汇回所募集资金，用于在甘肃省投资经营；深入推进服务业、农业、采矿业、制造业开放。按照国家扩大开放部署，取消或放宽交通运输、商贸物流、专业服务等领域外资准入限制；取消或放宽种业等农业领域，煤炭、非金属矿等采矿业领域，汽车、船舶、飞机等制造业领域外资准入限制。

2016年甘肃实际利用外资1.1588亿美元，相比2015年4.6亿美元大幅下滑74.83%，主要原因是2015年外商有3.5亿美元其他投资，而2016年为零。从登记注册类型看，合资经营签订合同投资额137.5038亿美元，实际利用外资0.5431亿美元；外资经营签订合同投资额3.0702亿美元，实际利用外资0.6157亿美元。从行业类型看，制造业签订合同投资额最多，达128.6551亿美元，实际利用外资0.1322亿美元；电力、燃气及水的生产和供应业签订合同投资额0.5554亿美元，实际利用外资1.023亿美元；租赁和商务服务业签订合同投资额0.0038亿美元，实际利用外资0.0025亿美元；农、林、牧、渔业及科学研究、技术服务和地质勘探利用少量外资（参见表1-16、表1-17）。

表1-16　2005年、2015年、2016年甘肃实际利用外资情况

单位：万美元

类型	2005年	2015年	2016年
实际利用外资额	25639	46036	11588
外商直接投资	2044	11036	11588
外商其他投资	23595	35000	0

数据来源：根据国家统计局、甘肃省外贸厅发布的数据整理。

表1-17　2016年甘肃各行业实际利用外资情况　　单位：万美元

按行业类型分	签订合同投资额	实际利用外资额
农、林、牧、渔业	51511	3

续表1-17

按行业类型分	签订合同投资额	实际利用外资额
制造业	1286551	1322
电力、燃气及水的生产和供应业	5554	10230
住宿和餐饮业	29802	0
租赁和商务服务业	38	25
科学研究、技术服务和地质勘探	-887	8
文化、体育和娱乐业	2469	0
总计	1375038	11588

数据来源：根据国家统计局、甘肃省外贸厅发布的数据整理。

中国香港仍是甘肃实际利用外商投资最主要来源地。2016年，甘肃与中国香港签订合同投资额131.9295亿美元，实际利用投资0.1733亿美元，分别占当年甘肃签订合同投资额的95.95%和14.96%。其次是新加坡、其他国家和地区，数额很小（参见表1-18）。

表1-18　2016年甘肃实际利用主要国家和地区的投资情况　单位：万美元

按国家和地区类型分	签订合同投资额	实际利用投资金额
中国香港	1319295	1733
新加坡	0	665
中国台湾	353	25
德国	51235	0
美国	0	55
其他	322	5324
总计	1375038	11588

数据来源：根据国家统计局、甘肃省外贸厅发布的数据整理。

（六）甘肃省对外经济合作情况

2016年，甘肃新备案（增资）境外企业42家，中方协议投资额24.76亿美元；实际开展对外直接投资的境外企业50家，当年实际投资额6.31亿美元，同比增长391%。2017年1—7月，甘肃新备案（增资）境外企业15家，中方协议投资额5.126亿美元；实际开展对外直接投资的境外企业32

家,当年实际投资额 3.1066 亿美元,同比增长 80.4%。对外直接投资累计实际投资额 41.5298 亿美元。

对外承包工程业务新签合同额 4.7214 亿美元,剔除 2015 年中国甘肃国际经济技术合作总公司 6.5 亿美元的贝宁内陆港项目,实际同比增长 132%;完成营业额 2.69 亿美元,同比下降 7.9%;工程项下累计派出人员 828 人,同比下降 39%;2015 年年末,有在外人员 1031 人,同比下降 49%。

四、甘肃对外贸易面临的主要问题

(一) 对外贸易规模偏小,对地方经济拉动作用不足

2017 年,甘肃进出口总额为 341.7 亿元,占全国进出口贸易总额的 0.12%,占全省 GDP 的 4.45%,对地方经济发展的影响力有限。甘肃外贸进出口企业普遍规模小,民营企业比重较大,但缺乏品牌意识,企业经营管理水平较低,市场开拓能力不足,产品市场竞争力差,优质的种子、苹果、马铃薯等地方特色农产品没有实现优质优价,宣传不到位,国际市场形象不佳。

(二) 进口商品结构单一,资源性产品占主导地位,进口依赖程度很高,风险很大

由于资源型矿产品被国际买家高度垄断,甘肃进出口厂家作为下游需求方,不掌握产品定价权,只是被动价格接受者,矿产品价格波动,导致需方进口计划频繁调整,进口时间相对集中,往往陷入被动局面,风险不确定性加大,贸易损失经常发生。

(三) 对外贸易水平低,附加值少

2016 年,甘肃民营企业的商品出口降幅较大,比上年下降了 25.7%,出口总额比上年减少 92.9 亿元,少数大中型国企占据进出口贸易的主导地位。除资源型矿产品外,甘肃出口商品多以农产品和附加值低的劳动密集型商品为主,其中出口的农产品主要为蔬菜种子、鲜苹果以及果汁、瓜子等。除农产品外,大部分出口商品为科技含量低、市场竞争力弱、利润少的加工制成品。

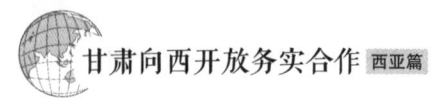

（四）产业基础薄弱，创新能力不足，产业转型升级步伐较慢

甘肃是一个内陆不发达省份，自然条件差，工业基础薄弱，传统产业仍处于主导地位，但市场竞争力下降，传统产业转型升级换代步伐缓慢，新型业态发展不足，优质外向型企业少，且在参与外贸的企业类型中，生产型企业出口的比重也偏低。

五、甘肃与西亚国家务实合作

丝绸之路是中国通向世界最早的通道。在东西方交往的进程中，促进了不同国家、不同民族之间的文化交流，也促进了东西方双向的经贸往来。甘肃是中华文明的重要发祥地之一，以其长城、石窟、汉简、彩陶、青铜器、铜奔马、古遗址、遗书经卷等为主要内容的丝绸之路文化、多元民族民俗文化，对"亚欧大陆桥"的文化内涵产生了重要影响。2014—2016年，甘肃承担国家商务部的培训项目，治沙、水利、自然能源三个研究机构承担项目27个，共培训包括来自伊朗、约旦、阿富汗、阿塞拜疆等82个国家的政府官员和专业技术人员606人，这些援外项目为拓展"一带一路"国家经济合作发挥了积极作用。

甘肃作为通往西亚丝绸之路的重要通道，与西亚各国有着久远的联系。但由于历史、文化、民族、宗教等原因，甘肃与西亚各国的经贸往来数量较小、商品种类较少，交易额较低。

（一）甘肃与西亚各国务实合作的政策环境

中国与西亚各国政治外交关系发展良好，双方建立了紧密的合作关系。至今，中国已经与科威特、阿曼、卡塔尔、沙特阿拉伯、土耳其、以色列、伊朗7国建立了全面战略伙伴关系，与阿联酋、伊拉克、约旦、阿富汗4国建立了战略伙伴关系，与巴林、叙利亚、黎巴嫩等国签署了"一带一路"等合作协议，与巴勒斯坦、塞浦路斯、也门等国签署了许多双边合作协议。

2017年财政部、税务总局联合印发了《关于完善企业境外所得税收抵免政策问题的通知》（财税〔2017〕84号），明确在现行分国别和地区不分项抵免方法的基础上，增加不分国别和地区不分项的综合抵免方法。同时，财政部、税务总局、发改委、商务部联合下发了《关于境外投资者以分配利润直接投资暂不征收预提所得税政策问题的通知》（财税〔2017〕88号），明确非居民企业从中国境内居民企业分配的利润直接投资于鼓励类投资项目，暂不征收预提所得税，鼓励境外投资者继续加大在我国的投资。

中国自1981年开始对外签订税收协定，并与11个西亚国家签署了税收协定，并对其中一个早年签署的协定进行了全面或部分修订。

甘肃积极落实中央政策，强化顶层设计，加快促进对外开放进度。2014年印发了《甘肃省委省政府丝绸之路经济带甘肃段建设总体方案》（甘发〔2014〕10号），2015年印发了《甘肃省参与建设丝绸之路经济带和21世纪海上丝绸之路的实施方案》（甘发〔2015〕15号），2016年印发了《甘肃省委省政府关于进一步扩大对外开放的意见》（甘发〔2016〕8号），制定了《甘肃省"十三五"开放型经济发展规划》（甘政办发〔2016〕141号）。按照《国务院关于扩大对外开放积极利用外资若干措施的通知》（国发〔2017〕5号），制定了甘肃的贯彻实施意见。

（二）甘肃与西亚各国经贸合作

2016年，甘肃对西亚国家的进出口贸易额为20.1亿元，比2010年的33亿元下降了39.1%，其中甘肃对西亚国家的出口额为18.54亿元，比2010年的20.83亿元减少了11%；甘肃自西亚国家的进口额为1.55亿元，比2010年的12.16亿元减少了87.25%。受国际国内经济放缓的压力影响，甘肃对西亚国家的出口额下降幅度不大，但进口额出现大幅度下跌。这说明甘肃对西亚国家的经贸关系脆弱，抗外界风险的能力很弱，外贸对地方经济的拉动作用很小。

2010年甘肃对西亚国家进出口额前三位的国家是伊朗、土耳其、伊拉克，这三国进出口额分别占甘肃自西亚国家进出口额的33.42%、20.9%、9.25%，合计为63.57%。其中，甘肃自西亚国家进口额排前三位的是伊朗、土耳其和阿曼，分别占甘肃自西亚国家进口额的52.88%、36.60%、9.42%，合计为98.9%，自西亚9个国家零进口；甘肃对西亚国家出口额排名前三位的是伊朗、伊拉克、阿联酋，分别占甘肃对西亚国家出口额的22.08%、14.66%、14.65%，合计为51.39%。2016年甘肃对西亚国家进出口额发生较大变化。甘肃对西亚国家进出口额前三位的国家是阿联酋、沙特阿拉伯、伊朗，这三国进出口额分别占甘肃对西亚国家进出口额的27.51%、18.91、16.76%，合计为63.18%。其中，甘肃自西亚国家进口额排前三位的是沙特阿拉伯、阿联酋和伊拉克，分别占甘肃对西亚国家进口额的51.2%、43.86%、1.88%，合计为96.94%，自西亚8个国家零进口。甘肃对西亚国家出口额排名前三位的是阿联酋、伊朗、沙特阿拉伯，分别占

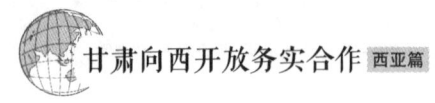

甘肃自西亚国家出口额的 26.15%、18.09%、16.17%，合计为 60.41%。

六、加强甘肃与西亚各国务实合作建议

（一）充分认识"一带一路"建设给甘肃发展带来的历史性机遇

长期以来，受国家实施东中西梯度发展战略的影响，地处边远、自然条件恶劣、自身发展能力薄弱的甘肃长期处于经济社会发展的末端。"一带一路"倡议的提出和快速推进，为甘肃省的发展提供了千载难逢的历史机遇。

丝绸之路不仅是商贸通道、文化走廊，更是链接中华文明、两河文明、埃及文明、欧洲文明的文明大道和开放大道。历史上，丝绸之路繁荣的要素是丝绸、瓷器、茶、马、骆驼，商人和丝绸通道，而甘肃的地理位置就恰好处在这个链接东西方文明大道、开放大道的黄金通道上。如何打造、升级、丰富甘肃黄金通道的内涵，是甘肃经济社会搭上"一带一路"这趟快车，成为最大受益者的关键。

（二）充分估计甘肃向西开放务实合作中面临的困难

1. 经济下行压力加大

2016年以来，投资急剧下降，消费萎靡不振，产业持续低迷，进出口连续下滑，个人收入增长乏力，与东、中、西部差距加速扩大，经济发展下行压力使甘肃面临着改革开放以来最严峻的困难和考验。

2. 向西开放的合作机制运行不畅

由于与西亚各国社会、经济、宗教、文化、法律、国家体制等方面存在着显著差异，语言、宗教、文化、习俗成为双方沟通的主要障碍，"中国通""西亚通"式人才缺乏，大大增加了交往过程中的交易成本和损失率。

3. 创新能力不足

甘肃产业基础薄弱，传统产业仍处于主导地位，进出口商品结构单一，市场竞争力不强，知名品牌缺乏，传统产业转型升级换代步伐缓慢，新型业态发展不足，优质外向型企业少，创新能力不足，且在参与外贸的企业类型中，生产型企业出口的比重也偏低，对外贸易规模偏小，抗外界风险的能力很弱，对地方经济拉动作用不足。

4. 营商环境不利

不发展、慢发展、不科学发展是甘肃对外开放，实现跨越式发展的最大风险，"不作为、不敢为、乱作为""庸政、懒政、怠政"是甘肃发展的最大障碍，"悲观失望、自甘落后、怨天尤人、瞻前顾后"是甘肃营商环境改善的最大敌人。

5. "后发劣势"明显，严重制约甘肃经济社会发展

经济发展水平低、基础设施落后、投资环境差，居民收入水平低，有效需求不足、经济活跃成熟度不足，缺资金、缺技术、缺人才、缺市场、缺创新，使甘肃具有明显的"后发劣势"，潜在投资风险很高。要想突破这些障碍、克服这些困难，这在人力资源、专业教育、管理水平、信息处理、金融支持等方面对甘肃省提出很高的要求。

（三）充分做好甘肃向西开放务实合作工作

1. 充分做好甘肃向西开放务实合作的政策支持工作

"政府是发动机"，政府应该做的并真正有助于产业的是创造生产要素，制定鼓励竞争、提升需求质量等政策的有效支持而不过多干预。

"政府是发动机"的着力点就是在区域竞争弱势条件下，按照"以少胜多、以弱战强"的思路，把有限的人力、物力、财力资源向有利于区域产业集聚、形成相对优势产业集群方向有效配置，只有这样才能在竞争中赢得发展的机会和条件。在已有国家和甘肃出台的鼓励和支持对外开放政策的基础上，甘肃省人民政府应该制定和出台有重点的、差异化的政策：一是建立并完善集群配套设施。政府应加大以兰州为中心和已经具备一定条件的若干区域优势产业集群中心基础设施的投资，完善产业集群区域的交通运输系统，从而方便集群内企业的物流运输，降低产业集群的物流运输成本。二是加快产业集群的数字化建设，推动产业集群内的信息化建设，提高信息网络的最大载荷以及综合服务的能力，降低企业的信息获得的成本。三是保障产业集群内的物资、能源供应，缓解传统能源供应的局限性，最终形成一批有规模、有技术、有辐射带动能力的骨干企业，产生一批有国际竞争力的产品，打造一批有市场影响力的品牌。

2. 充分做好营造甘肃向西开放务实合作的营商环境工作

"发展是第一要务，人才是第一资源，创新是第一动力。"甘肃要痛下决心强力推动新旧动能转换、招商引资招才引智，坚持高质量发展的根本要

求,致力于打造一流的营商环境,着力破解基础设施建设欠账多、经济结构调整与发展方式转变慢、非公有制经济发展整体水平低、生态屏障建设与生态产业体系构建不足、创新驱动推进缓慢、营商环境不宽松、干事创业精气神不足等经济发展难题,把改革开放不断推向深入。只有发展才能克服甘肃发展中的一切困难,只有发展才能扩大甘肃对外开放,只有扩大开放才能实现甘肃跨越式发展。

3. 充分做好甘肃向西开放务实合作的能力建设工作

一是科学规划顶层设计,切实提高指挥引导能力。针对"一带一路"倡议和西亚各国的政治、经济、法律、文化和民族特色,做好顶层设计和战略布局,制定适合甘肃基本情况的出口政策和措施,抓住有利机遇,扩大产业产能合作,以投融资等方式带动产品和劳务出口,提高企业投资质量,积极开展第三方合作,提高合作水平和合作层次,切实提高指挥和引导企业发展的能力,为企业开拓市场保驾护航。

二是加强智库专业建设,有效提高信息支持能力创新组织形式,整合优质资源,加强智库专业建设,发挥智库专业性强、学科齐全、人才密集和对外交流广泛的优势,围绕省委省政府的重大决策和社会关切的重要民生问题、经济问题、社会问题进行前瞻性、专业性、针对性的科学研究和设计,为政府和企业提供有价值、可操作的理论和实践指导,有效提高企业接受、分析、处理信息的能力从而做出正确判断。

三是深化国企改革,促进民营经济发展。甘肃国有大型骨干企业是甘肃对外贸易的主力军,所以要继续加大对国有大型骨干企业在对外产品的研发、技术、品牌上的扶持力度,引导这些企业产业转型和再升级,提升骨干企业的产品竞争力。同时,要加大"放管服"改革力度,重点是优化政策环境、政务环境、市场环境、法治环境、人文环境,一视同仁对待国企民企,打破各种隐形门槛,打通政策落地"最后一公里",营造尊商、重商、亲商良好氛围,切实释放市场红利,服务地方经济发展,有效推进民营经济快速发展,支持民营经济成为活跃市场、激发竞争的有生力量,真实提高国企、民企生产出适销对路的产品,参与海外市场竞争。

四是借船出海内引外联,真正提高市场开拓能力。组织力量、创造条件,有针对性地学习借鉴海内外成功企业的经验和脉络,在海外投资经验、语言文化、商业规则、法律体系、行业标准及会计、律师、咨询等中介机构方面"借船出海,搭车出行",减少中间环节,提高效率和成功率,真正提高企业的市场开拓能力,促进对外发展。

五是设立出口专项产业基金，提升金融保障能力。针对优势特色出口型企业，设立出口专项产业基金，在安排新征用地、项目立项、资金支持、技改项目贷款贴息等方面给予大力支持，并享受有关优惠政策，提升这些企业的金融保障能力。

4. 充分做好甘肃向西开放务实合作的通道建设工作

甘肃及其河西走廊是"丝绸之路"上的交通要塞，是欧亚大陆桥的必经之路，具有独特的战略地位。

一是路上通道建设。开辟以兰州、武威、嘉峪关为重点的国际货运班列，进一步提升甘肃的通达和集散能力，努力把甘肃打造成丝绸之路经济带陆路货物集散中心。2014年开通"天马号"（武威—阿拉木图）中欧班列。2015年开通"兰州号"（兰州—阿拉木图）中亚国际货运班列；同年8月，兰州—汉堡中欧国际货运班列、嘉峪关—阿拉木图酒钢钢材中亚国际货运专列相继开通，目前均已实现常态化运营。自2014年12月甘肃省"兰州号""天马号""嘉峪关号"国际货运班列开行至2018年6月底共发运362列，货运量46.09万吨，货值9.44亿美元。出口货物主要是甘肃周边以及华东、华北等地的机械设备、建筑材料、日用小商品和甘肃省的葵花籽、饲料、石化设备、钢材等，重点发往中亚五国及德国等国家。进口货物主要有红酒、啤酒、纱锭、高碳铬铁等。

二是空中通道建设。开辟以兰州、嘉峪关、敦煌为中心的国际航线，建立快捷高效的空中走廊。目前，全省已开通24条国际和地区航线。2016年全省航空口岸出入境17.3万人次，同比增长22.7%。2016年，兰州中川机场旅客吞吐量突破1000万人次，跨入全国大型机场行列。兰州—迪拜、兰州—达卡国际货运包机出口、悉尼—兰州国际货运包机进口开始直航，开辟了快捷高效的空中走廊。2018年2月以来，重庆、广西、贵州、甘肃四省（直辖市、自治区）密切沟通协商，积极合作推进中新南向通道建设。该通道是依托中新（重庆）战略性互联互通示范项目，以重庆为运营中心，以广西、贵州、甘肃为重要节点，由中国西部省区市与新加坡等东盟国家通过区域联动、国际合作，利用铁路、公路、水运、航空等多种运输方式，向南经贵州等省市，通过广西北部湾等沿海沿边口岸，通达新加坡及东盟主要物流节点，进而辐射南亚、中东、澳洲等区域的复合型国际贸易物流通道。通道向北与中欧（渝新欧、兰州号）班列连接，利用兰渝铁路及甘肃的主要物流节点，连通中亚、南亚、欧洲等地区，建成后将实现丝绸之路经济带、"21世纪海上丝绸之路"及长江经济带的无缝连接。2018年8月7日，重庆、广西、贵州、甘肃四省（直辖市、自治区）在南宁召开了中新互联互通南向国际贸易物流通道（简称"中新南向通道"）建设磋商会，标志着该通道建设由共识走向实践，进入机制化推进新阶段。2017年上半年，甘肃省与"一带一路"沿线国家贸易额占全省进出口总额的40.63%。目前，甘肃省与180多个国家和地区建立了经贸往来关系。

三是信息通道建设。加快推动互联网、大数据、人工智能和实体经济深度融合。深入做好大数据技术在开放、合作领域的应用，积极挖掘"数据宝藏"，为甘肃省对外开放务实合作提供可靠情报，找准商机，赢得主动。

5. 充分做好甘肃向西开放务实合作的平台建设工作

一是推动口岸对外开放。2013年兰州中川机场国际航空口岸正式对外开放，结束了全国唯一一个省会城市没有口岸的历史。2015年敦煌空运口岸获准临时对外开放，成为办好丝绸之路（敦煌）国际文化博览会的重要窗口。2016年兰州铁路口岸获准对外开放，成为甘肃省历史上第一个铁路口岸。2016年甘肃省先后获批在兰州中川国际机场筹建进口冰鲜水产品及水果指定口岸，在兰州新区综合保税区及武威保税物流中心筹建进口肉类指定查验场，在武威保税物流中心筹建进境木材监管区。

二是推进海关特殊监管区建设。2014年1月武威保税物流中心（B型）获准设立，10月正式封关运营。目前入驻武威保税物流中心企业70多家，2016年实现进出口货物1.6亿美元。2014年7月，兰州新区综合保税区获批设立，2015年8月正式封关运营。目前，共有240家各类企业在兰州新区综合保税区内注册，2016年进出口额达6.9亿美元。

三是提升中国兰州投资贸易洽谈会（以下简称"兰洽会"）的国际化水平。突出"一带一路"主题合作，兰洽会国际化水平明显提升。2015年第21届兰洽会首次设立主宾国，白俄罗斯副总理加里宁率团出席兰洽会。2017年7月第23届兰洽会首次邀请尼泊尔、马来西亚两个国家担任主宾国，共有来自36个国家、2个国际组织（上海合作组织、中国－东盟中心）的27位外国部长级官员和驻华大使等宾客出席这届兰洽会，境外参会宾客数量较上届增长30%以上。920个招商项目在兰洽会期间签约，拟引进资金3129亿元。24个"一带一路"沿线国家、17个省、直辖市、自治区和新疆生产建设兵团、港澳台地区参展企业达1500多家，参展商达3000多名，进馆观众累计24万人次，展览展销商品总成交额达11.48亿元。

6. 充分做好甘肃出口农产品基地建设和标准化建设工作

甘肃农产品进出口有基础、有条件、有潜力，但这几年市场波动幅度较大。随着国际市场需求回暖，2017年甘肃农产品进出口额为23.3亿元，同比增长10.3%。其中，出口21.53亿元，同比增长7.8%；进口1.8亿元，同比增长52.5%。农产品占甘肃外贸出口比重达到17.5%。农产品出口品类149种，出口额5000万元以上的商品8类、1000万元以上的39类。鲜苹果、蔬菜花卉种子、苹果汁、脱水蔬菜、杂粮杂豆出口额超过亿元。农产品出口企业130余家，占甘肃出口企业总数的三分之一。但在甘肃农产品出口规模、品种数量、基地规模等方面还需要进一步加大投入，改进和完善农产品生产基地标准化建设，重视和培育一批具有特色的农产品出口和加工基地，壮大一批具有出口加工能力的农产品龙头企业，发展一批内外贸融合、带动农产品出口的大型商品交易市场。要抢抓政策机遇，支持农业企业在"一带一路"框架下，发展戈壁农业，把甘肃打造成西北乃至中亚、西亚的"菜篮子"生产供应基地。西亚国家尤其是收入较高的国家农产品进口量大，这为甘肃农产品出口西亚国家提供了较佳的合作机遇。因此，甘肃应主动按照国际标准组织生产进入国际市场的理念，大力开展GAP、JAS等国际农产品标准认证，开展质量管理体系、良好农业操作规范、良好生产规范、危害分析与关键控制点等标准的认定评价，提高出口农产品标准化生产水平，创建出口品牌，打开西亚市场。

第二章 甘肃与阿联酋务实合作

第一节 阿联酋基本概况

一、基本国情

（一）自然地理

阿拉伯联合酋长国简称"阿联酋"，位于阿拉伯半岛东部，北濒波斯湾，西北与卡塔尔为邻，西、南都与沙特阿拉伯交界，东和东北与阿曼毗连，海岸线长 734 公里，总面积 8.36 万平方公里，是一个以产油著称的西亚沙漠国家，有"沙漠中的花朵"的美称。阿布扎比和迪拜是著名的文化和商业中心。

阿联酋由阿布扎比、迪拜、沙迦、哈伊马角、阿治曼、富查伊拉和乌姆盖万七个小酋长国联合组成，素有"油海七珍"之称。阿联酋属热带沙漠气候，夏季炎热干燥，冬季温暖，常年晴天，阳光灿烂。

阿联酋的石油和天然气资源非常丰富。截至 2014 年，已探明石油储量为 133.4 亿吨，占世界石油总储量的 9.5%，居世界第 7 位；天然气储量为 6.10 万亿立方米，居世界第 7 位。

（二）国家发展简史

公元 7 世纪，阿联酋隶属阿拉伯帝国。自 16 世纪开始，葡萄牙、荷兰、法国等殖民主义者相继侵入。19 世纪初，阿联酋逐步沦为英国的附属国。1971 年 3 月 1 日，英国宣布同各酋长国签订的条约于当年底终止。同年 12 月 2 日，阿拉伯联合酋长国宣告成立，由阿布扎比、迪拜、沙迦、富查伊拉、乌姆盖万和阿治曼 6 个酋长国组成联邦国家。1972 年 2 月 10 日，哈伊马角加入联邦。

（三）政治宗教

阿联酋联邦最高委员会由 7 个酋长国的酋长组成，是最高权力机构。国内外重大政策问题均由该委员会讨论决定，制定国家政策，审核联邦预算，批准法律与条约。总统和副总统从最高委员会成员中选举产生，任期 5 年。阿联酋联邦国民议会，亦称全国协商议会，是咨询机构，每届任期两年。阿联酋的最高司法机构是联邦最高法院，由首席法官和不超过 5 名的法官团组成，由联邦最高委员会任命。阿联酋是阿拉伯国家，国教是伊斯兰教，绝大部分居民是穆斯林。阿联酋实行政教合一，对其他宗教人士实行信仰自由的政策。

（四）人口及主要城市

阿联酋 2017 年的总人口达到 940 万人。阿联酋的人口组成非常多元化，其中只有 10% 是阿联酋国民，其余的则由外籍务工人员组成。非阿联酋国民最大的人口来源是南亚，约占 58%，其次是其他亚洲地区约占 17%，欧洲移民约占 8.5%。近些年阿联酋的欧洲人越来越多。阿联酋失业率很低，2017 年仅为 1.72%，就业市场充分。

阿联酋的首都为阿布扎比，也是阿布扎比酋长国的首府。

迪拜拥有 240 万人口，是阿联酋的最大城市，是世界第三大国际转口贸易中心。同时迪拜也是继阿布扎比之后第二大酋长国，是中东地区的经济和金融中心、中东最富裕的城市，在全球最富裕城市中也位居前列。

二、经济结构

（一）基本情况

阿联酋经济发展水平较高，是海湾地区的交通枢纽和金融中心，享有海湾地区"经济发动机"的美誉。2017 年，阿联酋的 GDP 为 3825 亿美元，在全球排名第 31 位，人均 GDP 为 40691.49 美元，排名世界前十。

阿联酋农业和工业对 GDP 的贡献率有小幅度的下降，而服务业对 GDP 的拉动作用有所增强。阿联酋工业以石油生产和石油化工为主，政府在发展石化工业的同时，把发展多样化经济、扩大贸易、增加非石油收入在国内生产总值中的比例当作其首要任务,注重利用天然气资源,发展水泥、炼铝、服装、食品加工等工业,重视发展农、牧、渔业。阿联酋的旅游服务业和银行业都很发达。根据世界银行按人均GDP和石油收入占GDP的比重为标准的划分方法,阿联酋属于能源型高收入经济体。

阿联酋的GDP从2005年的1806亿美元增长到2017年的3825亿美元,增长了1.12倍,年均增长9.32%。人均GDP从2005年的40298.52美元增加到2017年的41860.70美元,增长了3.87%,长期稳定在高收入状态。

(二) 产业结构

阿联酋三次产业结构为"二、三、一"特征。2005年为1.4∶55.6∶43,到2017年调整为0.7∶43∶55。农业所占比重更小,二、三产业占比发生了互换。

1. 第一产业

阿联酋农业规模较小。全国可耕地面积32万公顷,已耕地面积27万公顷,仅占国土面积的3.22%。主要农产品有椰枣、玉米、蔬菜、柠檬等。主要粮食和畜产品都依赖进口。渔业较发达,渔产品和椰枣可满足国内需求。近年来阿联酋政府采取鼓励务农的政策,向农民免费提供种子、化肥和无息贷款,并对农产品全部实行包购包销,以确保农民收入,阿联酋农业因此得到了一定的发展。

2005—2017年,阿联酋的农业增加值从25.2亿美元增至29.1亿美元,增长了15.47%,而占GDP比重从2005年的1.4%减少至2017年的0.76%,下降了0.64个百分点。

2. 第二产业

阿联酋以石油化工工业为主,工业增加值一直占其GDP 55%的比重。工业增加值从2005年的1005.02亿美元上升至2017年的1667.64亿美元,产值增长了1.66倍,年均增长13.83%。采矿及采石业一直是阿联酋第二产业中最重要的产业。2005年采矿及采石业增加值620.72亿美元,占第二产业的比重为61.83%;至2014年采矿及采石业增加值1381.45亿美元,占第二产业的比重为62.80%,在第二产业中的比重略有增加。除了石油化工产业外,阿联酋还有建筑业、天然气液化、炼铝、塑料制品、服装和食品加工等工业。

3. 第三产业

阿联酋的第三产业主要是旅游业和服务业以及交通运输业及房地产业。

近十年来，阿联酋的旅游经济发展迅猛，迪拜、阿布扎比的旅游业相当发达，成为其经济收入的主要来源，目前仍保持15%以上的年平均增长率。2017年《全球旅游业竞争力报告》评价阿联酋旅游业竞争力综合指标为4.49，全球排名第29位。阿联酋服务业附加值2005年为775.95亿美元，占GDP的比重为42.96%；2017年为2129.01亿美元，占GDP的比重为55.65%，增加了12.69个百分点；2017年服务业附加值比2005年增长了2.74倍，年均增长率为14.53%。

其中，阿联酋的批发零售及修理业增加值为401.47亿美元，占GDP的比重为10.05%；房地产和商务服务业增加值为367.17亿美元，占GDP的比重为9.19%；运输、仓储和通讯业增加值为307.60亿美元，占GDP的比重为7.70%；金融公司部门增加值为295.57亿美元，占GDP的比重为7.40%；政府服务部门增加值为204.71亿美元，占GDP的比重为5.12%；社会和个人服务业增加值为87.51亿美元，占GDP的比重为2.19%，其他为2.61%。

三、对外贸易

阿联酋1994年加入关贸总协定，1996年4月加入世界贸易组织，是首个执行贸易便利化协定的阿拉伯国家。同时，阿联酋是大阿拉伯自由贸易区和海湾合作委员会的成员国，并加入了海湾合作委员会关税同盟。2008年12月阿联酋与新加坡签署了自由贸易协定。

便利的交通贸易、完善的基础设施、自由的贸易政策使阿联酋成为世界上最佳贸易国。目前，阿联酋与211个国家和地区有进口贸易关系，与199个国家有出口贸易关系。阿联酋的整体对外贸易长期处于顺差状态。

2017年阿联酋对外贸易额达到6280亿美元。阿联酋进出口服务贸易均排名阿拉伯世界第一，出口服务方面排名世界第21位，进口服务方面排名世界第17位。

（一）出口贸易

阿联酋出口产品较集中，混杂产品和燃料就占其出口市场的六成。2017年，阿联酋出口前十的产品主要包括杂项制品、燃料、贵金属、机器和电子设备、运输设备、金属、塑料、橡胶及其制品、食品、化学制品。阿联酋出口前十类的产品出口总额为 2906.59 亿美元,占阿联酋出口总额的 80.75%。

(二)进口贸易

进口方面,阿联酋进口产品逐渐趋于集中,排名前三的进口产品就占其进口市场的 50% 左右。2017 年,阿联酋进口排名前十的产品主要包括机器和电子设备、贵金属、运输设备、食品、金属、混杂产品、矿物燃料及蒸馏产物、化学制品、纺织原料及产品、塑料和橡胶及其制品。前十类产品进口金额为 2425.47 亿美元,占阿联酋出口总额的 90.5%。其中,机电产品进口排名第一,进口额为 808.76 亿美元,占进口总额的 30.18%;第二是天然黄金和半成品黄金等贵重金属,进口额为 547.33 亿美元,占进口总额的 20.42%;第三是运输设备,进口额为 312.76 亿美元,占进口总额的 11.67%;第四是食品,进口额为 165.08 亿美元,占进口总额的 6.16%。

2017 年阿联酋的进口市场主要集中在亚洲国家和欧洲国家,少部分集中在北美洲和非洲国家。主要国家为中国、印度、美国、德国、英国、日本、韩国、意大利、瑞士及其法国。中国占阿联酋进口市场的 10.72%。

第二节 中国与阿联酋务实合作

一、中国与阿联酋的政治外交情况

1984 年 11 月 1 日,中国与阿联酋建立正式外交关系。两国友好合作关系发展顺利,双方高层互访和各级别往来不断,在国际和地区事务中相互支持与配合。2012 年 1 月,中阿签署《中华人民共和国和阿拉伯联合酋长国关于建立战略伙伴关系的联合声明》。2015 年,阿联酋积极响应中国"一带一路"倡议,于当年成为亚洲基础设施投资银行(AIIB)的创始成员国之一。2018 年 7 月 20 日,习近平主席对阿联酋进行国事访问,双方发表《中华人民共和国和阿拉伯联合酋长国关于建立全面战略伙伴关系的联合声明》。双方签署了政府间共建"一带一路"谅解备忘录,并就互设文化中心达成协议。

作为海合会第二大经济体和第一大货物贸易国,阿联酋高度重视对华开展经贸与投资合作,支持"海湾合作委员会"与中国建立自由贸易区的谈判工作。阿联酋向东政策和"2021愿景"与中国"一带一路"建设在国家发展战略层面高度契合,为两国全面战略发展打下了坚实合作基础,同时也必将具有落实"一带一路"倡议对沿线国家的示范意义。

二、中国与阿联酋的经济贸易情况

近年来,由于中国与阿联酋经济互补性增强、利益契合度提高,两国关系呈现全面快速的发展势头,合作前景十分广阔。阿联酋的石油资源、资金、市场和中国的技术、人才及市场在很大程度上实现了双方优势互补。1985年11月,中阿双方正式签订贸易额为6300万美元的两国政府经济、贸易和技术合作协定,此后双边贸易额持续攀升。从1988年起,随着中国经济的高速发展和外贸改革的不断深入,中国与阿联酋的进出口贸易发展迅速,1995年中国与阿联酋的贸易额达到12.21亿美元,成为阿联酋第一大对外贸易国。随后双方进一步在经贸合作领域达成许多重要共识和协议:2003年,双方签订了《关于对所得避免双重征税和防止偷漏税的协定》《关于相互促进和保护投资的协定》;2004年7月,中国与海湾合作委员会六国共同签订了《经济、贸易、投资和技术合作框架协议》,2007年11月双方签署了《关于双边劳务合作的谅解备忘录》。2015年12月14日,中国人民银行与阿联酋中央银行续签了双边本币互换协议,并签署有关设立中阿共同投资基金、驾照互认协议,并将双方互免签证范围从外交护照持有人扩大到中方公务和因公普通护照持有人及阿方特别和公务护照持有人。同月,阿布扎比王储穆罕默德访华,双方签署了多项合作协议,其中包括签署一个规模为100亿美元的共同战略投资基金协议。2017年2月,中国企业获得阿联酋阿布扎比陆上石油区块12%特许经营权益。同年7月,江苏省同阿联酋签署《中阿产能合作示范园投资合作协议》。中石油集团与华信集团收购阿联酋阿布扎比国家石油公司12%股权成为该领域2017年度最大金额并购项目。同年12月,双方达成互免持普通护照公民签证安排并于2018年1月16日生效。2018年3月,中国企业获得阿联酋阿布扎比海上石油区块两处油气田和一处油田各10%特许经营权益。随着合作领域的不断扩大、合作水平的日益提升,阿联酋已连续多年成为中国在西亚北非地区的第二大贸易伙伴和第一大出口市场,中国则是阿联酋非石油贸易第一大进口国和第一大贸易伙伴。

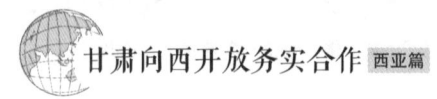

(一) 阿联酋经济贸易结构分析

阿联酋实行自由贸易经济政策，进出口贸易自由，没有外汇管制。阿联酋迪拉姆与美元挂钩，实行自由兑换，公司或个人用外汇没有额度限制，可自由携带出入境。阿联酋对外自由贸易政策极大地促进了经济发展，确立了发达经济体的国际地位。

十年来，阿联酋货物进口、出口额占进出口贸易总额的比重变化不大。2005年进口总额846.54亿美元，占进出口贸易额的比重为41.92%；到2017年进口总额达到2680亿美元，进口总额增加了2.17倍，但占当年进出口贸易总额的比重为42.68%，比2005年仅增长了0.24个百分点。2005年出口总额1172.87亿美元，占进出口贸易总额的比重为58.08%；到2017年出口总额达到3600亿美元，出口总额增加了2.07倍，但占当年进出口贸易总额的比重为57.32%，比2005年下降了0.76个百分点，贸易结构略微改善。

阿联酋进、出口市场结构发生明显变化。2005年，前十大进口市场国为印度、中国、英国、美国、德国、日本、法国、意大利、沙特、韩国，占阿联酋进口总额的63.30%。到2017年，前十大进口市场国变化为中国、美国、印度、日本、德国、越南、韩国、土耳其、沙特阿拉伯、意大利，占阿联酋进口总额的51.18%。2005年，前十大出口市场国为日本、沙特阿拉伯、科威特、韩国、伊朗、泰国、印度、巴基斯坦、阿曼、伊拉克，占阿联酋出口总额的70.45%。到2017年，前十大出口市场国和地区变化为伊朗、沙特阿拉伯、印度、中国、伊拉克、阿曼、美国、土耳其、中国香港、科威特，占阿联酋出口总额的27.85%。阿联酋进出口市场国家和地区相对分散，集中度低，其贸易风险整体偏低。

(二) 中国与阿联酋的经济贸易分析

阿联酋是中国在阿拉伯国家最大出口市场和第二大贸易伙伴。根据国家统计局数据：2017年，中阿双边贸易额为409.8亿美元，同比上升2.3%。其中，中国对阿联酋出口287.4亿美元，同比下降4.4%；进口122.4亿美元，同比上升22.5%。2005年以来，中国对阿联酋的贸易额一直处于增长趋势，至2014年双方贸易额达547.978亿美元，达到历史最高点。2017年阿联酋对中国的贸易额占中国贸易总额的1.00%，其中，阿联酋对中国进口额占中国进口总额的0.66%，对中国的出口额占中国出口总额的1.27%

（参见表2-1）。

表2-1 中国与阿联酋进出口总额情况

	种类	2017年	2016年	2015年	2014年	2013年	2012年
进出口	中国与阿联酋进出口总额（亿美元）	409.800	400.668	485.342	547.978	462.348	404.202
进出口	占中国进出口总额的比重（%）	1.00	1.08	1.23	1.27	1.11	1.04
进口	中国自阿联酋进口总额（亿美元）	122.400	99.943	115.140	157.633	128.235	108.519
进口	占中国进口总额的比重（%）	0.66	0.63	0.68	0.80	0.66	0.59
出口	中国对阿联酋出口总额（亿美元）	287.400	300.725	370.201	390.345	334.113	295.683
出口	占中国出口总额的比重（%）	1.27	1.43	1.63	1.67	1.51	1.44

数据来源：根据海关总署发布的数据整理。

中国对阿联酋主要出口产品为工业设备、服装及相关产品、纤维及纺织品和金属等，自阿联酋进口产品主要为燃料、塑料、橡胶及其制品、化学制品、金属等（参见表2-2）。2013年以来，中国每年在阿联酋举办中国贸易周。2017年，中国从阿联酋进口原油1016万吨，同比下降16.6%，占中国进口原油总量的2.42%，排名中国主要石油供应国的第12位。

表2-2 2017年中国与阿联酋进出口产品种类结构情况

	进口			出口	
产品种类	进口总额（亿美元）	占进口总额比重（%）	产品种类	出口总额（亿美元）	占进口总额比重（%）
燃料	86.35	70.14	工业设备	120.56	41.97
塑料、橡胶及其制品	21.65	17.86	服装及相关产品	34.30	11.94
化学制品	6.64	5.39	纤维及纺织品	32.59	11.34
金属	3.09	2.51	金属	22.32	7.77
矿产品	2.18	1.77	家具及相关产品	13.51	4.70
农副产品	1.49	1.21	橡胶、塑料及其制品	12.73	4.43
机电产品	0.39	0.03	车辆及配件	6.91	2.40

续表2-2

产品种类	进口		产品种类	出口	
	进口总额（亿美元）	占进口总额比重（％）		出口总额（亿美元）	占进口总额比重（％）
针织品	0.17	0.01	木材、木浆及产品	6.26	2.18
合计	121.96	99.06	合计	249.18	86.75

数据来源：根据世界银行发布的数据整理。

中国作为阿联酋第一大进口国，出口的商品60％以上通过阿联酋转口到中东、亚洲和非洲国家，阿联酋成为中东地区最重要的贸易集散地，转口贸易是阿联酋GDP的重要来源之一，中国在其中的贡献巨大。

三、中国与阿联酋的投资情况

（一）对外投资状况分析

根据世界银行发布的数据，2012—2016年，阿联酋实际利用外资累计485.58亿美元，其吸引外资的数量很大。而同期对外直接投资额累计524.92亿美元，是中东地区重要的对外投资国。阿联酋对外直接投资金额超过外资流入金额39.34亿美元。

近十年来，中国与阿联酋两国高层往来频繁，政治互信不断增强，经贸往来已经达到一个较高水平。根据世界银行数据，截至2017年末，中国对阿联酋直接投资存量共计90.9亿美元。2016年，阿联酋在中国对"一带一路"沿线国家的直接投资中排名第七位。中资企业对阿联酋的投资领域主要集中在能源、电信、交通、房地产、金融、证券、服务业等。阿联酋对中国投资呈逐年上升趋势，对中国的投资总量位居中东国家第二位。截至2018年5月底，阿联酋在中国的投资存量为12.4亿美元。2016年，阿联酋在中国投资项目超过20个，实际投资金额3933万美元[①]。阿联酋对中国投资主要集中在石化和金融领域。

2007年11月，中国和阿联酋在北京签署了《中华人民共和国政府和阿拉伯联合酋长国政府关于双边劳务合作的谅解备忘录》。2012年至2016年底，中国对阿联酋承包工程完成营业额78.1915亿美元，占同期中国对外承

---

① 上海为国内城市和企业与阿联酋开展经贸往来搭建了一条快车道. https://www.jfdaily.com/news/detail?id=97255.

包工程完成营业额的 0.92%、对亚洲承包工程完成营业额的 2.92%，累计对阿联酋承包工程年末在外劳务人员 29906 人次（参见表 2-3）。阿联酋已成为中国重要的海外承包市场之一。2015 年新签大型工程承包项目包括：华为技术有限公司承建阿联酋电信、中国石油工程建设公司承建曼德油田开发一期项目等。

表 2-3 中国与阿联酋投资情况

种类	2016 年	2015 年	2014 年	2013 年	2012 年
阿联酋实际利用外资额（亿美元）	96.05	85.51	110.71	97.65	95.66
阿联酋对外直接投资额（亿美元）	128.52	170.34	115.86	85.18	25.02
中国实际利用外资额（亿美元）	1260.010	1262.670	1197.050	1187.210	1132.940
中国实际利用阿联酋外商直接投资金额（亿美元）	0.3933	0.3899	0.2855	0.4381	1.2963
中国对亚洲承包工程年末在外劳务人员（人次）	173780	168038	165571	166523	156276
中国对阿联酋承包工程年末在外劳务人员（人次）	4682	5485	5461	6954	7324
中国对外承包工程合同金额（亿美元）	2440.10	2100.70	1917.60	1716.30	1565.29
中国对亚洲承包工程完成营业额（亿美元）	768.514	690.701	648.381	643.975	542.928
中国对阿联酋承包工程完成营业额（亿美元）	22.4637	15.3943	11.5007	13.3959	15.4369

数据来源：根据国家商务部发布的数据整理。从 2001 年起，外商投资合同金额和实际使用外资额均不包括对外借款。从 2007 年起商务部不再对外公布外资合同金额数据。

（二）投资合作前景分析

阿联酋长期实行自由贸易政策，政治稳定，经济多元化，金融体系完备，资金充裕，税率较低，交通发达，基础设施完善，管理网络化，服务高效，这些都使阿联酋对于外资有着独特的吸引力。

首先，中阿两国政治互信程度高，安全可靠程度高，政治、经济社会稳定程度高，这为两国投资和经贸合作打下了坚实基础。

其次，阿联酋优越的地理位置，发达的交通、基础设施，丰富的油气资源，完善的金融体系，开放自由的经济贸易政策，为两国实现政策沟通、道路联通、贸易畅通、货币流通、民心相通奠定了良好基础。

再次，阿联酋综合经济竞争力强，国家资金势力雄厚，人民生活水平高，经济社会高度发达，各方面需求旺盛。中国改革开放四十年来，经济发展，社会稳定，已成为世界第二大经济体、全球最大的工业产品制造国，需求市场庞大，两国经济互补性很强。双方在建筑、能源、金融、物流、航空、技术、劳务等多领域已经达成广泛合作协议并将继续发展下去。

最后，中国与阿联酋都致力于和平与发展事业，同样秉持对外开放、包容多元的发展理念，有着深化合作发展的强烈主观愿望。这使中国"一带一路"建设与阿联酋"2021愿景"相得益彰。阿联酋作为"一带一路"的重要枢纽，是中国开展经贸合作的重要伙伴。

在当前的国际环境下，中阿双方应夯实基础，突出重点，开拓创新，在深化全面合作、共同发展的中阿战略合作关系的同时，坚持共商、共建、共享原则，打造中阿利益共同体和命运共同体，构建"1+2+3"的合作格局，不断优化贸易结构，在互惠互利基础上开展合作。在充分利用两国经济的比较优势，推动双向投资的同时，努力消除贸易壁垒，不断推动市场的自由化、透明化，提高市场服务的便利度。

（三）投资风险分析

1. 经营风险

阿联酋经济发达，经济开发程度高，对外依附程度高。2017年，阿联酋进出口贸易总额6280亿美元，是其GDP 3825亿美元的164.14%。因此，阿联酋经济受外来经济危机的冲击很大。如2008年国际金融危机爆发，对阿联酋的旅游、贸易、金融、房地产业等影响很大，其世界最大的主权财富基金遭受重大损失。外部风险成为当前中阿投资和贸易的头号威胁。

2. 政治风险

地缘政治冲突和战争仍是阿联酋乃至中东地区经济发展、社会稳定的最大威胁。中东地区各种宗教派别严重对立，域外大国势力强行参与该地区的利益博弈，伊拉克战争、叙利亚战争、也门战争以及恐怖主义势力严重威胁着该地区的社会稳定和经济发展，如何规避风险、审慎行事仍是中阿双方企业关注的首要安全问题。

四、合作建议

阿联酋凭借其丰富的资源，优越的投资环境，成为西亚地区风险最低的国家。

(一) 建立高效的法律法规、经济交易信息平台

阿联酋是由7个酋长国组成的联邦国家，每个酋长国都有独立的经济贸易政策、法律法规和经济发展规划，每个酋长国都根据自身的优势和条件制定了不同的经济管理办法和投资优惠政策，在某些方面阿联酋的7个酋长国之间也存在竞争关系。因此，对于中资企业来说，国家层面设置针对阿联酋7个酋长国的法律法规、经济政策及管理信息的解释、解读、引导、提示等内部交流信息平台就显得尤为必要。同时，以国家层面定期或不定期组织举办的商品交易会、投资贸易博览会也是有效的学习交流平台。

(二) 提高产品质量，提升企业竞争能力

阿联酋是一个开放的自由贸易市场，市场要素活跃，竞争充分，是欧美知名品牌竞相争夺的市场。在这个市场上，中国大多产品都是后来者，要想在这个竞争充分、激烈的市场中占有一席之地，中资企业就必须从阿联酋不同细分市场的需求及发展趋势，深入研究分析，严把产品质量关，不断开发新产品，发挥电子商务的平台优势，塑造产品品牌形象，打出一片新天地。

(三) 积极开展政府间合作

建立健全顶层制度设计，为企业投资合作保驾护航。两国从建立全面战略伙伴关系，到"一带一路"和阿联酋"2021愿景"的对接，做好顶层设计和战略布局，积极发挥中阿两国在亚洲基础设施投资银行、能源期货市场、亚洲债券市场建设的作用，努力实现两国货币互换，抓住有利机遇，扩大两国产业产能合作，以投融资带动产品和劳务出口，提高双方企业投资质量，完善双方外汇、融资、信息、技术、法律等服务体系，发挥阿联酋中转市场的作用，积极开展第三方合作，提高合作水平和合作层次，为两国人民造福。

第三节　甘肃与阿联酋经贸关系

一、甘肃与阿联酋经贸情况

2005年，阿联酋农产品进口额为176.57亿美元，占进口总额的比重为7.07%；2017年，阿联酋农产品进口额增加到674.65亿美元，占进口总额的比重为25.01%，分别比2005年增加498.08亿美元和17.94个百分点。阿联酋农产品的进口规模在迅速扩大。而2017年阿联酋林业产品进口额在进口总额的比重比2005年略有小幅下降；渔业产品进口额占比很小。2017年阿联酋工业产品进口额为1667.10亿美元，比2005年的414.24亿美元增加了302.62%，进口额增幅很大，在进口总额中的比重也增加了10.54个百分点（参见表2-4）。

表2-4　阿联酋农业、林业、渔业、工业产品进口情况

年度	进口总额（亿美元）	农产品		林业产品		渔业产品		工业产品	
		进口额（亿美元）	比重（%）	进口额（亿美元）	比重（%）	进口额（亿美元）	比重（%）	进口额（亿美元）	比重（%）
2005	808.14	176.57	21.85	7.07	0.87	0.97	0.12	414.24	51.26
2017	2697.35	674.65	25.01	14.03	0.52	6.18	0.23	1667.10	61.80

数据来源：根据2005年与2017年ITC（International Trade Center）数据整理。

2005年，阿联酋农产品出口额为14.81亿美元，在出口总额中的比重为1.28%；2017年，农产品出口额增加到85.05亿美元，占出口总额的比重为2.76%，出口规模比2005年增加70.24亿美元，在出口总额中的比重增加了1.48个百分点。而林业产品和渔业产品出口规模很小。工业产品出口规模很大，在出口总额中占有较高比重，2017年为2004.9亿美元，比2005年的758.54亿美元增加了164.31%，但在出口总额中的比重变化不大（参见表2-5）。

表 2-5　阿联酋农业、林业、渔业、工业产品出口情况

年度	出口总额(亿美元)	农产品		林业产品		渔业产品		工业产品	
		出口额(亿美元)	比重(%)	出口额(亿美元)	比重(%)	出口额(亿美元)	比重(%)	出口额(亿美元)	比重(%)
2005	1154.50	14.81	1.28	1.61	0.14	0.69	0.06	758.54	65.70
2017	3085.30	85.05	2.76	2.62	0.08	0.76	0.02	2004.9	64.98

数据来源：根据 2005 年与 2017 年 ITC（International Trade Center）数据整理。

阿联酋是甘肃在西亚国家中的第一大贸易伙伴。2010 年甘肃与阿联酋进出口贸易额为 30530 万元，占当年甘肃对西亚进出口总额的 9.25%。2016 年甘肃与阿联酋进出口贸易额达到 55307 万元，占当年甘肃对西亚进出口总额的 27.51%，比 2005 年提高了 18.26 个百分点。尤其出口额达 48477 万元，占当年甘肃对西亚出口总额的 26.14%，而进口额 6831 万元，占当年甘肃对西亚进口总额的 43.86%。目前，阿联酋与甘肃的经贸关系处于历史最好水平，阿联酋是甘肃加强与西亚国家经贸关系的最重要国家之一（参见表 2-6）。

表 2-6　2010 年与 2016 年甘肃对阿联酋和西亚国家进出口总额情况

单位：万元

区域	2010 年			2016 年		
	进出口总额	进口总额	出口总额	进出口总额	进口总额	出口总额
阿联酋	30530	1	30529	55307	6831	48476
西亚国家	330002	121618	208384	201056	15573	185483

数据来源：根据国家统计局发布的数据整理。

二、甘肃与阿联酋的潜在务实合作

阿联酋是西亚国家中的一个高收入经济体，与甘肃经贸合作关系最为紧密，潜在合作机会和条件最好。从阿联酋农业、林业、渔业、工业商品进出口情况分析，虽然阿联酋的农产品在国民经济中所占份额较小，但进口额很大，属于农产品纯进口国。从农产品进出口明细分析，阿联酋进口的农产品种类主要集中在乳制品、鸟蛋、天然蜂蜜，食用蔬菜、烟草、水果、油籽和油果、杂粮、种子、谷物、面粉、淀粉、牛奶制品，肉类，糖果、咖啡、茶和香料等，这与甘肃农产品生产种类有较高契合度。而林业、渔业商品进口

额度很小，与甘肃林业、渔业产品生产种类契合度较低。从工业品进出口明细分析，阿联酋进口的工业品主要集中在天然或养殖珍珠、半宝石、贵金属等，电动机械和设备及其部件、录音机和复印机、电视，机械和机械装置、核反应堆、锅炉及其部件，铁路或电车轨道车辆以外的车辆及其零件，矿物燃料、矿物油及其蒸馏产物，沥青物质，矿物蜡，钢铁及其制品等，与甘肃出口的工业产品有部分契合度，而在机械、矿物及钢铁、铝、锌及其制品方面有较大合作潜力。因此，甘肃与阿联酋的潜在务实合作优势在农产品领域和部分工业制成品领域。由于阿联酋商品生产、消费标准执行欧盟标准，甘肃出口商品生产也必须要按照欧盟标准执行。

第三章 甘肃与沙特阿拉伯务实合作

第一节 沙特阿拉伯基本概况

一、基本国情

(一) 自然地理

沙特阿拉伯王国（以下简称沙特）位于亚洲西南部的阿拉伯半岛，处于亚洲、欧洲和非洲的交界处，东临波斯湾，西接红海，沙特与约旦、伊拉克、科威特、阿联酋、阿曼和也门等国家接壤，国土面积约225万平方公里，海岸线长达2437公里。地势西高东低，全境大部分为高原，西部是赛拉特山，东部沿海是平原，沙漠广布。西部高原属于地中海气候，其他地区属于热带沙漠气候，夏季炎热干燥，冬季气候温和。

1938年，在沙特东部波斯湾沿岸陆上与近海发现了藏量丰富的石油和天然气。据2016年石油输出国组织（OPEC）的报告，沙特石油储量2626亿桶，占世界总储量的17.85%；产量5.86亿吨，占世界总产量的13.4%；出口石油约4.3亿吨，出口额1362亿美元，占世界出口总额的20.1%。三项指标均居世界首位。沙特是石油输出国组织的主要成员国，在世界石油市场占据着重要地位。沙特天然气年产量640亿立方米，剩余可采储量6.9万亿立方米，占世界储量的4%，居世界第四位。沙特是世界上最大的淡化海水生产国，其海水淡化量占世界总量的21%左右。

(二) 国家发展简史

沙特是从6世纪后半叶开始发展起来的，穆罕默德创立伊斯兰教，他的

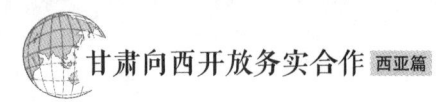

继承者建立了阿拉伯帝国。8世纪时发展到了鼎盛时期，19世纪时期经历了英国的入侵，1927年5月20日签署的《吉达条约》使得沙特正式脱离英国的统治而独立。后来经过多年征战，在1932年9月22日，沙特正式宣布独立建国。1938年石油的发现改变了国家命运。

（三）政治宗教

沙特是君主制王国，国王拥有最高行政权和司法权。沙特协商会议是国家政治咨询机构，下设12个专门委员会。无宪法，司法机构以《古兰经》和《圣训》为执法依据，由司法部和最高司法委员会负责司法事务的管理。在沙特，犯罪率是很低的。伊斯兰教是沙特阿拉伯的国教，全民信仰伊斯兰教。

（四）人口及主要城市

沙特的主体人口为阿拉伯人，2017年底总人口已经超过3255.23万人。沙特人口中0～14岁年龄组占总人口的32.4%，15～64岁的年龄组占总人口的64.8%，65岁以上年龄组仅占总人口的2.8%，属于年轻型国家。拥有沙特国籍的人口为2040.83万人，占总人口的62.69%，外国人占总人口的37.31%，说明沙特是一个对外开放程度较高的国家。

沙特的首都利雅得，是全国最大城市，也是全国政治、经济、文化中心。

圣地麦加和圣城麦地那是全世界穆斯林每年朝觐的地方，也是沙特的两张旅游名片。

二、经济结构

（一）基本情况

沙特以"石油王国"著称，是世界上石油储量、产量和销售量最多的国家之一。2005年以来，沙特经济实现了快速发展，2017年GDP是2005年GDP的1.081倍，年均增长9.01%，人均GDP超过2万美元，进入高收入国家行列，是同期世界经济增长速度最快的国家之一。沙特积极推进经济多样化发展，在石油收入的支持下，沙特的石化、钢铁、建材、机械、金属制造以及食品工业和农业发展都取得了长足进步，逐步降低了以石油为主的单一产业结构。根据世界银行按人均GDP和石油收入占GDP的比重为标准的划分方法，沙特属于能源型高收入经济体。

（二）产业结构

随着经济发展和产业多样化调整，沙特的产业结构出现比较大的变化。三次产业结构从 2005 年的 3∶62∶35 调整为 2017 年的 2.5∶45∶52.5。第一产业在产业结构中的比例很低，第二、第三产业的结构合理变化。

1. 第一产业

沙特的第一产业主要包括农业和畜牧业。由于地处沙漠腹地，干旱少雨，沙特在农作物生产上处于劣势，谷物自给率比较低，只有 20% 多，大多农产品和果蔬依赖进口。虽然近年来农业增加值呈现小幅度波动上升，但对本国 GDP 的贡献很小。从 2005 年到 2017 年，农业增加值从 105.79 亿美元增长至 173.89 亿美元，但对 GDP 的贡献从 2005 年的 3.22% 下降到 2017 年的 2.54%。

2. 第二产业

沙特的第二产业主要包括采矿业、制造业、建筑业、电力业和燃气业等。第二产业在沙特整个经济中占有重要的地位，但随着经济多元化发展，第二产业在经济总体发展中的比重逐渐下降。2005 年第二产业产值占 GDP 比重是 62.11%，2017 年下降到了 44.99%，下降了 17.12 个百分点。

石油开采业和石化工业是沙特的经济命脉，采矿业的产值从 2005 年的 1521.23 亿美元上升至 2017 年的 2564.28 亿美元，但在整个第二产业的比重从 74.56% 下降到 37.49%。

除了采矿业之外，制造、建筑、电力、燃气及水等产业发展呈现上升趋势，其中制造业产值从 2005 年的 312.46 亿美元增加到 2017 年的 789 亿美元，在整个第二产业的占比从 15.37% 上升到 30.77%，上升幅度最大。建筑业产值也由 2005 年的 131.94 亿美元增加到 2015 年的 378.69 亿美元，在整个第二产业的比重由 7.64% 上升到 14.75%。

3. 第三产业

沙特的第三产业主要包括政府服务业、金融保险、房产租赁、商务服务、批发零售、餐饮、运输仓储、通信业、旅游业等。2005—2017 年期间，沙特的第三产业发展迅速，对 GDP 的贡献也大幅增加，从 2005 年 GDP 占比 34.66% 上升至 2017 年的 52.47%。

在整个第三产业中，2015 年政府服务业产值为 1026.87 亿美元，占第三产业产值的 23%；金融保险、房屋租赁及商务服务业产值为 696.02 亿美元，占第三产业产值的 15.6%；批发零售和饭店餐饮业产值为 750.9 亿美元，占第三产业产值的 14.3%，上升幅度最大。而运输仓储和通信业产值为 414.2 亿美元，占第三产业产值的 7.9%，占比较小，上升幅度不大。另外，沙特阿拉伯的金融体系完善发达，旅游业也比较发达。

沙特 2017 年 GDP 总量为 6785.41 亿美元，人均 GDP 为 20928 美元，是世界上人均国民收入最高的国家之一。沙特政府利用石油收入和实行经济多样化政策，重点发展现代工业和基础工业，逐步改变了单纯依赖石油收入的单一产业状况，建立了现代化、多样化的国民经济体系。

三、对外贸易

沙特在 2005 年加入世界贸易组织，随着经济的不断发展，其对外贸易的规模也在不断扩大。据统计，全球有 163 个国家与沙特有出口贸易关系，与 178 个国家有进口贸易关系。整体分析，沙特对外贸易长期处于贸易顺差状态。2017 年沙特对外贸易总额达到 3489.99 亿美元，出口总额 2181.74 亿美元，进口总额为 1308.25 亿美元，贸易顺差为 873.49 亿美元。

沙特进出口国家和地区遍布各个大洲，与很多国家和地区都有对外贸易关系，进出口市场分散，所以贸易风险较低。

（一）出口贸易

受资源禀赋的影响，沙特主要出口的产品是燃料，燃料产品又集中在石油上，占整个出口产品的 75.9%。其他出口产品包括化学制品、塑料橡胶、运输设备、机器电子设备、石材和玻璃等。

从 2005 年到 2017 年，受国际石油价格大幅波动的影响，沙特燃料的出口数量变化不大，但产值有所下降。其他产品的出口占比都有不同程度的上升。沙特的出口总额从 2005 年的 1807.11 亿美元上升至 2017 年的 2181.74 亿美元。

沙特主要的出口市场有中国、日本、美国、韩国、印度、新加坡和法国等。沙特出口集中在亚洲国家和地区，其次是美国和欧洲国家。在亚洲市场，近十年对中国的出口大幅度上升。2014 年沙特出口到中国的货物总额为 441.68 亿美元，中国成为沙特最大的出口市场。

（二）进口贸易

沙特进口的产品主要包括机电产品、运输设备、金属、动物和农产品等，主要进口市场有中国、美国、印度、德国、韩国和日本等。

沙特的进口总额从 2005 年的 594.59 亿美元上升至 2017 年的 1308.25 亿美元，增加了 713.66 亿美元，年均增加 10%。

2005—2017 年，沙特进口总额在"一带一路"沿线国家及全球的比重都处于波动上升的趋势。

在进口产品中，2017 年沙特的机电产品占比最大，达到了 26.4%。其次是运输设备，占整个进口比重的 13.43%。再次是食品、金属、化学制品、混杂产品等。沙特是世界上最大的大麦进口国，年均进口约 600 万吨，水果自给率达到 60%，谷物自给率比较低，只有 20% 多，依靠大量进口才能满足需求。就沙特的进口市场而言，在 2005 年的时候进口排在第一位的是美国，中国是第四位，占沙特进口市场的 6.80%。而在 2017 年时，进口市场排名中，中国是第一位，占沙特进口市场的 14.82%，是沙特最大的进口市场国；其次是美国、阿联酋、德国和日本，中国在沙特进口市场中的地位越来越重要。

第二节　中国与沙特阿拉伯务实合作

一、沙特与中国的政治与外交情况

沙特奉行独立自主、温和务实、中立、不结盟的外交政策，主张国与国之间相互尊重、和平共处、互不干涉内政。重视发展与阿拉伯、伊斯兰国家之间的合作关系，致力于阿拉伯团结和海湾合作委员会的一体化建设。沙特是阿拉伯国家联盟、海湾阿拉伯国家合作委员会、石油输出国组织和阿拉伯石油输出国组织的成员国。沙特一直将发展与美国的关系放在外交首位。目前，沙特积极参与地区热点问题的解决与对话，大力开展多元化外交，加强与中国、欧盟、俄罗斯和日本等大国的关系。沙特的能源和伊斯兰大国地位为各国看重。

中国和沙特友谊源远流长。早在公元 7 世纪，穆罕默德的弟子就曾远涉重洋来到中国传播伊斯兰教。公元 15 世纪，明朝著名航海家郑和下西洋时

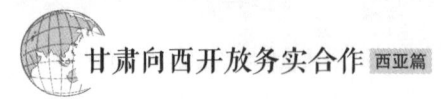

曾到过沙特。

中国与沙特1990年7月21日正式建交。在这之前，由于两国的政治体制、社会文化、宗教信仰等各方面皆存在巨大差异，加上冷战等历史限制，沙特一直与台湾当局保持官方关系，中沙建交经历了一段艰难曲折的历程。

1956年5月，中国与埃及建交，开启了中国与阿拉伯国家的外交关系，在国际社会尤其是阿拉伯世界引起了广泛而积极的反响。

2004年7月，中国与海湾阿拉伯国家合作委员会6个成员国签署了《经济、贸易、投资和技术合作框架协议》，同意启动建立自由贸易区谈判。

2008年"5·12"汶川大地震期间，沙特政府向中国捐赠了5000万美元的现金和1000万美元的物资，是所有捐赠国家中捐赠数额最大的，各个阿拉伯国家的王室成员也积极组织捐款、义卖。

中国与沙特两国双边关系良好，2008年6月，国家副主席习近平对沙特进行正式访问，中沙双方签署了《中华人民共和国和沙特阿拉伯王国关于加强合作与战略性友好关系的联合声明》，以进一步加强两国在政治、经贸、财政、人文等领域和国际事务中的交流合作。

2014年3月，沙特王储兼副首相、国防大臣萨勒曼对中国进行正式访问，双方发表了《中华人民共和国和沙特阿拉伯王国联合公报》。

2016年1月29日，国家主席习近平出访沙特，双方宣布建立全面战略伙伴关系，在政治、经贸、能源、人文、军事和安全等领域加强合作，并欢迎重启中国－海合会自由贸易区谈判，同意尽早建立中国－海合会自由贸易区。

2017年3月21日，沙特国王萨勒曼率团访问中国，就产能、贸易、新能源、航天、教育等领域签署了战略合作协议，为双方共建"一带一路"、实现沙特"2030愿景"提供了新动力。

近年来，中国与沙特政治关系良好，双方关系上升为全面战略伙伴关系，签署了联合声明，建立了高级别委员会。两国已基本建立起以能源合作为主轴，以基础设施、贸易和投资便利化为两翼，以核能、新能源、航天卫星等三大高新领域为突破口的"1+2+3"合作格局，合作发展空间巨大。

二、中国与沙特的经济贸易情况

自2005年加入世界贸易组织以后，沙特政府为促进经济发展和吸引外资，开展了多个领域的经济改革。2008年，沙特政府颁布了《沙特阿拉伯王国外国投资法规》，逐步减少对外国企业投资限制，就银行、保险、通信、交通及零售业对外国投资者开放，资金自由汇兑和进出，这些措施取得了积极成效，极大地促进了本国多元化经济发展。中沙两国的经济贸易关系也进入迅猛发展阶段，主要是这一时期中国为克服1997年金融危机带来的不利影响，推进国家的经济现代化水平，加大了对各项基础建设和投资的扶持力度，同时有意识地在国际上开拓市场，推行鼓励中国企业"走出去"的发展战略。这些都刺激了中国从沙特进口原油以及相关产品，中国向沙特的出口贸易也得到提高。

（一）沙特经济贸易结构分析

沙特2005年11月正式加入世界贸易组织（WTO），成为世界贸易组织第149个成员方，2008年12月沙特与新加坡签订自由贸易协定，还与阿尔及利亚、阿根廷等国家签订了双边经济贸易协定。

随着沙特国内经济发展和需求变化，对外进出口贸易结构发生了很大变化。2005年沙特的进口总额为594.59亿美元，占进出口贸易额的比重为24.76%，到2017年进口总额达到1308.25亿美元，占进出口贸易额的比重达到37.49%，十年间货物进口额增长了1.2倍。2005年出口总额1807.11亿美元，占进出口贸易额的比重为75.24%，到2017年出口总额达到2181.74亿美元，占进出口贸易总额的比重为62.51%，尽管出口总额增加了，但出口额占进出口贸易总额的比重下降了12.73个百分点，贸易结构趋于改善。

沙特主要进口产品种类和额度变化不大，为机电产品、运输设备、金属、化学制品、蔬菜、食品等。主要出口产品种类结构变化不大，但出口产品贸易额变化明显。2005年燃料出口额为1617.19亿美元，占出口总额的比重高达89.48%；到2017年，燃料出口额为1702.45亿美元，占出口总额的比重达78.03%，下降了11.45个百分点。下降的原因主要是国际原油价格大幅下跌。但随着国际原油价格回升，燃料出口所占比重也会回升，沙特严重依赖燃料出口的单一贸易结构变化不大。

十年来，沙特进出口市场结构发生明显变化。2005年前十大进口市场国为美国、德国、日本、中国、英国、韩国、意大利、法国、印度、阿联酋，占沙特货物进口总额的58.90%。到2017年，前十大进口市场国变化为中国、美国、阿联酋、德国、日本、印度、韩国、意大利、法国、英国，占沙特货物进口总额的57.2%，进口集中度为72%。2005年出口市场国为美国、日本、韩国、中国、印度、新加坡和亚洲其他地区、意大利、荷兰、巴林，这些国家和地区占沙特出口总额的69.80%。2017年变化为中国、阿联酋、新加坡、印度、科威特、土耳其、比利时、巴林、埃及、南非，这些国家占沙特出口总额的24.98%，出口集中度为53%。中国成为沙特进口和出口市场最大国家，但沙特进口和出口市场国家相对分散，集中度并不高，其贸易风险整体偏低。

（二）中国与沙特经济贸易分析

中沙两国于1990年正式建立外交关系，当年，双方的进出口贸易额仅为4.18亿美元。1999年，双方同意开放石油和天然气市场，中沙经贸关系得到迅猛发展。到2008年，双方正式建立战略性友好关系，当年双方的进出口贸易额达到418.46亿美元，沙特连续多年成为中国在全球第一大石油供应国和西亚北非地区最大的贸易国。2013年，中国首次成为沙特第一大贸易伙伴；2014年，中沙双边贸易额达到691.5亿美元，是建交时的230多倍。

进入21世纪以来，中沙两国双边贸易规模持续增长，一方面是因为两国的贸易互补性强；另一方面是因为中国产品质量高且品种齐全，与其他国家进口商品相比，具有较强的价格竞争力。

沙特是西亚最大的阿拉伯国家经济体，2001年以来，在丰厚的"石油美元"支持下，沙特经济获得快速稳定发展。截至2017年，沙特国内生产总值增长率年平均保持在4%以上，对外贸易规模呈现持续快速增长态势，连续多年实现巨额贸易顺差。2017年沙特进出口贸易总额达3489.98亿美元，其中出口额2181.74亿美元，进口额1308.25亿美元，贸易顺差为873.49亿美元。但是除石油、石化工业外，沙特至今尚未形成完备的轻、重工业体系，部分建材和农畜产品等以外的其他工业品（如机械设备、车辆、日用品和食品等）和农产品均需大量进口。从世界范围来看，沙特是中国理想的贸易伙伴国。多年来，双边贸易额稳步增长，贸易伙伴关系日益密切，已形成了"你中有我，我中有你"的相互依存度较高的贸易格局。

2017年，中沙双边贸易额达501.37亿美元，其中，中国对沙特出口183.75亿美元，同比下降了1.5%，主要出口的产品为机电产品、纺织品、日用品等。中国自沙特进口317.26亿美元，同比上升了34.28%，贸易逆差为133.51亿美元（参见表3-1）。2012年中国自沙特进口额达到历史性的548.618亿美元，是2016年进口额的1.32倍，主要原因是中国自沙特进口的产品为原油和石化产品，其中原油的进口额占比最大。同时2012年度国际原油价格平均在 90~130 美元/桶的相对高位,而 2017 年度国际原油价格平均在 40~60 美元/桶的相对低位,造成中国从沙特货物进口额大幅下降。从 2000 年到 2016 年,沙特连续 17 年成为中国最大石油输出国,沙特连续为中国在西亚非洲地区第一大贸易伙伴,中国也是沙特的最大贸易伙伴。

表 3-1 中国与沙特进出口总额情况

	种类	2017 年	2016 年	2015 年	2014 年	2013 年	2012 年
进出口	中国对沙特进出口总额（亿美元）	501.370	422.813	516.339	690.832	721.905	733.142
	占中国进出口总额的比重（%）	1.22	1.14	1.31	—	—	—
进口	中国自沙特进口总额（亿美元）	317.260	236.260	300.210	485.080	534.507	548.618
	占中国进口总额的比重（%）	1.72	1.49	1.79	—	—	—
出口	中国对沙特出口总额（亿美元）	183.750	186.552	216.129	205.752	187.398	184.523
	占中国出口总额的比重（%）	0.81	0.89	0.95	—	—	—

数据来源：根据海关总署发布的数据整理。

2017 年中国从沙特进口原油 5218 万吨,同比增长 2.31%,约占中国原油进口总量的 13.98%,目前中国正与海湾合作委员会开展自由贸易区谈判合作,该项协定一旦达成,将适用于中国与沙特之间的经贸往来,中沙之间的贸易规模有望进一步扩大,中国从沙特进口的前五位产品分别为燃料、化学品、橡胶和塑料及其制品、矿产品、金属,占中国从沙特进口总额的比重分别是 67.68%、17.06%、13.45%、1.27% 和 0.32%,合计 99.78%,进口额分别达 214.71 亿美元、54.12 亿美元、42.68 亿美元、4.04 亿美元和 1.03 亿美元。进口高度集中在燃料和石化产品上。中国对沙特出口的前五位产品是工业设备、服装、金属、家具等混杂产品、橡胶和塑料及其制品,占中国对沙特出口额的 27.51%、23.01%、9.99%、8.45% 和 6.40%,合计 75.36%,出口额分别为 50.55 亿美元、42.29 亿美元、18.36 亿美元、15.53 亿美元和 11.76 亿美元,累计出口额为 150.89 亿美元。出口产品主要集中在工业产品和生活用品（参见表 3-2）。

表 3-2 2017 年中国与沙特货物进出口产品种类结构情况

产品种类	进口		产品种类	出口	
	进口总额（亿美元）	占进口总额比重（%）		出口总额（亿美元）	占进口总额比重（%）
燃料	214.71	67.68	工业设备	50.55	27.51
化学品	54.12	17.06	服装	42.29	23.01
橡胶和塑料及其制品	42.68	13.45	金属	18.36	9.99
矿产品	4.04	1.27	家具等混杂产品	15.53	8.45
金属	1.03	0.32	橡胶和塑料及其制品	11.76	6.40
生活用品	0.43	0.14	交通设备	7.17	3.90
木浆和纸类	0.12	0.04	陶瓷产品	5.23	2.85
合计	317.13	99.96	合计	150.89	82.12

数据来源：根据世界银行发布的数据整理。

三、中国与沙特阿拉伯的投资情况

（一）对外投资状况分析

十年来，沙特经济持续发展，社会稳定，对外开放，投资环境良好。据统计，2008 年到 2012 年期间是世界经济发展放缓的时期，但是在沙特的外国直接投资额却达到了 1140 亿美元这样高的一个数值，就 2012 年这一年来讲，沙特吸引的外国直接投资金额已经高达 121.82 亿美元，在整个中东和北非地区位居前端，这一点能够很好地说明沙特对于国外直接投资有着很强的吸引力。

根据世界银行的数据，2012—2016 年，沙特实际利用外资累计 441.09 亿美元，其吸引外资的数量很大。而同期对外直接投资额累计 283.79 亿美元，是中东地区主要对外投资国之一。沙特外资流入规模超过对外直接投资规模 157.3 亿美元（参见表 3-3）。

表 3-3 中国与沙特投资情况

种类	2016 年	2015 年	2014 年	2013 年	2012 年
沙特实际利用外资额（亿美元）	74.50	76.00	80.12	88.65	121.82
沙特对外直接投资额（亿美元）	90.29	52.34	52.94	44.80	43.42
中国实际利用外资额（亿美元）	1260.010	1262.670	1197.050	1187.210	1132.940
中国实际利用沙特外商直接投资金额（亿美元）	0.1345	2.7774	0.3061	0.5851	0.4987
中国对亚洲承包工程年末在外劳务人员（人次）	173780	168038	165571	166523	156276
中国对沙特阿拉伯承包工程年末在外劳务人员（人次）	31633	27334	22960	27756	28382
中国对外承包工程合同金额（亿美元）	2440.10	2100.70	1917.60	1716.30	1565.29
中国对亚洲承包工程完成营业额（亿美元）	768.514	690.701	648.381	643.975	542.928
中国对沙特阿拉伯承包工程完成营业额（亿美元）	94.817	70.181	59.471	58.841	46.223

数据来源：根据国家商务部发布的数据整理。从 2001 年起，外商投资合同金额和实际使用外资额均不包括对外借款。从 2007 年起商务部不再对外公布外资合同金额数据。

中国商务部统计资料显示，中国是沙特对外直接投资最大的国家，从 2003 年至 2015 年，沙特对外直接投资超过 414 亿美元，其中对中国直接投资累计达 80 亿美元，占其对外直接投资总额的 19.4%。同期，中国对沙特直接投资累计 25.5 亿美元，占中国对外直接投资的比重较低，投资主要集中在石化、可再生能源、核能、航空航天、高科技、金融等领域。2008 年两国政府签订了《加强基础设施建设领域合作协定》，极大地提高了中资企业在沙特市场的竞争力和参与度。截至 2015 年底，中国在沙特累计承包劳务合同额 516.8 亿美元，完成营业额 390 亿美元。2012—2016 年，中国对沙特阿拉伯承包工程完成营业额 329.533 亿美元，占同期中国对亚洲承包工程完成营业额的 10%，累计对沙特承包工程年末在外劳务人员 138065 人次，沙特是中国对外承包工程的重要市场（参见表 3-3）。

目前有140多家中资企业在沙特投资兴业,主要涉及能源、港口、房建、路桥、通信等领域。比较大的工程有育达伊斯兰港货运码头的建设项目、沙特阿拉伯的圣地高铁工程以及庞大的沙特里亚尔的哈立德国王大学扩建项目。除此之外,在一些能源产业项目和高能耗项目中也有中国企业的身影。2016年中沙新签项目合同额为50.3亿美元,中资企业在沙特投资1.2亿美元。

(二)投资合作前景分析

沙特是西亚地区和阿拉伯国家中最大的经济体,是海合会、二十国集团、石油输出国组织、世贸组织的重要成员方,在地区事务和国际社会有着重要的影响力,是我国实施"走出去"和"一带一路"——中国—中亚—西亚—波斯湾—地中海线路的重要节点。2014年6月,习近平主席在中阿合作论坛第六次部长级会议开幕式上的讲话中指出,在未来十年争取把中阿贸易额由2013年的2400亿美元增至6000亿美元,把中国对阿拉伯国家金融类投资存量从2013年的100亿美元增至600亿美元,中国和西亚共建丝绸之路经济带。

石油是世界经济发展最重要的战略资源。2015年中国石油对外依存度达到60.6%,成为世界能源第一大进口国。而西亚石油资源丰富,石油储量占世界总储量的60%。沙特是西亚石油储量和出口量最大的国家。中国国内经济长期稳定发展的需要和国际能源格局变化的影响,使得在全球范围内建立稳定的石油、天然气供应渠道成为中国的战略抉择。西亚和沙特是实现中国能源战略和石油人民币化的重要国家。同西亚和沙特发展以能源为基础的全方位合作关系,符合双方发展的最根本利益。

近年来,除能源领域的合作外,中国与西亚各国尤其是沙特的各方面合作得到快速发展,合作态势良好,中国作为沙特最大贸易伙伴和石油进口国,深化和加强双方在经贸、政治、军事等领域的合作,对于推进"一带一路"和沙特"2030愿景"的对接有着极其深远的意义。

(三)投资风险分析

中国企业在沙特的经营虽然取得了很大的成效,但是也无可避免地遇到了一些问题。

1. 经营风险

一是一些中国企业缺乏海外国际规范化运作专业素养和经验,造成重大损失。沙特是高收入国家，历史上属于英国殖民地的背景，使得英美标准成为其经济、行政领域的基本规范，在工程承包、项目监管上普遍采用设计咨询、国际竞争招标、业主监理、专业认证等一系列国际规范监管机制。一些中资企业缺乏国际经验和海外项目运作素养，风险意识淡薄，缺乏项目前期专业评估，维护自身利益的法律手段不足，盲目投资，造成重大损失。如2011年中铁建股份有限公司竞投标承建的沙特麦加轻轨项目就付出近42亿人民币的亏损案例。

二是一些中资企业缺乏国际竞争力。尽管目前中国是沙特的最大贸易伙伴，但从中国与沙特进出口货物的种类上分析，中国从沙特进口货物中石油占据绝对份额，对沙特的出口货物中机械及其零件、电机及电气设备配件、家具、针织衣服及附件、车辆及配件等商品占主要地位，利润低，产品附加值低，以数量竞争为主要手段，中沙贸易存在较大逆差，双方投资规模还处于偏低水平。在沙特市场竞争中，中资企业面对欧美发达国家企业和其他发展中国家企业以及沙特本土企业的竞争优势并不明显，甚至还会面临巨大的挑战。

三是一些中资企业缺乏汇率风险管控经验。汇率是影响中资企业在沙特市场投资的重要因素之一。虽然沙特执行自由贸易政策，其货币政策相对宽松，但是沙特本币与美元直接挂钩，实行钉住美元的固定汇率制，而人民币与沙特里亚尔还不能直接兑换，只能以美元结算。人民币对美元的升值或贬值就会对企业产生较大的汇兑收益或损失。很多中资企业缺乏汇率的套期保值经营和管控措施而造成经营损失，很多中国企业退出沙特市场。在这些企业中大部分是民营企业，由于企业本身抗风险能力差，所以在面临汇率风险时，他们不愿意进入沙特市场。

四是中资企业缺乏投资政策风险管控经验。由于沙特的法律体系和投融资政策与中国国内有很大差异，同时熟悉双方国家的法律和政策的人才奇缺，风险管控经验不足，措施不到位，中资企业会产生融资担保难、融资成本高、信用风险大等问题。

2. 政治和安全风险

该地区民族众多、宗教派别林立，各国间历史遗留问题多，给"一带一路"和中国—西亚经济走廊建设带来极大不确定性，对此应保持高度警惕。

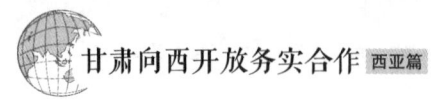

四、合作建议

（一）构建有效合作平台和保障机制，把建立中沙合作放在优先考虑的重要位置

沙特作为全球最重要的产油国和输出国，为了应对页岩油和新能源的冲击，维护自身利益长期稳定和地缘政治关系中的主导地位，实现其长期战略目标，希望并努力维持国际油价在中低价水平。中国作为当今世界第二大经济体、世界最大的能源进口国，为了保障自身经济长期稳定发展，有与沙特这样强大优质的能源供给方长期合作的强烈愿望。因此，中国与沙特建立全面战略伙伴关系，符合两国发展的根本利益。

（二）建立健全安全风险防范保障机制，努力把各种风险降到最低程度

正由于沙特及其周边政治和安全风险突出，地缘政治冲突激烈，针对可能的安全风险、政治风险、经营风险、社会冲突、宗教矛盾，有效地建立健全风险识别、风险评估、风险防范、风险预警、风险控制和应急处理机制，有效防范和化解各类风险带来的危害，把损失降到最低限度。

（三）加强中沙经贸合作顶层设计和战略布局，提升产业合作水平

中国作为世界上的制造业大国，产业门类齐全，有220种工业产品的产量排列世界第一，而沙特作为世界上的能源产业大国，急需加强和延长油气中下游产业链、供应链，提升价值链，两国之间的贸易合作有助于改革目前沙特以油气为主的单一产业结构，使收入来源多样化，有助于实现沙特"2030愿景"提出的2030年非油外贸出口占比达到50%的目标。两国应从"一带一路"和沙特"2030愿景"建设对接的高度，做好顶层设计和战略布局，合作开发以亚洲基准价格为核心的能源期货市场、亚洲债券市场建设，积极发挥中沙两国在亚洲基础设施投资银行、世界银行、国际货币基金组织中的作用，努力实现两国货币互换，在坚持政策沟通、道路联通、贸易畅通、货币流通、民心相通，共同打造政治互信、经济融合、文化包容的利益共同体、命运共同体和责任共同体的原则下，抓住有利机遇，扩大两国产业产能合作，以投融资带动产品和劳务出口，增强两国市场的联动性、产业联动性和创新联动性，提高双方企业投资质量和解决效益，完善双方外汇、融资、信息、技术、法律等服务体系。共同防范政治、安全、金融、法律等风险，努力把双方产业合作提高到中高水平，造福两国人民，维护世界经济稳定发展与世界和平。

第三节 甘肃与沙特阿拉伯经贸关系

一、甘肃与沙特的经贸情况

2005 年，沙特农产品进口额为 75.82 亿美元，占进口总额的比重为 13.25%。2017 年，沙特农产品进口额增加到 162.26 亿美元，占进口总额的比重为 12.80%；进口额比 2005 年增加了 86.44 亿美元，但占进口总额的比重下降了 0.45 个百分点。沙特农产品的进口额度很大，进口占比相对稳定。而林业、渔业产品进口额在进口总额中占比很小。工业产品进口额在进口总额中占有绝对比重，2017 年为 1025.66 亿美元，比 2005 年的 488.24 亿美元增加了 110.04%，但在进口总额中的比重下降了 4.4 个百分点（参见表 3-4）。

表 3-4 沙特农业、林业、渔业、工业产品进口情况

年度	进口总额（亿美元）	农产品		林业产品		渔业产品		工业产品	
		进口额（亿美元）	比重（%）	进口额（亿美元）	比重（%）	进口额（亿美元）	比重（%）	进口额（亿美元）	比重（%）
2005	572.33	75.82	13.25	5.00	0.87	2.08	0.36	488.24	85.31
2017	1267.59	162.26	12.80	11.44	0.90	7.64	0.60	1025.66	80.91

数据来源：根据 2005 年与 2017 年 ITC（International Trade Center）数据整理。

2005 年，沙特农产品出口额为 10.77 亿美元，在出口总额中的比重为 0.60%。2017 年，沙特农产品出口额增加到 31.77 亿美元，占出口总额的比重为 1.44%；出口规模比 2005 年增加 21.0 亿美元，在出口总额中的比重增加了 0.84 个百分点。而林业产品和渔业产品出口规模很小。工业产品出口额在出口总额中占有绝对比重，2017 年为 2161.12 亿美元，比 2005 年的 1791.05 亿美元增加了 20.65%，但在出口总额中的比重略有下降（参见表 3-5）。

表 3-5 沙特农业、林业、渔业、工业产品出口情况

年度	出口总额（亿美元）	农产品		林业产品		渔业产品		工业产品	
		出口额（亿美元）	比重（%）	出口额（亿美元）	比重（%）	出口额（亿美元）	比重（%）	出口额（亿美元）	比重（%）
2005	1802.78	10.77	0.60	0.34	0.02	0.60	0.03	1791.05	99.35
2017	2200.69	31.77	1.44	0.52	0.02	3.63	0.16	2161.12	98.20

数据来源：根据 2005 年与 2017 年 ITC（International Trade Center）数据整理。

沙特是甘肃在西亚国家中第二大贸易伙伴。2010 年甘肃与沙特进出口贸易额为 25272 万元，占当年甘肃对西亚进出口总额的 7.66%。2016 年甘肃与沙特进出口贸易额达到 38026 万元，占当年甘肃对西亚进出口总额的 18.91%，比 2005 年提高了 11.25 个百分点。其中出口额 30052 万元，占当年出口总额的 19.31%；而进口额 7974 万元，占当年进口总额的 51.20%。沙特是甘肃第一大进口商品来源地。甘肃和沙特经贸关系处于较好水平，双边贸易额在持续增加，沙特是甘肃重点发展的合作伙伴，双方合作潜力很大（参见表 3-6）。

表 3-6 2010 年与 2016 年甘肃对沙特和西亚国家进出口总额情况

单位：万元

区域	2010 年			2016 年		
	进出口总额	进口总额	出口总额	进出口总额	进口总额	出口总额
沙特	25272	1100	24172	38026	7974	30052
西亚国家	330002	121618	208384	201056	15573	185483

数据来源：根据国家统计局发布的数据整理。

二、甘肃与沙特的潜在务实合作

沙特是西亚地区的高收入经济体，与甘肃经贸合作时间长、规模大、关系牢固，潜在合作机会和条件多。从沙特的农业、林业、渔业、工业商品进出口情况分析，沙特的农产品在国民经济中所占份额较小，但农产品进口额度很大，属于农产品纯进口大国。从农产品进出口明细分析，沙特进口的农产品种类主要集中在乳制品、鸟蛋、天然蜂蜜、食用蔬菜、烟草、水果、谷物、面粉、奶制品、肉类、糖果、种子、咖啡、茶、香料等，这与甘肃的农产品生产种类有较高契合度。而林业、渔业商品进口额度很小，与甘肃的林

业、渔业产品生产种类契合度较低。从工业品进出口明细分析，沙特进口的工业品主要集中在机械和机械装置、核反应堆、锅炉及其部件，电动机械和设备及其部件、录音机和复印机，铁路或电车轨道车辆以外的车辆及其零件，塑料及其制品，矿物燃料、矿物油及其蒸馏产物，沥青物质，矿物蜡，天然或养殖珍珠、半宝石、贵金属等，与甘肃出口的工业产品有部分契合度，而在钢铁、铝、镍、铅、锌及其制品方面存在较大合作潜力。因此，甘肃省与沙特的潜在务实合作优势在农产品领域。由于沙特商品生产、消费标准执行欧盟标准，甘肃出口商品生产也必须要按照欧盟标准执行。

第四章 甘肃与伊朗务实合作

第一节 伊朗基本概况

一、伊朗基本国情

（一）自然地理

伊朗伊斯兰共和国简称"伊朗"，位于亚洲西部，中北部紧靠里海，南靠波斯湾和阿拉伯海，东邻巴基斯坦和阿富汗，东北部与土库曼斯坦接壤，西北与阿塞拜疆和亚美尼亚为邻，西接土耳其和伊拉克，另与哈萨克斯坦和俄罗斯隔里海相望。国土面积约164.82万平方公里，列世界第十八位。

伊朗国土绝大部分在伊朗高原上，海拔一般在900~1500米之间。伊朗气候四季分明。北部春夏秋季较为凉爽，冬季较为寒冷，南部夏季炎热，冬季温暖湿润。伊朗西南部地区与波斯湾中富藏石油与天然气，藏量居世界前列。截至2016年底，伊朗已探明石油储量1584亿桶，石油日产量460万桶，均居世界第四位。天然气储量33.5万亿立方米，居世界第一位。天然气年产量2024亿立方米，居世界第三位。伊朗的其他矿物资源也十分丰富，可采量巨大，有大量的铁、铜、锌、锰、锑、铅、硼、重晶石、大理石等矿产资源，其中锌矿储量居世界第一位。

（二）国家发展简史

伊朗是世界著名的文明古国之一，先后经历亚述帝国、波斯帝国、安息帝国、萨珊王朝等历史时期，在医学、天文学、数学、农业、建筑等方面创造了灿烂的文化。魏晋南北朝时期，波斯就与中国友好往来，交往频繁；7世纪后被阿拉伯帝国所灭。19世纪下半叶，英、俄、法国、奥地利、美国等西方列强相继强迫伊朗订立了不平等条约,伊朗逐步沦为半封建半殖民地国家。直到1925年,礼萨汗·巴列维夺取政权,建立了巴列维王朝。1977年起,伊朗爆发了伊斯兰革命,1979年成立伊朗伊斯兰共和国。同年10月,德黑兰爆发"伊朗人质危机",自此美国与伊朗断交。1980年9月22日,伊拉克与伊朗爆发长达8年的两伊战争,双方损伤惨重。美国把伊朗列为"邪恶轴心"国家并对伊朗实行了长期封锁和制裁。

2015年7月14日,经过多年艰苦谈判,伊朗核问题最终达成历史性的全面协议。2018年5月,美国宣布退出伊核协议。

(三)政治宗教

伊朗实行政教合一的国家制度,神权统治高于一切。其宪法突出伊斯兰信仰、体制、教规、共和制及最高领袖的绝对权力。伊斯兰议会是伊朗最高国家立法机构,实行一院制。总统是国家元首,也是政府首脑,实行总统内阁制。总统由直接选举产生,任期四年,可连任一届。司法总监是国家司法最高首脑,由领袖任命,任期五年。

(四)人口及主要城市

截至2017年底,伊朗人口为8063万人。伊朗是一个多民族国家,总人口中波斯人占66%,阿塞拜疆人占25%,库尔德人占5%,还有阿拉伯人、巴赫蒂亚里人、卢尔人、俾路支人及土库曼人等少数民族。

首都德黑兰是伊朗最大的城市,并且是西亚地区最大的城市之一,是历史名城,有许多著名的清真寺、基督教堂、犹太会堂及琐罗亚斯德教的火庙。

二、伊朗经济结构

(一)基本情况

伊朗是中东地区主要经济体之一。其经济以石油开采业为主,石油产业是伊朗经济支柱和外汇收入的主要来源,石油收入占外汇总收入的一半以上。伊朗工业基础相对薄弱,大部分工业原材料和零配件依赖进口。伊朗农耕资源丰富,农业在国民经济中占有重要地位,目前粮食生产已实现90%自给自足。2005年至2012年,伊朗国民经济实现了高速增长,年平均增速达到23.5%。2012年人均GDP达到7832美元,是2005年1.44倍,但

2013年出现了大幅度下降。2014年2月,伊朗精神领袖哈梅内伊宣布了新经济政策——抵抗型经济总政策纲领,确立了伊朗经济的发展战略。2017年底,伊朗GDP为4395.14亿美元,排名世界第29位,人均GDP为5448.29美元。2013—2015年,伊朗经济出现连续下降,近两年出现小幅回升,但仍未回复到2012年以前水平。

根据世界银行数据,近十年来,伊朗产业结构不断优化,三次产业发展的重心逐渐向第三产业转移,农业也有小幅增长。2017年,伊朗三次产业增加值分别为442.81亿美元、932.47亿美元、3019.86亿美元。2005—2017年间,伊朗三次产业结构比例逐渐从7∶47∶46变化至10.1∶21.2∶68.7,第一产业增加值占GDP比重增加了3.1个百分点,第二产业下降了25.8个百分点,而第三产业占比上升了22.7个百分点,这意味着伊朗经济正由原来的工业主导型经济逐渐转向服务业主导型经济。根据世界银行按人均GDP和石油收入占GDP的比重为标准的划分方法,伊朗属于能源型中等收入经济体。

(二)产业结构

1. 第一产业

伊朗是一个传统农业国,农业在伊朗国民经济中占有重要地位。伊朗农耕资源丰富,全国可耕地面积超过5200万公顷,占其国土面积的30%以上,已耕面积1800万公顷,其中可灌溉耕地830万公顷,旱田940万公顷。伊朗农业人口较多,农业人口占总人口的43%,农民人均耕地5.1公顷,农业机械化程度较低。

伊朗近年农业发展较快,但对国民经济的贡献较小。2005—2017年,伊朗农业增加值从147.24亿美元增加至2017年的442.81亿美元,共增加了295.57亿美元,年均增加16.7%;占GDP比重从2005年的6.62%增加至2017年的10.08%,整体上升了3.46个百分点。

2017年,伊朗农业生产的主要农产品包括小麦、大米、大麦、棉花、茶叶、甜菜、水果、干果、奶制品、鱼子酱、羊毛等。伊朗主要粮食作物产量不足,只能满足其八成需求。但是,伊朗是中东地区主要的干鲜果品生产和出口国,其中开心果、核桃、柠檬、桔、柑、猕猴桃、无花果以及石榴是主要出口产品。此外,伊朗还是世界第一大藏红花生产国,总产量占世界总量的95%。

2. 第二产业

伊朗的工业增加值整体有所上升,但对其整体经济的贡献率有所减弱。2005—2017 年,伊朗工业增加值从 1043.28 亿美元减少至 932.47 亿美元,总体减少了 10.62%。

伊朗第二产业主要包括石油天然气工业、工矿业等。众所周知,伊朗是世界石油储藏大国,因此其石油资源十分丰富,伊朗现在开采石油的速度为每天 361.4 万桶,按现在的开采速度,伊朗石油可持续开采 90 年以上。伊朗的工矿业主要包括矿产开发、制造业、水电气供应和建筑业。伊朗在海湾和西亚地区是工业大国之一。

伊朗工业以石油勘探开发为主,另外还有炼油、石化、钢铁、电力、纺织、汽车拖拉机装配、摩托车装配、食品加工、建材、机械加工、地毯、家用电器、化工、有色金属、冶金、造纸、制药、水泥和榨糖业等。

3. 第三产业

2005—2017 年,伊朗服务业附加值整体处于增加的状态,且在国民经济中占据越来越重要的位置。2005—2017 年,伊朗服务业附加值从 1033.56 亿美元增加至 3019.86 亿美元,总共增加了 1986.3 亿美元,年均增加 16%。

伊朗拥有数千年文明史,自然地理和古代文明遗产丰富。但经历了伊斯兰革命,尤其是两伊战争后,伊朗的旅游业遭到极大破坏,旅游人数和旅游收入都很低。从 1991 年起,伊朗政府开始致力发展旅游业,旅游业逐渐复苏,2013—2017 年游客人数超过 500 万人次,旅游收入 28 亿美元。德黑兰、伊斯法罕、设拉子、亚兹德、克尔曼、马什哈德是伊朗主要旅游城市。

三、对外贸易

伊朗主要出口产品为石油、天然气、金属矿石、皮革、地毯、水果、干果及鱼子酱等,主要进口产品有粮油食品、药品、运输工具、机械设备、牲畜、化工原料、饮料及烟草等。

对外贸易在伊朗国民经济中占有重要地位。由于工业欠发达,农业较落后,伊朗每年需要使用大量外汇进口生产资料、零配件和生活必需品等。20 世纪 90 年代初中期和 2015 年、2016 年,国际市场油价大幅下跌,导致伊朗石油收入减少,外汇紧缺,人均收入大幅波动,国民经济发展陷入严重衰退的被动境地。为此,伊朗采取了积极推行私有化的政策,鼓励非石油产品出口、限制进口等贸易政策。2018 年 5 月,美国退出伊核协议并重启对伊

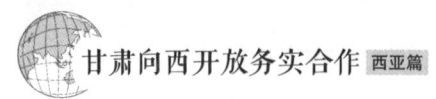

制裁,伊朗经济和对外贸易发展前景堪忧。目前,伊朗还未加入世界贸易组织(WTO),全球有149个国家与伊朗有出口贸易关系,123个国家与其有进口贸易关系,伊朗总体处于贸易顺差状态。

(一)出口贸易

2005—2017年伊朗货物出口数量和出口额一直处于波动的状态。2005年,伊朗出口额从562.52亿美元增加至2011年的1320.0亿美元,增加了1.35倍,也助力其GDP达到历史性的5988亿美元。随着西方的制裁,2012年开始,伊朗的出口数量一路下滑,加上国际油价下跌,到2015年降至630亿美元,较2011年顶峰时下降了52.27%。2016年随着伊核全面协议生效及美国等西方国家取消对伊朗的制裁,伊朗石油产量基本恢复到制裁前的水平,石油及非石油产品出口恢复性增长,2017年出口额达到920亿美元,经济增长率达到4.9%。

(二)进口贸易

伊朗进口贸易与出口贸易紧密相关。2005年,伊朗进口额为400.41亿美元,到2010年达到历史新高654.04亿美元。其间受全球金融危机的影响及外汇短缺,其进口规模不断缩小,至2017年仅为470亿美元。

伊朗进出口贸易的大幅波动严重影响了经济社会发展和人民生活水平的提高。其进出口贸易额在世界贸易中的比重不断减少,使其在国际和地区事务中的地位和作用大受影响。

第二节 中国与伊朗务实合作

一、中国与伊朗的政治外交情况

伊朗奉行独立、不结盟的对外政策,反对霸权主义、强权政治和单极世界,愿同除以色列以外的所有国家在相互尊重、平等互利的基础上发展关系。反对外来干涉,主张波斯湾地区的和平与安全应由沿岸各国通过谅解与合作来实现。2015年7月,中国、美国、俄罗斯、英国、法国、德国六国同伊朗就伊核问题达成全面协议。2016年1月16日,全面协议正式开始执行。2018年5月8日,美国总统特朗普正式宣布退出伊核协议并重启对伊朗的制裁。

中国和伊朗都是人类历史上最古老的文明古国,有着最悠久的大国关系,历史上的密切交往创造出了难以磨灭的文化。早在秦汉年间,沟通东西方的丝绸之路兴起,伊朗作为丝绸之路的关键交汇点,与中国的贸易和人员往来非常频繁。唐宋时期,双方交往达到鼎盛,在唐朝的长安、泉州、广州、扬州等地居住着大量波斯人,中国的印刷术也由伊朗传入欧洲。郑和下西洋也到达过霍尔木兹,中国的丝绸、铜器、漆器、货币等大量流入伊朗。同时,伊朗的菠菜、葡萄、苜蓿、胡桃、胡萝卜等物种以及舞蹈、建筑艺术传入中国,极大地丰富了中华文化。

在近代,中国、伊朗两国命运相似,都经历了被西方列强侵略、殖民、压迫的悲惨历史。第二次世界大战结束后,冷战的阴云把世界许多国家分成美苏两大阵营,这个时期,中国和伊朗分列在两大阵营中并互为敌对方,双方几乎没有什么交往,经济贸易量也很少。1971年中美关系松动后,中伊两国迅速建立了外交关系,两国关系快速升温,双方高层互访频繁。

1979年,改革开放后的中国与美国正式建交。同年,伊朗发生伊斯兰革命,美伊断交并走向对立。中伊关系处于冷淡状态。1991年柏林墙倒塌,苏联解体,中国遭受以美国为首的西方国家的制裁。中伊两国相互同情、相互支持,共同反对霸权主义和强权政治。两国政府签署了一系列相互合作的协议和协定,促进了中伊两国友好合作共同发展。

由于伊朗长期遭受美国等西方国家制裁,一方面外汇极度短缺,另一方面急需从中国进口紧缺物资。1993年起,伊朗以石油替代现汇进口中国商品,开启了两国贸易互补双赢的局面。随着中国经济高速发展,对能源的需求快速增长,中伊能源合作进入佳境。一方面,伊朗成为中国稳定的能源供应国,2001年伊朗出口中国石油超过1085万吨,占中国能源进口总量的15%以上,成为中国第一大能源供应国。近几年,伊朗对中国石油出口维持在2700万吨,是中国第五大能源供应国。另一方面,中国对伊朗的能源投资不断增加。2004年底,中石化与伊朗签署谅解备忘录,中石化投资1000亿美元,用于购买亚达瓦兰公司51%的股权和2.5亿吨液化天然气,375万桶原油。2006年7月,中石油与伊朗国家天然气出口公司签署协议,该公司同意从2011年开始每年向中石油出口300万吨液化天然气,期限25年。同年12月,中海油与伊朗签署谅解备忘录,宣布共同投资160亿美元开发北帕尔斯天然气田和液化天然气生产厂。

2010年中国提出了"中东走廊"铁路运输计划,即中国铁路途径中亚国家吉尔吉斯斯坦、塔吉克斯坦以及阿富汗后,在伊朗境内分成两条路线,一条前往波斯湾,另一条延伸至土耳其和欧洲方向。2013年11月11日,伊朗总统鲁哈尼表示,伊朗已同中国和俄罗斯达成协议,合作开发铁路运输线,伊朗起到"一带一路"链接中亚、西亚、中东欧铁路交通支点和中转站的作用。

近年来,中国与伊朗在政治、经贸等领域的友好合作关系平稳发展,两国高层保持频繁接触。目前,中伊关系已进入全新发展阶段。国家主席习近平于2016年1月22日对伊朗进行了国事访问,其间两国宣布建立全面战略伙伴关系。双方积极发展双边关系,在能源、基建、工业、技术等领域开展务实合作,签署了《中华人民共和国政府和伊朗伊斯兰共和国政府关于共同推进"丝绸之路经济带"和"21世纪海上丝绸之路"建设的谅解备忘录》《中华人民共和国国家发展和改革委员会与伊朗伊斯兰共和国工业、矿产和贸易部关于加强产能、矿产和投资合作的谅解备忘录》《中华人民共和国商务部和伊朗伊斯兰共和国经济事务和财政部关于加强两国投资领域合作的谅解备忘录》等合作文件。同时,双方还就政治领域、人文领域、司法安全及国防领域、国际和地区事务领域达成紧密磋商的合作机制。

二、中国与伊朗的经济贸易情况

中伊经贸合作不断深化,中国连续多年为伊朗第一大贸易伙伴,也是伊朗最大的石油及非石油产品出口市场和第五大外资来源地。伊朗是中国在中东地区第三大贸易伙伴、全球第五大原油进口来源地以及重要的工程承包市场和投资目的地。

(一)伊朗经济贸易结构分析

由于伊朗长期受到西方国家制裁,外汇紧张,其经济贸易策略也是随着资源和国内需求状况而变化。2005年伊朗货物进口总额400.41亿美元,占进出口贸易额的比重为41.58%;2017年进口总额达到470亿美元,占进出口贸易额的比重达到33.81%。12年间伊朗进口额占货物进出口贸易额的比重下降了7.77个百分点。2005年伊朗货物出口总额562.52亿美元,占进出口贸易额的比重为58.42%;2017年出口总额达到920亿美元,占进出口贸易总额的比重为66.19%,出口额占进出口贸易总额的比重增加,贸易结构趋于恶化。

2017年,伊朗排名前十的进口产品及相应占比依次为机电产品

(33.07%)、食品（20.07%）、混杂产品（9.18%）、化学制品（8.59%）、金属（7.77%）、运输设备（7.66%）、塑料及橡胶（5.42%）、医药产品（3.56%）、纤维及其制成品（2.59%）、木材（1.41%），进口额合计为466.79亿美元，占其总进口额的99.32%。与2005年相比，主要进口产品类型没有发生大的变化，而进口产品占比却提高了1.26个百分点，说明伊朗第二产业对外依存度增加，经济紧缩程度加剧。

从伊朗主要货物进出口产品种类和额度分析，2017年，伊朗出口排名前十的产品主要包括燃料、塑料及橡胶、化学制品、食品、金属、矿产品、石材及玻璃、纤维及纺织品、机电设备、动物。排名第一的燃料出口额为752.18亿美元，占比达71.06%。与2005年的86.70%相比，燃料出口额在出口总额中的占比下降了15.64个百分点；但出口结构单一，严重依赖油气资源并成为换取外汇的主要来源的局面没有改变。

自2008年以来，中国一直是伊朗的最大进口来源国。2017年，伊朗主要进口市场国家有中国（27.9%）、阿联酋（17.4%）、韩国（7.83%）、土耳其（6.77%）、德国（6.53%）、印度（4.79%）、瑞士（4.64%）、法国（3.75%）、意大利（3.03%）、荷兰（2.49%），伊朗从这些国家进口的进口额合计为400.29亿美元，占伊朗总进口额的85.17%。

2017年，伊朗主要出口市场及相应占比分别为亚洲其他国家（41.81%）、欧洲其他国家（13.98%）、中国（8.56%）、阿联酋（6.32%）、伊拉克（6.07%）、韩国（4.14%）、土耳其（3.77%）、阿富汗（2.63%）、印度（2.58%）、巴基斯坦（0.88%），伊朗出口到这些国家的出口总额合计为974.39亿美元，占伊朗总出口市场的92.06%。伊朗出口市场比较分散。

（二）中国与伊朗的经济贸易分析

中伊两国于1971年正式建立外交关系，当年，双方的进出口贸易额很低，到1995年以前，双方年贸易额处于1亿~4亿美元之间的低水平。2000年以来，中伊经贸关系得到快速发展。目前，中国已连续9年是伊朗最大的贸易伙伴，是伊朗最大的石油和非石油产品出口市场，伊朗已成为中国稳定的、全球最大的石油供应国之一。

与沙特等能源大国相似，中伊两国的贸易互补性强。受制于地缘政治和美伊冲突的影响，中伊经贸交往除石油天然气资源品外其他物品贸易处于较低水平，但发展潜力巨大。

2017年中伊双边贸易额达371.79亿美元，同比增长18.86%，其中，中国对伊朗出口186.00亿美元,从伊朗进口185.79亿美元,同比分别增长13.19%和25.1%,双方进出口基本平衡。中国对伊朗出口以机电、纺织、化工、钢铁制品等为主,从伊朗主要进口原油、矿石、初级塑材、钢材和农副产品等(参见表4-1、表4-2)。

表4-1 中国与伊朗进出口总额情况

	种类	2017年	2016年	2015年	2014年	2013年	2012年
进出口	中国对伊朗进出口总额(亿美元)	317.790	312.458	338.275	518.423	394.265	364.658
进出口	占中国进出口总额的比重(%)	0.91	1.60	1.61	2.28	1.77	1.78
进口	中国自伊朗进口总额(亿美元)	185.790	148.271	160.574	275.038	253.898	248.683
进口	占中国进口总额的比重(%)	1.00	1.63	1.68	2.53	2.32	2.39
出口	中国对伊朗出口总额(亿美元)	186.000	164.186	177.701	243.384	140.366	115.974
出口	占中国出口总额的比重(%)	0.82	1.57	1.56	2.05	1.24	1.15

数据来源:根据世界银行发布的数据整理。

表4-2 2017年中国对伊朗进出口产品种类结构情况

	进口			出口	
产品种类	进口总额(亿美元)	占进口总额比重(%)	产品种类	出口总额(亿美元)	占进口总额比重(%)
燃料	122.71	66.05	工业设备	65.39	35.16
塑料及其制品	22.82	12.28	运输设备及配件	32.93	17.70
矿产品	20.8	11.19	金属	18.22	9.79
化学制品	12.96	6.98	纤维及纺织品	14.93	8.03
石材及玻璃	2.98	1.60	橡胶和塑料及其制品	9.50	5.11
金属	2.69	0.145	化学制品	9.24	4.97
食品	0.22	0.12	家具、皮革类制品	8.58	4.61
纤维及纺织品	0.04	0.02	纸、纸浆及制品	3.72	2.00
合计	185.22	99.69	合计	162.51	87.37

数据来源:根据世界银行发布的数据整理。

2017年，能源和矿产品出口占到伊朗对中国出口总额的近80%，出口产品结构高度集中，出口能源、矿产品的目的主要是换取从中国进口的锅炉、机电等工业设备和纺织品及生活用品。近5年伊朗对中国进出口额占中国货物进出口总额的比重平均在1%上下，双方相互贸易依存度都不高，中伊两国贸易处于较低级水平。中国货物在伊朗的进口市场中占比不大。伊朗进口、出口市场国家相对集中，其贸易风险整体偏高。

三、中国与伊朗的投资情况

（一）对外投资状况分析

根据世界银行的数据，2012—2016年，伊朗实际利用外资累计152.39亿美元，其吸引外资的数量较大。而同期对外直接投资额累计17.32亿美元。两者相比，伊朗外资流入规模大于对外直接投资规模135.07亿美元。

由于受地缘政治和国际环境的影响，伊朗对外直接投资很小，其中对中国直接投资近5年维持在每年300万美元左右。同期，中国对伊朗直接投资也很少，占中国对外直接投资的比重很低，现有投资主要集中在能源开发领域。2012—2016年，中国在伊朗累计承包工程完成营业额为97.42亿美元，占同期中国对外承包工程完成营业额的1%。中国累计对伊朗承包工程年末在外劳务人员9222人次，仅占中国对亚洲承包工程年末在外劳务人员的1.1%（参见表4-3）。

中国商务部统计资料显示，2016年1—6月，我国企业对伊朗非金融类投资2.68亿美元，同比增长43.5%，截至2016年6月底，我国累计对伊投资41.83亿美元。近两年来，中国对伊直接投资（FDI）增长迅速，特别是中国私营企业对伊投资热情高涨。中国在伊朗本地合资合作设立了石化炼厂、陶瓷制造厂、汽车制造厂、地铁车辆组装、智能水电表组装厂、节能灯具制造厂等多个工业领域内的生产制造型企业。

中伊在"一带一路"建设和国际产能合作上取得了积极进展。工程承包领域是中伊经贸合作的一大亮点。中国企业在伊朗承揽了许多大型工程承包建设项目，涉及水利、交通、能源、钢铁、石化等领域。中国商务部统计资料显示，2016年1—6月，我国企业在伊朗新签工程承包合同额44.44亿美元，同比增长2214.6%；完成营业额7.16亿美元，同比增长14.7%。从2005年至2016年底，我国企业累计在伊朗新签工程承包合同额495.58亿美元，累计完成营业额228.93亿美元。据不完全统计，中资企业在伊朗已完工和在建的项目共计 136 个，合同金额 327.44 亿美元。其中，已建项目 75 个，总金额 51.74 亿美元；在建项目 61 个，合同金额 275.7 亿美元。

中伊产业园区项目稳步推进，成为中伊投资新亮点。截至 2016 年 5 月，中伊巴姆汽车产业园区二期总装厂房规划和基建基本完成，第一批次零部件已到达工程并完成安装调试工作，目前正在进行厂房设备采购，并就零部件制造厂商进入工业园进行商务谈判。

表4-3　中国与伊朗投资情况

种类	2016 年	2015 年	2014 年	2013 年	2012 年
伊朗实际利用外资额（亿美元）	33.72	20.5	21.05	30.5	46.62
伊朗对外直接投资额（亿美元）	1.05	1.20	0.03	1.87	13.17
中国实际利用外资额（亿美元）	1260.010	1262.670	1197.050	1187.210	1132.940
中国实际利用伊朗外商直接投资金额（亿美元）	0.0382	0.0246	0.0380	0.0325	0.0410
中国对亚洲承包工程年末在外劳务人员（人次）	173780	168038	165571	166523	156276
中国对伊朗承包工程年末在外劳务人员（人次）	1899	2030	1371	1719	2203
中国对外承包工程合同金额（亿美元）	2440.10	2100.70	1917.60	1716.30	1565.29
中国对亚洲承包工程完成营业额（亿美元）	768.514	690.701	648.381	643.975	542.928
中国对伊朗承包工程完成营业额（亿美元）	22.468	15.904	22.297	21.813	14.941

数据来源：根据国家商务部发布的数据整理。从 2001 年起，外商投资合同金额和实际使用外资额均不包括对外借款。从 2007 年起商务部不再对外公布外资合同金额数据。

目前有多家中资企业在伊朗投资兴业，主要涉及能源、基建、通信等领域。

（二）投资合作前景分析

伊朗是中东地区第二大经济体，是石油输出国组织的重要成员国，在中东地区事务中有着举足轻重的影响力。伊朗曾是古丝绸之路东西方文明传播的交汇点，也是我国实施"走出去"和"一带一路"：中国—中亚—西亚—

波斯湾—地中海线路的重要节点。伊朗是西亚石油储量和出口量最大的国家之一，是中国第五大石油供应国。中国因发展需要和伊朗结成以能源为基础、全方位合作的战略伙伴关系。伊朗是实现中国能源战略优化布局和石油人民币化的重要国家。中国同伊朗合作符合两国发展的最根本利益。

近年来，除能源领域的合作外，中国与伊朗的合作态势良好，深化和加强双方在经贸、政治、军事等领域的合作，对于推进"一带一路"和伊朗"2030愿景"的对接有着极其深远的意义。

同时，两国文化交往日益频繁。近年来，两国互相举办了文化周活动，伊朗连续两年举办了"中国电影周"活动。另外，两国文化、教育、智库、图书馆团组活动频繁展开，但是除商贸外两国旅游、音乐、印刷出版、司法等领域交往与合作处于较低水平。

（三）投资风险分析

伊朗是中东地区的一个大国，也是一个特殊国家。中国企业在伊朗投资经营必须面对一些问题。

1. 经营风险

一是基础条件保障能力不足。1979年以来，伊朗长期遭受西方国家制裁导致外来投资稀少，经济增长波动频繁，基础设施投资不足，且维护和保养跟不上，严重制约了基础设施建设及对经济发展的支撑力度，势必大幅推高物流成本和资金成本。世界经济论坛发布的《全球竞争力报告2016—2017》数据显示，伊朗的基础设施质量在138个参评国家中排名第76位，其中公路质量排名第68位，航空基础设施质量排名第111位，铁路质量排名第46位，港口质量排名第73位。

二是行政效率低，融资困难且成本高。由于经济环境不稳定，争取外汇困难，伊朗的信用经济也不发达。2012年以来，受制裁影响，伊朗里亚尔贬值幅度很大，伊朗政府不得不实行严格的外汇控制。当下，美国重启对伊制裁，企业在伊朗开展交易、投资和工程承包时，汇兑损失和如何结算以及违约率高将是无法回避的主要问题。

三是经济运行不稳，物资保障不力，金融支持缺乏。制裁导致伊朗许多企业生产经营处于中断或半中断状态，失业严重，物价飞涨，民众心态不稳，消费不足，整个国家经济环境处于不可预测的状态。

2. 政治和安全风险

一是美国对伊朗制裁是最大的政治和安全风险。美国退出伊核协议，全面制裁伊朗，使伊朗面临最严峻的挑战。面对美国的压力，许多国家选择从伊朗市场退出，减少甚至停止了伊朗石油进口。中国将面临艰难选择。中国若继续保持同伊朗的正常经贸关系，不可避免被美国视为站边选队，划为制裁对象，影响了中美关系，将加快美国、欧盟、日本等发达国家绕开世贸组织重新签署贸易协定，制定新的贸易规则，给包括中国、伊朗、俄罗斯在内的国家设置壁垒，阻止其正常发展，这势必给中国"一带一路"建设甚至整个经济发展带来极大不确定性，对此应拿出妥善的应对措施。

二是伊朗处于中东地区地缘政治冲突的最前沿，影响较大。以伊朗为首的什叶派执政的国家与以沙特为首的逊尼派执政的国家长期对立，并形成以伊朗为核心，包括叙利亚、真主党、哈马斯等在内的反美阵营，与美国针锋相对，冲突不断。因此，中资企业要以安全为重，规避风险。

三是伊朗内部不稳定因素很多，潜在危险很大。伊朗属于政教合一的国家，在宗教、文化、价值观方面与中国差异很大。由于宗教色彩浓重，伊朗在政策执行和法律的解释方面因人而异，政策复杂多变、执行不透明，再加上地方势力、官僚主义和腐败的因素，外资企业往往处于非常不利的地位。

四、合作建议

1. 加强中伊合作战略规划，夯实合作基础

中伊建交四十多年来，两国关系经历了国际风云变幻的考验，两国相互尊重，相互理解，在许多重大国际和地区问题上持有相近或相似的看法或立场，政治互信不断增强。2016年1月，习近平主席访问伊朗并取得一系列重大成果。中伊宣布建立全面战略伙伴关系，同意研究制定长达25年的全面合作协议，并计划10年内将双边贸易额扩大至600亿美元。中伊双方共同签署了共建"一带一路"一系列合作文件，涉及能源、产能、金融、投资、通信、文化、司法、科技、新闻、海关、气候变化、人力资源等各领域17项合作协议。两国从共建"一带一路"和伊朗经济发展规划建设高度对接，做好顶层设计和战略规划，夯实合作基础。

2. 搭建有效合作平台，加强务实合作

石油收入是伊朗的经济命脉，也是伊朗财政支出最主要的收入来源。在西方制裁和油价下跌的双重压力下，恢复经济增长和扩大就业是伊朗当下面临的最迫切、最现实的问题。伊朗的油气出口只剩下中国和俄罗斯等少数国家，而俄罗斯也面临制裁和扩大油气出口的现实问题，伊朗只能选择维持并

扩大对中国的油气出口。因此，伊朗接受人民币结算是其不多的选择。由于长期缺乏投入，伊朗主要油田设备老化、产量下降，急需更新生产设施，伊朗出台了一系列吸引外资的优惠政策。因此，油气工业领域的产能合作成为中伊合作的重要领域。中资企业拥有强大的技术、设备、施工等专业化实力和雄厚的资金支持能力，通过投资伊朗的油气开发项目，扩大伊朗油气工业全产业链的合作，有利于双方双赢。另外，中伊两国企业在汽车、通信、矿产品产业开发合作及基建方面也有广阔的开发空间和合作机遇。

3. 建立健全政策保障机制，努力把各种风险降到最低程度

正是由于伊朗政治和安全风险突出，经济上以出口原油天然气、进口消费品和部分工业品为主要特征，决定了伊朗经济体系不完整、独立性不强、维持经济平衡难度大的局面。因此，中伊双方必须在坚持有效沟通，共同打造政治互信、经济融合、文化包容的利益共同体、命运共同体和责任共同体的原则下，制定双方认可并可有效执行的政策及法规，切实保护双方投资、经营、交易的安全，有效防范和化解各类风险带来的危害，把损失降到最低限度。

第三节　甘肃与伊朗经贸关系

一、甘肃与伊朗经贸情况

2005年，伊朗农产品进口额为30.15亿美元，占进口总额的比重为7.79%；2017年，伊朗农产品进口额增加到96.56亿美元，占进口总额的比重为18.71%，分别比2005年增加66.41亿美元和10.92个百分点。这表明伊朗农产品的进口规模明显扩大；而2017年林业产品进口额在进口总额的比重比2005年略有增加，且渔业产品进口额占比很小。2017年，伊朗工业产品进口额为354.42亿美元，比2005年的318.86亿美元增加了11.15%，但在进口总额中的比重下降了13.78个百分点，进口结构出现明显变化（参见表4-4）。

表4-4 伊朗农业、林业、渔业、工业产品进口情况

年度	进口总额(亿美元)	农产品		林业产品		渔业产品		工业产品	
		进口额(亿美元)	比重(%)	进口额(亿美元)	比重(%)	进口额(亿美元)	比重(%)	进口额(亿美元)	比重(%)
2005	386.75	30.15	7.79	2.74	0.71	0.17	0.04	318.86	82.45
2017	516.12	96.56	18.71	7.58	1.47	1.38	0.27	354.42	68.67

数据来源：根据2005年与2017年ITC（International Trade Center）数据整理。

2005年，伊朗农产品出口额为21.31亿美元，在出口总额中的比重为3.55%。2017年，伊朗农产品出口额增加到55.50亿美元，占出口总额的比重为5.24%；出口规模比2005年增加了160.44%，在出口总额中的比重增加了1.69个百分点。而林业产品和渔业产品出口规模很小。伊朗工业产品出口额在出口总额中占有绝对比重，2017年为998.77亿美元，比2005年的578.49亿美元增加了72.65%，但在出口总额中的比重变化不大（参见表4-5）。

表4-5 伊朗农业、林业、渔业、工业产品出口情况

年度	出口总额(亿美元)	农产品		林业产品		渔业产品		工业产品	
		出口额(亿美元)	比重(%)	出口额(亿美元)	比重(%)	出口额(亿美元)	比重(%)	出口额(亿美元)	比重(%)
2005	600.12	21.31	3.55	0.52	0.09	0.48	0.08	578.49	96.39
2017	1058.44	55.50	5.24	0.79	0.07	4.24	0.40	998.77	94.36

数据来源：根据2005年与2017年ITC（International Trade Center）数据整理。

伊朗是甘肃在西亚国家中第三大贸易伙伴。2010年甘肃与伊朗进出口贸易额为110336万元，占当年甘肃对西亚进出口总额的33.43%，为第一大贸易伙伴。到2016年，甘肃与伊朗进出口贸易额为33670万元，占当年甘肃对西亚进出口总额的16.75%，比2005年大幅下降了16.68个百分点，退居第三大贸易伙伴。其中，甘肃对伊朗的出口额为33555万元，占当年甘肃对西亚出口总额的18.09%；而进口额115万元，仅占当年甘肃对西亚进口总额的0.73%。双边经贸关系遭遇严重阻碍，处于低水平状态（参见表4-6）。

表 4—6　2010 年与 2016 年甘肃对伊朗和西亚国家进出口产品总额情况

单位：万元

区域	2010 年			2016 年		
	进出口总额	进口总额	出口总额	进出口总额	进口总额	出口总额
伊朗	110336	64364	45972	33670	115	33555
西亚国家	330002	121618	208383	201056	15573	185483

数据来源：根据国家统计局发布的数据整理。

二、甘肃与伊朗的潜在务实合作

伊朗是西亚地区的经济大国，与甘肃经贸合作处于历史低潮，但有历史合作基础，潜在合作机会和条件较好。从伊朗的农业、林业、渔业、工业商品进出口情况分析，伊朗的农产品在国民经济中所占份额较高，但伊朗属于农产品纯进口国家。从农产品进出口明细分析，伊朗进口的农产品种类主要有乳制品、鸟蛋、天然蜂蜜、食用蔬菜、水果、种子、谷物、面粉、咖啡、茶叶、香料、棉等，这与甘肃农产品生产种类有较高的契合度。而林业、渔业商品进口额少，与甘肃林业、渔业产品生产种类契合度较低。从工业品进出口明细分析，伊朗进口的工业品主要集中在机械和机械装置、核反应堆、锅炉及其部件，电动机械和设备及其部件，录音机和复印机、电视，铁路或电车轨道车辆以外的车辆及其零件，钢铁及钢铁制品，杂项化工制品等，与甘肃出口的工业产品有一定范围契合度。因此，甘肃与伊朗的潜在务实合作优势在农产品领域和部分工业产品领域。伊朗是一个发展中国家，在农业和部分工业商品生产、消费领域与甘肃有相近水平，双方合作有较为广阔的发展空间。

第五章 甘肃与土耳其务实合作

第一节 土耳其基本概况

一、基本国情

（一）自然地理

土耳其共和国（简称土耳其）是一个横跨欧亚两洲的伊斯兰国家，北临黑海，南临地中海，西接爱琴海，博斯普鲁斯海峡、马尔马拉海和达达尼尔海峡是连接黑海和地中海的唯一航道。土耳其周边与叙利亚、伊拉克、希腊、保加利亚、格鲁吉亚、亚美尼亚、阿塞拜疆和伊朗接壤。土耳其在地理上的战略意义极为重要，是连接亚欧的十字路口。土耳其地形复杂多样，有沿海平原和山区草场，也有雪松林和大草原，也是世界植物资源最丰富的地区之一。此外还有两条世界著名的、跨越很多国家的河流——底格里斯河和幼发拉底河。海岸线长7200公里，陆地边境线长2648公里。土耳其气候类型变化多样，沿海地区属于地中海气候，内陆高原比较干旱，向热带草原和沙漠型气候过渡，温差较大。东南部较干旱，中部安纳托利亚高原比较凉爽。一般来说，土耳其的夏季长，气温高，降雨少；冬季寒冷，寒流会带来降雪和冷雨。

（二）国家发展简史

土耳其是东罗马帝国、拜占庭帝国和奥斯曼帝国的中心。土耳其人是突厥人和地中海原始居民的后裔，在13世纪时建立奥斯曼帝国，发展到16—17世纪时达到鼎盛，统治区域地跨欧、亚、非三大洲。奥斯曼帝国的君主继承了东罗马帝国的文化和伊斯兰文化。到了19世纪开始逐渐衰退，20世纪初加入同盟国参加了第一次世界大战，战败后土耳其丧失了大片领土。

1923年10月29日，土耳其共和国成立。土耳其虽为亚洲国家，但在政治、经济、文化等领域均实行欧洲模式，是欧盟的候选国。宪法规定土耳其为民主、政教分离和实行法制的国家。土耳其是北约成员国，又是经济合作与发展组织创始会员国及二十国集团的成员，拥有雄厚的工业基础，是发展中的新兴经济体，亦是全球发展最快的国家之一。

土耳其有着6500年的悠久历史和先后13个不同文明的文化历史遗产，加上三面环海和内陆复杂的地理环境使其拥有了极为丰富的旅游资源。此外、土耳其的矿产资源、河流资源和森林资源丰富，森林面积达22万平方公里，森林覆盖率居西亚国家之首。

（三）宗教文化

在宗教文化方面，土耳其是一个伊斯兰国家，99%的土耳其人都是穆斯林，其中大多数属逊尼派。他们继承了伊斯兰的传统的同时又拥有着奥斯曼帝国的辉煌，东方与西方、亚洲与欧洲的传统和文化也都融入了土耳其的现代文明之中。

（四）人口及主要城市

土耳其国土面积为78.36万平方公里，其中97%位于亚洲的小亚细亚半岛，3%位于欧洲的巴尔干半岛。2016年，土耳其总人口有7951.24万人，土耳其族占80%以上，库尔德族约占15%。其中男性人口占50.2%，女性人口占49.8%。有92.1%的人口生活在城市，仅有7.9%的人口生活在农村。首都安卡拉，最大城市为伊斯坦布尔，曾为东罗马帝国的首都，史称君士坦丁堡。

二、经济结构

（一）基本情况

土耳其于1995年加入了世界贸易组织（WTO），并先后与欧盟、欧洲自由贸易联盟、以色列、立陶宛、拉脱维亚、塞尔维亚等国际组织和国家签订了双边自由贸易协定。土耳其在生产农产品、纺织品、汽车、船只及其他运输工具、建筑材料和家用电子产品等方面皆居领先地位。近年来，土耳其

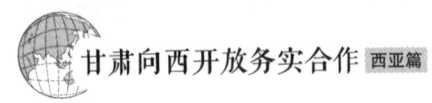

的私营经济获得了显著发展,但国有企业在工业、银行业、运输及通信等行业仍占据主导地位。

土耳其的经济发展水平较高,2017年土耳其的GDP达到了8511.02亿美元,人均GDP为10540美元。从2005—2017年,土耳其三次产业结构从11∶28∶61调整为6∶29∶65,其中农业对GDP的贡献有小幅度的下降,工业对GDP的贡献略有增加,第三产业对GDP的贡献率增加了4个百分点,产业结构得到进一步优化。根据世界银行按人均GDP和石油收入占GDP的比重为标准的划分方法,土耳其属于非能源型中等收入经济体。

根据土耳其财政部公布的数据,2018年第一季度,土耳其外债总额已经达到4667亿美元,占到2017年GDP的54.83%,外债风险很大。此外,自2014年起,土耳其的货币供应量以16%的年增长率增长。到2016年,增长率更是达到18%,导致土耳其的通胀率居高不下。

(二)产业结构

1. 第一产业

土耳其农业基础较好,粮食自给率达到98.8%。在土耳其农业中,产量较大的农产品包括烟草、棉花、橄榄、甜菜、柑橘、牲畜等。近年来,土耳其农业机械化程度大幅提高,耕地面积不断扩大。

土耳其农业总量较小,占GDP的比重较低,2005—2017年,土耳其农业增加值从451.84亿美元增加至510.66亿美元,共增加了13.02%;但是农业增加值在GDP的比重呈小幅波动下降趋势,从10.80%下降到6.07%,减少了4.73个百分点。

2. 第二产业

土耳其的第二产业主要集中在制造业和建筑业,电力、燃气及水生产和供应业以及矿业的产值都相对较小。

土耳其工业发展缓慢,对GDP的贡献处于小幅上升趋势,工业增加值从2005年的1191.35亿美元增加至2017年的2468.19亿美元,整体增加了107.16%;占GDP的比重呈波动变化,从2005年的28.46%上升至2017年的29.19%,上升了0.73个百分点。

3. 第三产业

土耳其第三产业主要行业包括批发零售业、交通运输、仓储、邮政业、房地产业、金融和保险业以及教育业。其中,批发和零售业、交通运输、仓储和邮政业以及房地产业为土耳其第三产业的支柱。

土耳其的服务业发展较快,对国民经济的增长起到了重要作用,且整体有进一步向上增长的趋势,土耳其服务业附加值从 2005 年的 2542.29 亿美元增加至 2017 年的 5532.17 亿美元,整体增加了 117.6%,占 GDP 的比重从 2005 年的 60.74% 上升至 2017 年的 65%,整体上升了 4.26 个百分点。

(三) 对外贸易

随着国民经济的快速发展,土耳其对外贸易总值和数量不断增加。2017 年,土耳其外贸总额为 3908.45 亿美元,其中进口额 2337.91 亿美元,占进出口总额的 59.82%;出口额 1570.54 亿美元,占进出口总额的 40.18%,贸易逆差 767.37 亿美元。从 2005 年至 2017 年,土耳其货物进口、出口在进出口总额中的占比基本维持在 60∶40。

全球有 205 个国家和地区与土耳其有出口贸易关系,有 211 个国家和地区与土耳其有进口贸易关系。总体来看,土耳其整体处于贸易逆差状态,逆差主要来源地依次是中国、德国、俄罗斯。十年来,土耳其贸易逆差状态并未改善,有进一步扩大的趋势。

1. 出口贸易

2017 年,土耳其主要出口产品是运输设备、机器和电子设备、金属、服装及相关产品、食品、纤维及纺织品、贵金属、塑料及橡胶、燃料、石材及矿产品等。近年来,钢铁、汽车、家电及机械产品等逐步进入国际市场。

土耳其产品出口国家主要有德国、英国、阿联酋、伊拉克、美国、意大利、法国、西班牙、荷兰、中国等。德国和英国一直是土耳其最重要的出口市场。

具体分析,运输设备是土耳其最重要的出口产品,2017 年其出口规模达到了 268.74 亿美元,较 2005 年增加了 142%,占总出口额比例为 17.11%,比 2005 年上升了 2%。其他产品的出口规模都有所变化。

2. 进口贸易

土耳其进口增长较出口增长慢,2005—2017 年,土耳其的进口额增加了 100.2%。土耳其的主要进口商品为机电产品、燃料、金属、运输设备、贵金属、塑料及橡胶、化学制品、纤维及纺织品、食品、医药产品等。土耳其农业、纺织业、食品加工业、汽车制造业、采矿业等行业的发展都需要进口大量的机械设备来进一步提高生产力。2017 年,土耳其机械的进口额高

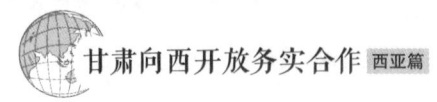

达 533.2 亿美元,同比增长 108.6%。

2017 年土耳其自德国、中国、俄罗斯和美国的进口额分别占进口总额的 9.11%、7.75%、5.78% 和 5.11%,分别为 213.02 亿美元、181.21 亿美元、135.14 亿美元和 119.48 亿美元。

土耳其的建筑业在世界排名第二,仅次于中国。近年来,土耳其主要从中国进口 UPVC 门窗、壁纸、木地板、门、陶瓷卫浴及瓷砖等。

第二节　中国与土耳其务实合作

一、中国与土耳其的政治外交情况

中国政府的"一带一路"倡议得到了包括土耳其在内的广大亚欧国家的积极认同与响应。中国与土耳其都是有着古老文明和强劲经济发展活力的新兴发展中国家,是落实"一带一路"倡议的重要国家。中国也成为土耳其"向东看"的主要国家,是土耳其"丝绸之路倡议和驿站项目"(简称"新丝绸之路"计划)的重要合作伙伴,双方有着共同的合作愿望。

在悠久的历史长河中,两国共同促成了古丝绸之路的繁荣和发展,两国对于共建"一带一路"有着天然的亲近感和历史的认同感。

新中国成立之初,冷战已经开始,中、土两国分属于东西方两大阵营,土耳其拒绝承认新中国,造成两国长期隔绝。

随着中国的发展,中国在国际中的地位显著提高,尤其是因为中美关系的解冻,土耳其对华政策出现重大转变。1971 年 8 月 4 日,中土两国正式建立外交关系。

建交以后,两国关系逐步发展。两国高层互访频繁,双方就外交、经贸关系签署了一系列协定和协议。1981 年 5 月 18 日,两国签署了《中华人民共和国政府和土耳其共和国政府贸易议定书》,同年 12 月两国签署了《中华人民共和国政府和土耳其共和国政府经济、工业和技术合作协定》;1985 年 6 月,两国签署了《中华人民共和国政府和土耳其共和国政府经济技术、贸易、民航和电讯合作会谈纪要》;1989 年 11 月,两国签署了《中华人民共和国政府和土耳其共和国政府互免签证协议》;1992 年 10 月,两国签署了《中华人民共和国政府和土耳其共和国政府民事、商事和刑事司法协助协定》和《中华人民共和国政府和土耳其共和国政府海运协定》;1995 年 5 月,两国签署了《中华人民共和国政府和土耳其共和国政府避免双重征税和防止偷漏税协定》。

2000年4月，江泽民主席访问土耳其，宣布中土建立新型合作伙伴关系并签署了《中土能源合作框架协议》。

2010年10月，温家宝总理访问土耳其，双方共同发表了《关于建立和发展中土战略合作关系的联合声明》，两国关系进入一个新的历史阶段。2001年，土耳其被确定为中国公民的旅游目的地国。截至2017年，中国到土耳其旅游的游客超过30万人次。两国先后举办了"土耳其文化年""中国文化年"。土耳其还成为上海合作组织的对话伙伴国。

2008年，土耳其政府海关和贸易部发起了"新丝绸之路"计划。其中，"驿站项目"是落实土耳其"新丝绸之路"计划的具体举措，旨在通过加强沿线海关部门和企业之间的合作，提高通关效率，打击犯罪活动，实现地区贸易高效安全的"互联互通"。2011年，土耳其提出了"2023年愿景"。2014年，土耳其总理埃尔多安提出建设"新土耳其"，即"百年愿景"——"土耳其梦"，其目标是在土耳其建国百年之际，即2023年，土耳其步入发达国家之列。

2013年中国政府提出共建"丝绸之路经济带"和"21世纪海上丝绸之路"，土耳其给予了积极回应。

2015年，土耳其加入了亚洲基础设施投资银行，成为创始会员国。同年，中国工商银行成功收购土耳其纺织银行，并且，中国商业银行、中国国家开发银行、中国进出口银行和中国出口信用保险公司相继在土耳其境内开设办事机构并开展了业务，形成了金融信托综合服务体系。

二、中国与土耳其的经济贸易情况

土耳其与中国互为"2023愿景"和"一带一路"建设的重要合作伙伴。2015年7月，土耳其总理埃尔多安与中方签署了《中华人民共和国政府和土耳其共和国政府关于建立副总理级合作委员会的谅解备忘录》。目前，中国是土耳其第三大贸易伙伴，同时，亦是土耳其第二大进口市场和第十大出口市场。

（一）土耳其经济贸易结构分析

土耳其经济贸易发展较快。2005年进口总额为1167.74亿美元，占进出口贸易额的比重为61.38%。到2017年进口总额达到2337.91亿美元，占进出口贸易额的比重达到59.82%，进口总额比2005年增加了1170.17亿美元；但在进出口贸易额的比重比2005年下降了1.56个百分点，下降幅度不大。2005年货物出口总额为734.76亿美元，占进出口贸易额的比重为38.62%。到2017年出口总额达到1570.54亿美元，占进出口贸易总额的比重为40.18%，出口额比2005年增加了835.78亿美元；出口额占进出口贸易总额的比重增加1.56个百分点，贸易结构不平衡的状况没有得到改善。

（二）中国与土耳其的经济贸易分析

2017年，中土双边贸易额为219.04亿美元，其中，中国对土耳其的货物出口额为181.21亿美元，比2012年155.85亿美元增长了16.27%，年均增长了3.25%，处于小幅上升趋势，中国对土耳其的出口额在中国出口总额中所占比例仅为0.80%左右；中国自土耳其的进口额为37.83亿美元，比2012年的35.12亿美元增长了7.72%，年均增长了1.54%，增长幅度不显著。近年来，中国对土耳其的出口量增加，但出口增长率有下降趋势。同时，土耳其对中国的出口额度在中国进口总额中所占比例太小，仅仅占0.2%，两国进出口贸易严重不平衡（参见表5-1）。

表5-1 中国与土耳其进出口总额情况

	种类	2017年	2016年	2015年	2014年	2013年	2012年
进出口	中国与土耳其进出口总额（亿美元）	219.04	194.71	215.50	230.10	222.33	190.97
	占中国进出口总额的比重（%）	0.53	0.53	0.55	0.53	0.53	0.49
进口	中国自土耳其进口总额（亿美元）	37.83	27.85	29.43	37.05	44.86	35.12
	占中国进口总额的比重（%）	0.20	0.08	0.07	0.09	0.11	0.09
出口	中国对土耳其出口总额（亿美元）	181.21	166.86	186.07	193.05	177.47	155.85
	占中国出口总额的比重（%）	0.80	1.05	1.11	0.99	0.91	0.86

数据来源：根据海关总署发布的数据整理。

从结构来看，中国从土耳其进口的产品主要是矿产品、机电设备、服装及相关品、化学制品、金属、食品、纤维及纺织品、橡胶和塑料、运输设备等。中国向土耳其出口的主要产品是机电设备、纤维及纺织品、化学制品、金属、橡胶和塑料、运输设备及配件、服装及相关产品、陶瓷和玻璃、家具及相关产品等（参见表5-2）。

表5-2 2017年中国与土耳其进出口产品种类结构情况

产品种类	进口		产品种类	出口	
	进口总额（亿美元）	占进口总额比重（%）		出口总额（亿美元）	占进口总额比重（%）
矿产品	19.37	51.20	机电设备	88.36	48.76
机电设备	3.45	9.12	纤维及纺织品	16.67	9.20
服装及相关产品	3.31	8.75	化学制品	14.73	8.13
化学制品	3.30	8.72	金属	13.94	7.69
金属	2.33	6.16	橡胶和塑料	9.11	5.03
食品	1.58	4.18	运输设备及配件	8.26	4.56
纤维及纺织品	1.30	3.44	服装及相关产品	5.89	3.25
橡胶和塑料	0.70	1.85	陶瓷和玻璃	4.18	2.31
运输设备及配件	0.42	1.11	家具及相关产品	3.01	1.66
合计	35.34	93.42	合计	161.14	88.92

数据来源：根据世界银行发布的数据整理。

三、中国与土耳其的投资情况

（一）对外投资状况分析

根据世界银行发布的数据，2012—2016年，土耳其实际利用外资累计717.71亿美元，其吸引外资的数量很大，远超世界平均水平。而同期对外直接投资额累计221.99亿美元，数额也很大。两者相比，土耳其外资流入规模远大于对外直接投资规模。

2017年10月，在上海举办的"土耳其投资论坛"上，土耳其投资支持与促进局局长阿尔达·埃尔穆特公布，从2005年至2016年底，有870多家中资企业到土耳其投资创业，投资总额达22亿美元，其中，70%是2014年以来完成的。

随着由中国铁建中土集团牵头的土耳其安伊高铁二期项目成功投入商业运营，打开了中资企业在基建领域与土耳其的务实合作空间。从2005年至

2016年底,中国对土耳其投资累计合同额为179.18亿美元,累计营业额为123.71亿美元[①]。其中,2012年至2016年,中国对土耳其承包工程完成营业额合计82.94亿美元;中国对土耳其承包工程年末在外劳务人员累计24593人次(参见表5-3)。

表5-3 中国与土耳其投资情况

种类	2016年	2015年	2014年	2013年	2012年
土耳其实际利用外资额(亿美元)	133.43	180.02	131.19	135.63	137.44
土耳其对外直接投资额(亿美元)	25.91	51.59	65.39	38.02	41.08
中国实际利用外资额(亿美元)	1260.010	1262.670	1197.050	1187.210	1132.940
中国实际利用土耳其外商直接投资(亿美元)	0.0205	0.2701	0.1272	0.4004	0.1556
中国对亚洲承包工程年末在外劳务人员(人次)	173780	168038	165571	166523	156276
中国对土耳其承包工程年末在外劳务人员(人次)	7917	6709	3495	4528	1944
中国对外承包工程合同额(亿美元)	2440.10	2100.70	1917.60	1716.30	1565.29
中国对亚洲承包工程完成营业额(亿美元)	768.514	690.701	648.381	643.975	542.928
中国对土耳其承包工程完成营业额(亿美元)	21.4547	13.3887	18.0958	19.4266	10.5698

数据来源:根据国家商务部发布的数据整理。从2001年起,外商投资合同金额和实际使用外资额均不包括对外借款。从2007年起,商务部不再对外公布外资合同金额数据。

在能源领域,中资企业积极参与土耳其火电、水电、核电、光伏、风能、地热能项目并取得了积极成果。2012年中国天辰工程有限公司总承包土耳其盐湖地下天然气储库项目,合同金额约6亿美元;国家电力投资集团公司和中国航空技术国际控股有限公司投资17亿美元参与土耳其EMBA电

[①] "一带一路"倡议成为中国企业投资土耳其的"分水岭"。http://www.sh.xinhuanet.com/2017-10/23/c_136699694.htm。

站项目；上海电力控股与中航国际成套设备有限公司和土耳其当地自然人股东合资共同投资土耳其 EMBA 电站项目，直接投资 17 亿美元。

（一）投资合作前景

土耳其"2023 愿景"的目标是到 2023 年达到发达国家水平，贸易总额超过一万亿美元。因为土耳其拥有巨大的贸易与投资市场，而中国"一带一路"建设完全契合土耳其的发展目标和需求，双方有着共同的合作开拓愿景。

土耳其是西亚经济大国，是我国在西亚的最重要经贸合作伙伴之一，目前位列世界十大新兴市场国家之一。土耳其推行市场经济政策，大力发展私营经济，除受 2016 年国内政变短暂影响外，总体的宏观经济呈现持续发展势头。中国已成为土耳其第三大贸易伙伴（位列德国、俄罗斯之后），两国在交通、电力、冶金、电信工程承包等方面深入合作，并在近几年实现跨越式发展，双边经贸合作快速发展，中国已成为土耳其重要的贸易伙伴。工程承包成为两国经贸合作的亮点，项目规模不断扩大。双向投资合作取得了实质性进展，中国在土耳其的投资领域涉及交通、航运、能源、通信、贸易、旅游等领域。

土耳其是亚欧非三大洲重要的中转地和交通枢纽，有利的地缘优势、丰富的劳动力资源已成为其经济持续增长的发动机。同时，土耳其政府正加大对外开放力度，加速私有化进程，为中国企业在土耳其投资提供了难得的发展机遇。

（二）投资风险分析

1. 经营风险

一是严重的通货膨胀、本币贬值和外债攀升等问题是土耳其经济可持续发展的最大隐患。土耳其国家统计局数据显示，2018 年 6 月，土耳其消费价格指数（CPI）同比上涨 15.39%，创 2004 年以来最高涨幅。2018 年上半年，土耳其里拉贬值幅度超过 40%，出现了严重的货币危机。2017 年末土耳其外债规模占 GDP 的 53.48%，而其外汇储备仅 780 亿美元，在其本币大幅贬值情况下，外债压力凸显出来。

二是政策、法律风险突出。由于土耳其投资和贸易法规长期不健全，再加上土耳其经济结构不合理，许多工业设备、仪器产品长期依赖进口，其相关产品标准参照欧盟标准，这为中资企业从事相关产品贸易埋下隐患，违约

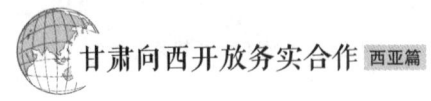

风险很大。

三是中土贸易严重不平衡。这种不平衡引起土耳其官方和民间很大的不安,在土耳其国内流传着"中国产品倾销土耳其市场、土耳其经济被中国产品挤垮"的言论。因此,在土耳其对中方投资和中国产品有不同程度的歧视与不安。中资企业在土耳其投资需更加谨慎。

2. 政治风险

一是地缘政治冲突加剧,政治风险加大。土耳其作为中东地区大国,由于民族、宗教、文化上的利益使其全力投入叙利亚战争、打击"伊斯兰国"(ISIS)的大国博弈中,不确定性因素很多,政治风险很高,代价很大。美土关系由此波动起伏,土耳其里拉大幅贬值,导致其金融体系出现不稳定,货币公信力下降,经济出现大幅波动,投资者避险情绪加剧并不断撤离土耳其市场。

二是国内政局不稳,社会问题突出。教俗关系、军政关系是长期影响土耳其政治稳定的关键因素。尽管执政党"正义与发展党"实现了长期执政,但围绕世俗化问题、库尔德人地位问题、军队地位问题,各种政治势力分歧严重,斗争激烈,从而造成社会矛盾日益激化,社会动荡加剧。

四、合作建议

(一)加强政治互信,推动经贸合作

近十年来,土耳其经济快速发展,作为北约成员国的中东地区大国,土耳其在民族、宗教、文化上对中东地区有着重大影响,因此应加强中土两国政治互信,推动两国经贸和其他领域的交流与合作。

(二)加强产能合作,提升经贸水平

长期以来,由于中土两国产业结构差异很大,土耳其对中国贸易长期处于逆差状态,2017年,中国对土耳其的出口额是土耳其对中国出口额的3.81倍,由此带来许多贸易摩擦与争端。因此,两国应在"一带一路"和土耳其"2023愿景"框架下,扩大双向投资,加强产能合作,开拓第三方市场,提升贸易水平,消除土耳其政府和民众对中国产品的歧视和不安,解决两国贸易不平衡程度,促进两国务实合作。

(三) 加强安全合作与多边领域合作

在上海合作组织的平台上，积极开展与土耳其的对话，共同开展反对恐怖主义、宗教极端主义和民族极端主义的合作，以及在中东问题上，加强交流与对话，建立可靠有效的双边或多边安全合作机制及应急管控机制，为两国分别实现"中国梦""土耳其梦"保驾护航。

第三节 甘肃与土耳其经贸关系

一、甘肃与土耳其经贸情况

2005年，土耳其农产品进口额为47.24亿美元，占进口总额的比重为4.05%；2017年，土耳其农产品进口额增加到126.56亿美元，占进口总额的比重为5.41%，分别比2005年增加79.32亿美元和1.36个百分点。这表明土耳其农产品的进口额度很大，规模也在扩大。而林业、渔业产品的进口额在进口总额中的占比很小。2017年土耳其工业产品进口额为2183.20亿美元，比2005年的1106.87亿美元增加了97.32%，工业产品在进口额中占据绝对比重，但相比2005年占比变化不大（参见表5-4）。

表5-4 土耳其农业、林业、渔业、工业产品进口情况

年度	进口总额（亿美元）	农产品		林业产品		渔业产品		工业产品	
		进口额（亿美元）	比重（%）	进口额（亿美元）	比重（%）	进口额（亿美元）	比重（%）	进口额（亿美元）	比重（%）
2005	1167.74	47.24	4.05	11.52	0.99	0.70	0.06	1106.87	94.79
2017	2337.92	126.56	5.41	22.15	0.95	2.31	0.10	2183.20	93.38

数据来源：根据2005年与2017年ITC（International Trade Center）数据整理。

2005年，土耳其农产品出口额为78.38亿美元，在出口总额中的比重为10.67%。2017年，土耳其农产品出口额增加到151.79亿美元，占出口总额的比重为9.66%；出口规模比2005年增加73.41亿美元，但在出口总额中的比重下降了1.01个百分点。而林业产品和渔业产品出口额在出口总额中的占比很小。工业产品出口额在出口总额中占绝对比重，2017年为1396.71亿美元，比2005年的648.46亿美元增加了115.38%，但在出口总

额中的比重变化不大（见表5-5）。

表5-5 土耳其农业、林业、渔业、工业产品出口情况

年度	出口总额（亿美元）	农产品		林业产品		渔业产品		工业产品	
		出口额（亿美元）	比重（%）	出口额（亿美元）	比重（%）	出口额（亿美元）	比重（%）	出口额（亿美元）	比重（%）
2005	734.76	78.38	10.67	2.90	0.39	2.48	0.34	648.46	88.25
2017	1570.55	151.79	9.66	8.84	0.56	9.07	0.58	1396.71	88.93

数据来源：根据2005年与2017年ITC（International Trade Center）数据整理。

在西亚国家中土耳其是甘肃的第四大贸易伙伴。2010年甘肃对土耳其进出口贸易额为68972万元，占当年甘肃对西亚国家进出口总额的20.90%，是当年甘肃第二大贸易伙伴。2016年甘肃与土耳其进出口贸易额为16736万元，占当年甘肃对西亚国家进出口总额的8.32%，比2005年下降了12.58个百分点。其中，出口额为16564万元，占当年出口总额的8.93%，而进口额仅171万元。双方经贸关系处于下滑状态，贸易结构处于严重不平衡水平，但双方双边贸易基础较好，发展潜力仍在（参见表5-6）。

表5-6 2010年与2016年甘肃对土耳其和西亚国家进出口总额情况

单位：万元

区域	2010年			2016年		
	进出口总额	进口总额	出口总额	进出口总额	进口总额	出口总额
土耳其	68972	44489	24483	16736	172	16564
西亚国家	330002	121618	208384	201056	15573	185483

数据来源：根据国家统计局发布的数据整理。

二、甘肃与土耳其的潜在务实合作

土耳其是西亚地区主要经济体，与甘肃经贸合作历史较长，两地经济发展需求有一定互补性，潜在合作机会和条件较好。从土耳其农业、林业、渔业、工业商品进出口情况分析，土耳其的农产品在国民经济中所占份额较小，但农产品属于土耳其主要的进出口商品，农产品进出口规模较大。从农产品进出口明细分析，土耳其进口的农产品种类主要集中在油籽和油果，杂粮、种子和水果，活动物，棉，谷类，烟草和烟草代用品，食用蔬菜，可食

用水果和坚果，水果或瓜皮，乳制品、鸟蛋、天然蜂蜜、咖啡、茶和香料等，这与甘肃农产品生产种类有较高契合度。而林业商品进口主要集中在橡胶及其制品，胶、树脂和其他植物囊和提取物等，林业产品在进口总额中占比较小，与甘肃林业、渔业产品生产种类契合度较低。从工业品进出口明细分析，土耳其进口的工业品主要集中在矿物燃料、矿物油及其蒸馏产物，沥青物质，矿物蜡，机械和机械装置、核反应堆、锅炉及部件，电动机械和设备及其部件、录音机和复印机，钢铁，天然或养殖珍珠，半宝石，贵金属，塑料及其制品等，与甘肃出口的工业产品有部分契合度，而在有机化学品、钢铁、铝、铜、镍及其制品方面双方有较大合作潜力。因此，甘肃与土耳其的潜在务实合作优势在农产品领域和部分工业制品领域。由于土耳其商品生产、消费标准执行欧盟标准，甘肃出口商品生产也必须要按照欧盟标准执行。

第六章 甘肃与以色列务实合作

第一节 以色列基本概况

一、基本国情

(一) 自然地理

以色列国(简称以色列)位于亚洲西部,北与黎巴嫩交界,东北部与叙利亚接壤,东面是约旦,西濒地中海,南连亚喀巴湾,位于亚、非、欧三大洲结合处,处在中东的咽喉要道,使之成为沟通大西洋和印度洋、东方和西方、欧洲经西亚到北非的联系纽带和十字路口,从而在世界政治、经济、军事方面具有十分重要的战略地位。

从海拔2810米的黑门山,一直到降至水平线以下392米的地球最低处——死海,以色列属于夏季干热的地中海气候,特征为夏季漫长而又炎热少雨,冬季较为短暂而又凉爽多雨。在约旦山谷区域夏季干燥炎热,南方区域则属半干燥型气候,白天温暖,夜晚凉爽。

以色列自然资源比较贫乏,主要资源为死海中的钾盐和镁矿等。以色列全国总面积(实际控制面积)为2.5万平方公里。

(二) 国家发展简史

在过去三千多年的历史中,犹太人视以色列地为自己的民族和精神生活的核心,称之为"圣地"或"应许之地",是世界主要宗教犹太教、伊斯兰教和基督教的发源地。公元前13世纪末迁居到巴勒斯坦地区。后被罗马帝国征服,犹太人开始流亡欧洲。公元前332年,亚历山大大帝征服了该地区,后来以色列地区成为塞琉西王朝和托勒密王朝争夺之地。经历过亚述、巴比伦、波斯、希腊、罗马、拜占庭等帝国的统治，犹太人逐渐衰落并遭驱逐，散于全球各地，连中国的开封都有犹太教会堂的遗迹。犹太教最重要的两本经籍《密西拿》和《塔木德》也是在这段时期写成。直到1948年5月14日，在英国的托管期结束前一天的子夜，以色列正式宣布成立，当天为以色列的国庆节。

（三）政治宗教

以色列是议会制国家，议会是最高权力机构，拥有立法权，负责制定和修改国家法律，批准内阁成员的任命并监督政府工作，选举总统和议长。总统是象征性的国家元首，职能基本上是礼仪性的。议会有权解除总统职务。内阁向议会负责。

以色列人主要信奉犹太教。以色列的阿拉伯人信奉伊斯兰教。

（四）人口及主要城市

以色列人口规模小，人口密度极高，城镇化率高，人口老龄化现象严重。其中城镇人口占总人口的92.14%，农村人口占总人口的7.86%。2016年，以色列总人口855万人，其中犹太人口637.7万人，是世界上唯一以犹太人为主体民族的国家。首都是特拉维夫。耶路撒冷是以色列最大城市，是全国政治、经济、交通、贸易和文化中心。

二、经济结构

（一）基本情况

以色列经济发展稳定。2017年，以色列GDP为3508.51亿美元，比2005年增加了1.46倍，年均增长12.19%，人均GDP为40270.25美元。以色列是中东地区最为强大、最为现代化、经济发展指数最高的国家，属于发达国家，拥有该地区管理最良善、对财产权利保护最佳的经济体制。以色列的高新技术产业举世闻名，以色列属于混合型经济，工业化程度较高，以知识密集型产业为主，其在军事科技、电子、通讯、计算机软件、医疗器械、生物技术工程、农业、航空等领域处于领先地位。以色列总体经济实力较强，竞争力居世界前列。

2016年，以色列的三次产业结构为1.17∶18.67∶80.35。产业结构体现了发达经济体的特征。根据世界银行按人均GDP和石油收入占GDP的比

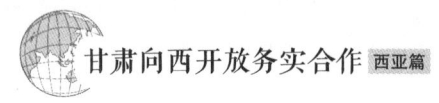

重为标准的划分方法,以色列属于非能源型高收入经济体,且有进一步上升趋势。

(二)产业结构

1. 第一产业

以色列自然环境恶劣,但农业较发达,享有欧洲"冬季厨房"的美誉。2016年,以色列农业总增加值为37.17亿美元,占GDP的1.17%,农业产出种类依次为蔬果(45.3%)、家禽(17.6%)、牛羊畜牧产品(22.0%)、粮农作物(7.0%)、鲜花和园艺(3.7%)、其他农产品(4.4%)。以色列农业科技含量很高,其滴灌设备、新品种开发举世闻名。农村经济以基布兹、莫沙夫及个体农场为主。同时,以色列主要农作物有小麦、棉花、蔬菜、柑橘等。粮食接近自给,水果、蔬菜生产自给有余并大量出口。

2. 第二产业

以色列第二产业主要是制造业。20世纪60年代末开始,随着劳动成本不断提高,一些传统的劳动密集型产业逐步被淘汰,高科技或技术含量高的产业成为发展重点,主要部门有机械制造、军工、飞机制造、化工、电子和通信设备、精密仪器和医用激光器材、太阳能利用、建材、纺织、造纸、钻石加工等。2016年,第二产业的增加值为593.23亿美元,占GDP18.67%,同比增长5.5%。

3. 第三产业

以色列第三产业主要是信息通信和高科技产业以及旅游业。2016年,以色列第三产业的增加值为2553.08亿美元,占GDP的比重为80.35%。以色列的高新技术得到了政府和私有企业的大力支持,处于领先地位,其高科技研发投入占国民生产总值的比重居世界第三,仅次于日本和瑞士。以色列信息通信产业发达,是该国处于前沿的高科技行业之一。同时旅游业在以色列经济中占有重要的地位。其复杂的地形地貌、众多的古迹和宗教场所,以及一年四季灿烂的阳光和地中海沿岸现代化的休假设施,每年都吸引着无数旅游观光者。

三、对外贸易

以色列于1995年4月21日加入世界贸易组织(WTO),并且于2010年5月加入经济合作与发展组织(OECD),此外,以色列还与欧盟、欧洲自由贸易联盟（EFTA），以及美国、墨西哥、土耳其、加拿大等国家组织签订了自由贸易协定。

全球有166个国家和地区与以色列有出口贸易关系，有187个国家和地区与其有进口贸易关系。2017年，以色列贸易总额为1234.83亿美元，比上年减少了2.28%，其中出口额为537.91亿美元，较上年减少了11.19%；进口额为696.92亿美元，较上年增加了5.91%。整体贸易逆差额为159.01亿美元，较上年增加了204%。进口、出口比例为56∶44，比2005年的51∶49有所扩大，说明贸易逆差状态没有得到改善。

（一）出口贸易

以色列货物出口增长较缓，相关占比整体都处于下降趋势。2005—2017年，以色列出口额从427.70亿美元增加至2017年的537.91亿美元，增加了25.77%，年均仅增长了2.14%。以色列主要出口产品为矿物燃料及附属产品，电动机械和设备及其部件、录音机和复印机、电视，医药产品等，前十大产品的出口占以色列总出口额的81.47%，出口产品相对集中。

2017年，以色列产品主要出口国家和地区包括美国、英国、中国、中国香港、比利时、荷兰、印度、法国、德国以及土耳其，占比分别为27.04%、8.44%、7.82%、5.91%、4.05%、4.03%、3.16%、3.12%、2.81%和2.46%，占比合计为68.84%，较2005年下降了1.06个百分点；2017年以色列产品出口到主要市场的出口额合计为370.36亿美元，较2005年增加了23.86%。2005年，以色列产品主要出口市场国家和地区包括美国、比利时、中国香港、英国、德国、荷兰、印度、中国、土耳其以及瑞士。

（二）进口贸易

近年数据显示，以色列进口贸易整体有上升趋势。2005年，以色列进口规模为471.42亿美元，增幅为9.98%，之后连续上升，2008年受全球金融危机的影响，以色列进口规模大幅下降，之后又迅速恢复增长。2017年以色列进口额为696.92亿美元，较2005年增加了54.76%，年均增长了4.56%。

以色列主要的进口产品为机械和机械装置、核反应堆、锅炉及其部件，矿物燃料、矿物油及其蒸馏产物，沥青物质，矿物蜡，电动机械和设备及其部件、录音机和复印机、电视，天然或养殖珍珠、半宝石、贵金属，铁路或电车轨道车辆以外的车辆及其零件及附件，塑料及其制品，光学、摄影、电影、测量、检查等仪器和设备，医药产品，有机化学品和钢铁。前十大产品的进口额占进口总额的 68.45%。

2017 年，以色列主要进口市场国家包括中国、美国、德国、比利时、意大利、土耳其、日本、俄罗斯、印度以及英国，占比依次为 12.80%、11.76%、7.08%、4.90%、4.69%、4.22%、3.48%、3.05%、2.79%、2.69%。以色列对前十大进口国的进口额合计为 400.42 亿美元，占比为 57.46%，相比 2005 年的 58.82% 下降了 1.36%。

第二节　中国与以色列务实合作

一、中国与以色列的政治外交情况

1948 年 5 月 14 日，以色列宣告成立。1950 年 1 月 9 日，以色列宣布承认中华人民共和国，但仍然与台湾当局存在官方关系。1992 年 1 月，以色列副总理兼外长利维访华，两国签署了建交公报。1992 年 1 月 24 日，以色列与中国正式建立大使级外交关系，双方签署了《贸易协定》《文化交流协定》《民用航空协定》《劳务输出协议》《体育合作备忘录》《教育合作协议》《旅游合作协定》《邮电通讯合作协议》《工业技术研发框架协议》《关于加强经济贸易合作的备忘录》《中国旅游团队赴以色列旅游实施方案的谅解备忘录》等。以色列在北京设立了驻华大使馆，在香港、上海、广州设有领事馆。2013 年 5 月，中以建立政府间经济技术合作机制。2014 年 5 月，中以建立创新合作联委会机制。2016 年 9 月，中以启动自由贸易协定第一轮谈判。两国政府签署的《中以政府为商务、旅游、探亲人员互发多次签证的协定》已于 2016 年 11 月生效。2017 年 3 月 19 日以色列国总理内塔尼亚胡访问中国，两国政府决定建立"创新全面伙伴关系"。

目前，中以经贸关系的发展有着良好的条件和机遇。

二、中国与以色列经济贸易情况

中以建交后，两国经贸合作领域不断拓宽。两国政府先后签署了《双边投资保护协定》《关于避免双重征税协议》《关于农业合作协议》《关于医疗科技合作协议》《中国国家进出口商品检疫局与以色列标准局合作协定》《关于海关行政合作谅解备忘录》《关于财政合作议定书》。这些合作有力地促进了两国经贸发展。

2017年以色列对中国出口贸易额为42.06亿美元,占以色列出口贸易总额的7.82%,比2005年的2.51%提高了5.31个百分点,在以色列十大出口市场中位第三。2017年以色列从中国进口贸易额为89.18亿美元,占以色列进口总额的11.75%,比2005年进口额的4.34%提高了7.41个百分点,中国成为以色列第一大进口国。中国已经成为以色列在亚洲地区最大的贸易伙伴,也是仅次于美国的全球第二大贸易伙伴。

以色列与中国的进出口总额仅占中国进出口总额的0.32%,其中出口总额仅占中国进口总额的0.10%,进口总额仅占中国出口总额的0.48%,所占比例很小。但两国贸易发展迅速,2017年两国贸易额是2005年30.27亿美元的3.34倍,年均增长27.80%(参见表6-1)。

表6-1 中国与以色列进出口总额情况

	种类	2017年	2016年	2015年	2014年	2013年	2012年
进出口	中国与以色列进出口总额(亿美元)	131.24	113.47	114.18	108.79	108.26	99.11
	占中国进出口总额的比重(%)	0.32	0.31	0.29	0.25	0.26	0.26
进口	中国自以色列进口总额(亿美元)	42.06	31.73	28.02	31.4	31.81	29.23
	占中国进口总额的比重(%)	0.10	0.09	0.07	0.07	0.08	0.08
出口	中国对以色列出口总额(亿美元)	89.18	81.74	86.16	77.39	76.45	69.88
	占中国出口总额的比重(%)	0.48	0.51	0.51	0.40	0.39	0.38

数据来源:根据海关总署发布的数据整理。

2017年,中国从以色列进口电动机械和设备及其部件、录音机和复印机、电视价值18.58亿美元,占进口总额的比重为44.17%;进口光学、摄影、电影、测量、检查等仪器和设备价值7.04亿美元,占进口总额的比重为16.74%,两项合计占进口总额的60.91%,体现出进口产品以高科技产品为主。中国对以色列出口的产品类型相对比较分散,电动机械和设备及其部件、录音机和复印机、电视,机械和机械装置、核反应堆、锅炉及其部件，针织或钩编的服装及服装配件制品，家具，床上用品和类似的填充家具，有机化学品，服装及服装附件制品，非针织或钩编，塑料及其制品，钢铁制品，铁路或电车轨道车辆以外的车辆及其零件及附件等9大类产品占出口总额的54.42%（参见表6-2）。

表6-2　2017年中国与以色列货物进出口产品种类结构情况

产品种类	进口		产品种类	出口	
	进口总额（亿美元）	占进口总额比重（%）		出口总额（亿美元）	占进口总额比重（%）
电动机械和设备及其部件、录音机和复印机、电视	18.58	44.17	电动机械和设备及其部件、录音机和复印机、电视	12.63	14.16
光学、摄影、电影、测量、检查等仪器和设备	7.04	16.74	机械和机械装置、核反应堆、锅炉及其部件	11.00	9.20
天然或养殖珍珠、半宝石、贵金属	3.40	8.08	针织或钩编的服装及服装配件制品	7.46	8.13
机械和机械装置、核反应堆、锅炉及其部件	3.33	7.92	家具，床上用品和类似的填充家具	5.01	7.69
化肥	2.27	5.40	有机化学品	4.73	5.03
无机化学品、贵金属、有机或无机化合物	1.45	3.45	非针织或非钩编的服装及服装配件制品	4.27	4.56
塑料及其制品	1.05	2.50	塑料及其制品	3.63	3.25
有机化学品	1.02	2.43	钢铁制品	2.92	2.31
工具、餐具、贱金属制	0.63	1.50	铁路或电车轨道车辆以外的车辆及其零件及附件	2.77	1.66
合计	38.14	90.68	合计	54.42	61.02

数据来源：根据世界银行发布的数据整理。

三、中国与以色列的投资情况

（一）对外投资状况分析

根据世界银行发布的数据，2012—2016年，以色列实际利用外资累计

502.32亿美元，年均吸引外资100.46亿美元，是同期世界吸引外资最多的国家之一，有力地支持了以色列经济发展。而同期以色列对外直接投资额累计364.26亿美元，年均72.85亿美元，也是世界对外投资大国。以色列对外直接投资规模超过外资流入规模142.06亿美元（参见表6-3）。

表6-3 中国与以色列投资情况

种类	2016年	2015年	2014年	2013年	2012年
以色列实际利用外资额（亿美元）	119.88	113.36	60.49	118.42	90.17
以色列对外直接投资额（亿美元）	146.16	110.66	46.26	38.02	23.16
中国实际利用外资额（亿美元）	1260.010	1262.670	1197.050	1187.210	1132.940
中国实际利用以色列外商直接投资金额（亿美元）	0.500	0.050	0.134	0.136	0.125
中国对亚洲承包工程年末在外劳务人员（人次）	173780	168038	165571	166523	156276
中国对以色列承包工程年末在外劳务人员（人次）	86	105	106	213	185
中国对外承包工程合同金额（亿美元）	2440.10	2100.70	1917.60	1716.30	1565.29
中国对亚洲承包工程完成营业额（亿美元）	768.514	690.701	648.381	643.975	542.928
中国对以色列承包工程完成营业额（亿美元）	2.31	1.52	0.95	0.49	0.32

数据来源：根据国家商务部发布的数据整理。从2001年起，外商投资合同金额和实际使用外资额均不包括对外借款。从2007年起商务部不再对外公布外资合同金额数据。

近年来，中国与以色列两国企业相互投资发展迅速，大型投资项目频繁出现，投资形式多样化，交易结构日趋复杂。目前，以色列在华投资项目已有106个，涉及化工、电力、食品加工、农业、电子通信、珠宝钻石等多个行业。其中以合资形式建立起来的昆明塔迪兰电信设备有限公司、青海联合钾肥厂、上海克瓦林公司和天津艾尔比特公司，在中国都具有一定的影响力。

目前，中国对以色列累计投资已超过60亿美元，主要涉及化工、食品、医药及高新科技等行业。其中影响力较大的项目包括：2011年10月，中国化工集团斥资24亿美元收购以色列农用化工企业ADAMA公司。2014年10月，中国互联网公司百度以及金融集团平安公司共同投资1.94亿美元与以色列风险投资公司Carmel基金合资设立种子基金。2015年3月，上海光明食品集团投资约25亿美元收购以色列国内最大食品公司TNUVA 77％股权。2016年4月，上海复星集团斥资约8000万美元收购以色列化妆品生产公司AHAVADeadSea Laboratories。同年，中国光大控股有限公司与以色列基金Catalyst合资成立光控中国－以色列私募股权基金。截至2018年5月，该基金已募集三期，累计在以投资规模达3亿美元。2016年5月，中国深圳光启科技集团宣布在以色列设立光启GCI（全球创新共同体）基金和孵化器，对高科技初创企业进行投资；启动金额为5000万美元，计划在3年内将金额提升到3亿美元。

以色列国土狭小，自然资源贫乏，但其工业发达，20世纪70年代就已实现了重工业化。以色列政府采取高科技立国的战略方针，因此其出口以高科技产品为主，进口以工业原料、燃料、土特产品及技术含量低、劳动密集型的轻纺、机电产品为主。而中国拥有相对丰富的原材料和门类齐全、生产能力强大的制造业，可以向以色列市场提供各种价格较为低廉的劳动密集型轻纺产品、机电产品及一些原材料产品等。中国需要从以色列引进大量的先进技术，这就为以色列许多先进的工农业技术提供了广泛的市场。

2015年12月25日，以色列成为亚洲基础设施投资银行初始成员国。以色列称赞并积极响应"一带一路"倡议。

（二）投资风险

一是近年来，尤其是针对以色列食品、金融、资源类行业垄断性企业的并购，一度给以色列人造成了一定的危机感。这既不利于中国企业并购的顺利进行，也不利于并购后的经营和管理。

二是以色列处于地缘政治冲突乱局的中心，形势错综复杂。以色列与阿拉伯国家根深蒂固的矛盾是影响以色列稳定发展和国家安全的最根本因素。巴以冲突、叙利亚战争、与伊朗和黎巴嫩的矛盾将长期存在并且有很大不确定性。因此，在以色列投资应全面评估政治、经济和商业风险，统筹考虑多方面因素来作出决策。

四、合作建议

（一）构建政府引导和市场驱动，企业主体参与的合作机制

以色列以科技立国，总体技术水平很高，高科技产业发达，然而其精明的商业之道使其不愿轻易出售或转让技术。中国的经济建设需要以色列的各方面技术，两国经济互补性很高。中以两国企业可通过建立高新技术博览会、高新技术产业园区、企业相互参股、资本并购等方式，建立有效合作机制，实现互利双赢。

（二）加强双方高层交往

继续加强在创新合作联委会、经济技术合作机制和经济、贸易和技术联委会等不同政府间渠道的合作，充分发挥上述合作对促进两国经济和社会发展的积极作用。加强两国在青年科技人员交流计划、联合实验室、国际技术转移中心、创新园区、创新合作中心等民用领域的务实合作，探索一条从研发、转化到产业，从创新到创业的合作新模式，搭建一系列创新创业的合作平台。开展双边民用创新合作，探索新的合作模式，共同加强民间创新能力，支持和积极推进两国在公共和私营领域以及公司、投资者、高校和科研机构间的创新合作。

第三节　甘肃与以色列经贸关系

一、甘肃与以色列经贸情况

2005年，以色列农产品进口额为20.08亿美元，占进口总额的比重为4.46%；2017年，以色列农产品进口额增加到43.34亿美元，占进口总额的比重为6.22%，分别比2005年增加23.26亿美元和1.86个百分点，表明以色列农产品的进口额度和规模都在扩大。而林业、渔业产品进口额在进口总额中的占比很小。2017年以色列工业产品进口额为632.36亿美元，比2005年的422.65亿美元增加了49.62%，在进口总额中处于绝对比重且占比变化不大（参见表6-4）。

表6-4 以色列农业、林业、渔业、工业产品进口情况

年度	进口总额（亿美元）	农产品		林业产品		渔业产品		工业产品	
		进口额（亿美元）	比重（%）	进口额（亿美元）	比重（%）	进口额（亿美元）	比重（%）	进口额（亿美元）	比重（%）
2005	450.32	20.08	4.46	3.77	0.84	1.58	0.35	422.65	93.86
2017	696.93	43.34	6.22	4.14	0.59	6.21	0.89	632.36	90.74

数据来源：根据2005年与2017年ITC（International Trade Center）数据整理。

2005年，以色列农产品出口额为12.20亿美元，在出口总额中的比重为2.85%。2017年，以色列农产品出口额增加到17.10亿美元，占出口总额的比重为3.18%；出口规模比2005年增加4.90亿美元，在出口总额中的比重增加了0.33个百分点。而林业产品和渔业产品出口规模很小。工业产品出口额在出口总额中处于绝对比重，2017年为518.11亿美元，比2005年的409.32亿美元增加了26.58%，但在出口总额中的比重变化不大（参见表6-5）。

表6-5 以色列农业、林业、渔业、工业产品出口情况

年度	出口总额（亿美元）	农产品		林业产品		渔业产品		工业产品	
		出口额（亿美元）	比重（%）	出口额（亿美元）	比重（%）	出口额（亿美元）	比重（%）	出口额（亿美元）	比重（%）
2005	427.71	12.20	2.85	2.60	0.61	0.40	0.09	409.32	95.70
2017	537.91	17.10	3.18	1.68	0.31	0.45	0.08	518.11	96.32

数据来源：根据2005年与2017年ITC（International Trade Center）数据整理。

以色列是西亚国家中与甘肃经贸合作的第五大贸易伙伴。2010年甘肃与以色列进出口贸易额为10658万元，占当年甘肃对西亚进出口总额的3.23%。2016年甘肃与以色列进出口贸易额为10792万元，占当年甘肃对西亚进出口总额的5.37%，比2005年提高了2.15个百分点。其中出口额占当年出口总额的比重为5.72%，而进口仅有178万元。双方进出口贸易额变化不大，经贸关系处于低水平，但双方双边贸易额略有增加，合作潜力较大（参见表6-6）。

表6-6 2010年与2016年甘肃对以色列与西亚国家进出口总额情况

单位：万元

区域	2010年			2016年		
	进出口总额	进口总额	出口总额	进出口总额	进口总额	出口总额
以色列	10658	204	10454	10792	178	10614
西亚国家	330002	121618	208384	201056	15573	185483

数据来源：根据国家统计局发布的数据整理。

二、甘肃与以色列的潜在务实合作

以色列是西亚地区一个发达经济体，尤其包括农业技术在内的高科技在国际社会享有盛誉。以色列所处自然环境与甘肃有相似之处，两地经贸合作规模虽然不大，但潜在合作机会和需求比较迫切。从以色列农业、林业、渔业、工业商品进出口情况分析，以色列的农产品在国民经济中所占份额较小，但以色列属于农产品纯进口国。从农产品进出口明细分析，以色列进口的农产品种类主要集中在谷类、肉类和可食用肉类，可食用水果和坚果，柑橘类水果或瓜皮、乳制品、鸟蛋、天然蜂蜜、食用蔬菜、水果、咖啡、茶和香料等，这与甘肃农产品生产种类有较高契合度。而林业、渔业商品进口额很小，与甘肃林业、渔业产品生产种类契合度较低。从工业品进出口明细分析，以色列进口的工业品主要集中在机械和机械装置、核反应堆、锅炉及其部件，电动机械和设备、录音机和复印机、电视，天然或养殖珍珠、半宝石、贵金属，铁路或电车轨道车辆以外的车辆及其零件等，与甘肃出口的工业产品有部分契合度，而在钢铁、铝、铅、锌、镍及其制品方面有较大合作潜力。因此，甘肃与以色列的潜在务实合作优势在农产品领域和部分工业产品领域。由于以色列商品生产、消费执行欧盟标准，甘肃出口商品生产也必须要按照欧盟标准执行。

第七章　甘肃与伊拉克务实合作

第一节　伊拉克基本概况

一、基本国情

（一）自然地理

伊拉克共和国（简称伊拉克）位于亚洲西南部、阿拉伯半岛东北部，国土面积约43.7万平方公里。其南方接壤沙特阿拉伯、科威特，北方接壤土耳其，西北接壤叙利亚，东南濒临波斯湾，伊朗和约旦各位于其东西两侧。伊拉克出海口仅位于东南端波斯湾头的一小段海岸，海岸线长60公里，领海宽度为12海里。幼发拉底河和底格里斯河自西北向东南贯穿全境，两河在库尔纳汇合为夏台阿拉伯河，注入波斯湾。西南为阿拉伯高原的部分，向东部平原倾斜，东北部有库尔德山地，西部是沙漠地带。

伊拉克地理条件得天独厚，石油、天然气资源十分丰富，石油工业是主要支柱经济。2010年10月伊拉克石油部部长称已探明储量1431亿桶，在欧佩克和世界已探明石油总储量中分别占12.0%和9.8%，位居世界第二位；天然气已探明储量3.17万亿立方米，占世界已探明总储量的1.7%，居世界第十位，磷酸盐储量约100亿吨。

（二）国家发展简史

伊拉克在历史上曾是美索不达米亚文明古国古巴比伦的所在地，是世界四大文明古国之一。

公元前2000年美索不达米亚先后建立阿卡德王国、乌尔帝国、被誉为

"四大文明古国"之一的古巴比伦王国、亚述帝国和新巴比伦王国。公元前539年新巴比伦王国被波斯帝国所灭。公元7世纪时伊拉克被阿拉伯帝国吞并,阿拔斯王朝时期定都于巴格达。16世纪,伊拉克受奥斯曼土耳其帝国统治。1920年沦为英国"委任统治区"。1921年8月宣布独立,成立伊拉克王国,在英国保护下建立费萨尔王朝。1932年获得完全独立。1958年7月14日成立伊拉克共和国。1980年伊拉克因同伊朗边界纠纷发动历时8年的两伊战争。1990年,伊拉克入侵科威特引发海湾战争,受到联合国制裁。2003年3月20日,美、英等国单方面发动伊拉克战争;4月9日,美军攻占巴格达,萨达姆政权被推翻。2011年12月20日,美国实现从伊拉克的完全撤军。

(三)政治宗教

海湾战争后,伊拉克实行联邦制,设立总统委员会、总理府和议会。伊拉克地区政府拥有立法、行政和司法的权利,确立行政权力机构以及行政机制。伊拉克人信奉伊斯兰教,穆斯林约占人口的95%,其中什叶派穆斯林占54.5%,逊尼派穆斯林占40.5%。伊拉克官方语言为阿拉伯语。

(四)人口及主要城市

截至2017年底,伊拉克人口约为3954万人,其中男性人口为1984.755万人,女性人口为1970.136万人,男女比例为100.7∶100。阿拉伯人约占全国总人口的73%,库尔德人约占21%。

巴格达是伊拉克首都,也是全国最大的城市和经济、文化、交通中心,是西亚、中东地区经济、贸易、文化、交通的中心。巴士拉是伊拉克最大海港,也是重要的国际航空站。

二、经济结构

(一)基本情况

伊拉克的经济总量和人均收入增长较快。2017年伊拉克的GDP为1977.16亿美元,比上年增长了15.29%;人均GDP为5165.71美元,比上年增长了12.06%。2005—2017年,伊拉克三次产业结构从6.9∶63.6∶29.5调整为4.7∶41.8∶53.5。其中农业对GDP的贡献出现小幅度的下降,工业对GDP的贡献下降明显,第三产业对GDP的贡献率大幅上升,产业结

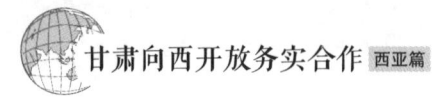

构进一步优化。

伊拉克高度依赖石油工业，石油工业是伊拉克经济的支柱产业。伊拉克战争结束后，伊拉克石油工业迅速复苏，经济上升势头良好。2013年伊拉克原油日产量约为300万桶，日出口量240万桶。2017年原油日产量约440万桶，石油日均出口量约325万桶。根据世界银行按人均GDP和石油收入占GDP的比重为标准的划分方法，伊拉克属于能源型中上等收入经济体。

（二）产业结构

1. 第一产业

伊拉克的农业发展较快，2005—2017年，伊拉克农业增加值从34.40亿美元增加到92.92亿美元，增加了58.52亿美元，年均增长14.18%，但农业增加值占GDP的比重从6.89%下降到4.7%，下降了2.19个百分点。

农牧业在国民经济中占重要地位。两河平原的灌溉农业已有数千年历史。伊拉克生产几乎所有的蔬果和其他粮食作物，如小麦、大麦、米、椰枣、番茄、马铃薯、棉花和烟草，畜牧业包括绵羊、山羊、驴、马和牛，以游牧方式畜养。椰枣输出量居世界首位。

伊拉克的可耕地面积占国土总面积的27.6%，农业用地严重依赖地表水，主要集中在底格里斯河和幼发拉底河之间的美索不达米亚平原。农业人口占全国总人口的1/3，大宗粮食产品主要依赖进口。

2. 第二产业

工业主要有石油开采、提炼和天然气开采。油气产业在国民经济中始终处于主导地位。萨达姆政权被推翻后，伊拉克的工业实现了快速恢复发展，但在GDP中的比重大幅下降。2005—2017年，伊拉克工业增加值从317.76亿美元增加到826.45亿美元，增加了508.69亿美元，年均增长13.36%，工业增加值占GDP的比重从63.61%下降到41.8%，下降了21.81个百分点。

伊拉克于1973年实现了石油工业的国有化。伊拉克70%的天然气属于石油伴生气，主要产于北部基尔库克油田和南部鲁迈拉油田。伊拉克有9个集气站，日处理天然气0.42亿立方米。天然气通过管道输送至位于祖拜尔和巴士拉的液化处理站经液化供出口。北部油区通过油管在黎巴嫩、叙利亚与土耳其的地中海港口输出原油，南部油田通过油管至沙特阿拉伯的红海岸延布油港输出原油。伊拉克有炼油与石油化工以及纺织、食品、烟草等工业。

3. 第三产业

伊拉克的服务业成为最主要的第三产业。2005—2017 年，伊拉克的服务业附加值从 147.39 亿美元增加到 1057.79 亿美元，增加了 910.4 亿美元，年均增长 51.47%，第三产业增加值占 GDP 的比重从 29.5% 增加到 53.5%，增加了 24 个百分点。

伊拉克旅游资源丰富，主要旅游点有乌尔城（建于公元前 2060 年）遗址、亚述帝国（建于公元前 910 年）遗迹和哈特尔城（俗称"太阳城"）遗址。位于巴格达西南 90 公里处的巴比伦是世界著名的古城遗址，盛传的"空中花园"被列为古代世界七大奇迹之一。此外，底格里斯河沿岸的塞琉西亚、尼姆路德等均是伊拉克著名古城名胜。

三、对外贸易

目前，伊拉克还不是世界贸易组织成员。伊拉克与阿尔及利亚、埃及、约旦、黎巴嫩、阿曼、伊拉克、苏丹、叙利亚、突尼斯、也门和阿联酋签订有双边自由贸易区协议（FTA）。2007 年，伊拉克签订"大阿拉伯自由贸易协定"。2017 年伊拉克外贸总额为 1190.46 亿美元，其中进口额为 500.19 亿美元，占进出口总额的 42.12%；出口额为 690.27 亿美元，占进出口总额的 57.88%；贸易顺差为 190.08 亿美元。从 2005 年至 2017 年，伊拉克进口、出口在进出口总额中的占比从 49.83：50.17 变化到 42.12：57.88，由基本平衡到不平衡。

（一）出口贸易

萨达姆政权被推翻后，伊拉克的出口实现了快速增长。2017 年，伊拉克的出口额为 690.27 亿美元，与 2005 年相比，伊拉克出口额增加了 453.3 亿美元，增长了 191.35%，年均增长 15.95%。

由于受国际油价波动的影响，伊拉克的出口大起大落。2011 年，伊拉克出口增长率达到 58.58%，2015 年则出现了 35.45% 的降幅。

伊拉克的出口产品结构非常单一，主要集中在矿物燃料、矿物油及其蒸馏产物，沥青物质，矿物蜡的出口上。2014 年，伊拉克出口额为 844.09 亿美元，占出口总额的 99.89%；2017 年，其出口额和占比都出现下降，出口额为 667 亿美元，占出口总额的 96.03%。其次为天然或养殖珍珠、贵金属、包覆金属或半宝石，可食用水果和坚果，铝及其制品，木浆或其他纤维

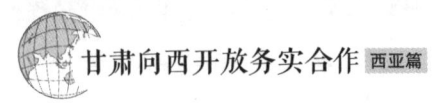

材料、回收的废纸，生皮（毛皮除外）及皮革，电动机械和设备及其部件、录音机和复印机、电视，机械和机械装置、塑料及其制品等出口。

2014年，伊拉克出口市场主要集中在亚洲和非洲，非常分散，主要贸易伙伴为中国，占出口总额的比重为24.57%。其他位于前十的出口国为阿联酋、叙利亚、土耳其、约旦、黎巴嫩、埃及、摩洛哥、利比亚、阿尔及利亚。其中，有六个国家来自亚洲，四个国家来自非洲。伊拉克出口贸易产品种类和出口市场都比较集中，贸易依存度非常高。

（二）进口贸易

2017年，伊拉克的进口额为500.19亿美元，和2005年相比增加了264.87亿美元，年均增长9.38%。伊拉克的进口额在进口总额中的比重处于下降趋势，由2005年的49.83%下降到2017年的42.02%，下降了7.81个百分点。

2014年，伊拉克的前十大进口国进口额为238.14亿美元，占进口总额的比重为64.25%，第一大进口来源国是中国，占比20.89%；阿联酋，占比14.93%；韩国，占比7.84%；美国，占比6.56%；日本，占比4.20%；意大利，占比2.46%；印度，占比2.17%；法国，占比2.01%；伊朗，占比1.76%；印度尼西亚，占比1.44%。其中，有7个国家来自亚洲，2个国家来自欧洲，1个国家来自北美洲。伊拉克进口市场依存度也相对较高。

2017年，伊拉克前十大进口产品为280.17亿美元，占进口总额的56.01%。主要为电动机械和设备及其部件、录音机和复印机、电视，机械和机械装置、核反应堆、锅炉及其部件，天然或养殖珍珠，半宝石，贵金属，铁路或电车轨道车辆以外的车辆及其零件及附件，塑料及其制品，烟草和烟草代用品；钢铁制品，矿物燃料、矿物油及其蒸馏产物，沥青物质，矿物蜡，乳制品，鸟蛋，天然蜂蜜，动物食用产品，医药产品等。

第二节　中国与伊拉克务实合作

一、中国与伊拉克的政治与外交情况

中国与伊拉克于1958年8月25日建交，建交后两国党政、民间团体来往频繁。1990年海湾危机爆发后，中国根据联合国有关决议中止了与伊拉

克的经贸、军事往来。战后，中国根据安理会"石油换食品"计划与伊拉克进行了一些经贸交往。

2004年7月，中国驻伊拉克使馆复馆。同年10月，两国互派大使。在2003年10月的马德里援助伊拉克重建会议上，中国承诺向伊提供2500万美元的无偿援助。2007年5月，杨洁篪外长在埃及沙姆沙伊赫举行的伊拉克国际契约会议上代表中国政府宣布，向伊提供5000万元的无偿援助。

2007年6月，伊拉克总统塔拉巴尼访华。2011年7月，伊拉克总理马利基访华。2015年12月，伊拉克总理阿巴迪访华，其间，两国发表了关于建立战略伙伴关系的联合声明。2017年4月，中国外交部部长王毅和伊拉克外交部部长贾法里在"文明古国论坛"首次部长会期间会晤。2018年7月，伊拉克副外长邵什来华出席中阿合作论坛第八届部长级会议。

伊拉克赞赏并积极参与"一带一路"倡议，期待中国加大对伊拉克的投资，帮助加快伊拉克重建进程。

二、中国与伊拉克的经济贸易情况

伊拉克是新中国成立后第一个与中国建立外交关系的中东国家。建交后，双边经贸往来不断发展。1959—1975年，两国共签订了11项经济协定。1974年，中国开始进口伊拉克石油。海湾战争后，应伊拉克政府邀请，中国企业积极参与伊拉克重建。同时，两国的石油关系具有互补性。中国经济的迅速发展使中国对进口石油的依存度越来越高，而伊拉克的石油储量和产量的不断增长使两国的石油合作前景光明。

2017年，伊拉克是中国在阿拉伯国家的第三大贸易伙伴。中国从伊拉克进口原油3682万吨，同比增长1.7%。

（一）伊拉克与中国的经济贸易分析

2017年，中伊双边贸易额为221.44亿美元，其中，中国对伊拉克的出口额为83.3亿美元，比2012年48.12亿美元增长了73.11%，年均增长了14.62%，处于快速增长趋势，中国对伊拉克的出口额在中国出口总额中所占比例仅为0.37%；中国从伊拉克的进口额为138.14亿美元，比2012年的126.56亿美元增长了9.15%，年均增长了1.83%，增长幅度不大。近年来，中国对伊拉克的出口量增长较快，而伊拉克对中国的出口波动幅度较大，处于不稳定状态，出口额度在中国进口总额中所占比例较小，仅仅占0.75%，两国进出口贸易严重不平衡，伊拉克对中国顺差54.84亿美元（参见表7—1）。

表7—1 中国与伊拉克进出口总额情况

	种类	2017年	2016年	2015年	2014年	2013年	2012年
进出口	中国与伊拉克进出口总额（亿美元）	221.44	182.11	205.83	285.05	248.79	174.68
	占中国进出口总额的比重（%）	0.54	0.49	0.52	0.66	0.60	0.45
进口	中国从伊拉克进口总额（亿美元）	138.14	106.63	126.74	207.61	179.85	126.56
	占中国进口总额的比重（%）	0.75	0.67	0.75	1.06	0.92	0.70
出口	中国向伊拉克出口总额（亿美元）	83.30	75.48	79.09	77.44	68.94	48.12
	占中国出口总额的比重（%）	0.37	0.36	0.35	0.33	0.31	0.23

数据来源：根据海关总署发布的数据整理。

2017年，中国从伊拉克进口矿物燃料、矿物油及其蒸馏产物，沥青物质，矿物蜡价值138亿美元，占进口总额的比重为99.90%，其他产品仅占0.1%。伊拉克对中国的出口结构绝对单一。中国对伊拉克出口的产品类型中，主要为机械和机械装置、核反应堆、锅炉及其部件，电动机械和设备及其部件、录音机和复印机、电视，针织或钩编服装及服装配件制品，塑料及其制品，家具、床上用品和类似的填充家具，钢铁制品，鞋类，铁路或电车轨道车辆以外的车辆及其零件及附件，其他化装纺织品、套装、旧纺织品等，分别占中国对伊拉克出口的17.11%、14.24%、7.66%、5.29%、5.09%、4.93%、4.68%、3.51%和2.71%。从两国的贸易结构可以看出，伊拉克还没有建立起完整的工业化体系，机电产品和生活物资成为伊拉克主要的需求品。从目前中伊两国的贸易量看，最近几年中国从伊拉克进口的总量增多，这主要源于中国的石油进口增加，相比之下，伊拉克从中国的进口规模较小，档次低，但增长较为稳定，两国未来合作的空间巨大（参见表7—2）。

表7-2　2017年中国对伊拉克进出口产品种类结构情况

产品种类	进口		产品种类	出口	
	进口总额（亿美元）	占进口总额比重（%）		出口总额（亿美元）	占进口总额比重（%）
矿物燃料、矿物油及其蒸馏产物，沥青物质，矿物蜡	138.0000	99.9000	机械和机械装置、核反应堆、锅炉及其部件	14.25	17.11
可食用水果和坚果	0.0100	0.0100	电动机械和设备及其部件、录音机和复印机、电视	11.86	14.24
铜及其制品	0.0090	0.0100	针织或钩编服装及服装配件制品	6.38	7.66
未指明的商品	0.0080	0.0100	塑料及其制品	4.41	5.29
光学、摄影、电影、测量、精确仪器设备	0.0025	0.0018	家具、床上用品和类似的填充家具	4.24	5.09
杂项化工产品	0.0022	0.0016	钢铁制品	4.11	4.93
飞机、航天器及其部件	0.0010	0.0007	鞋类	3.9	4.68
电动机械和设备及其部件、录音机和复印机、电视	0.0010	0.0007	铁路或电车轨道车辆以外的车辆及其零件	2.92	3.51
机械和机械装置等	0.0007	0.0005	其他化装纺织品、套装和旧纺织品	2.26	2.71
合计	138.0337	99.9200	合计	52.07	62.51

数据来源：根据世界银行发布的数据整理。

三、中国与伊拉克的投资情况

（一）对外投资状况分析

根据世界银行发布的数据，2012—2016年，伊拉克实际利用外资累计167.75亿美元。为了恢复国民经济，伊拉克吸引外资的力度很大。而同期伊拉克对外直接投资额累计13.7亿美元。两者相比，伊拉克外资流入规模超过对外直接投资规模154.05亿美元。

2008年，伊拉克政府提出了石油产业重建计划，邀请全球石油公司投资伊拉克油田。2008年8月，中国石油天然气集团公司与伊政府签署协议，开发艾哈代布油田。2008年8月，中国上海电气集团承建了位于伊南方瓦西特省的热电站，这是美国入侵以来外国公司在伊拉克承建的最大工程。同年11月，中国石油天然气集团公司下属的绿洲石油公司与伊国有的北方石油公司签署油田的开发与服务合同，中方投资30亿美元。这是战后伊拉克第一个对外石油合作项目。到2014年，中兴公司已经成为伊拉克通信部最大的设备供应商之一，并与各省政府和石油部、科技部、内务部有密切合作，项目几乎遍布伊拉克所有省份。华为公司有多种通信产品在伊拉克实现了规模应用。

与此同时，中伊双方在投资、工程承包和劳务合作领域也有了一定发展。中国在伊企业百余家，主要分布在电信、建筑、服务和石油开采领域。从2012年至2017年，中国对伊拉克承包工程完成营业额累计完成174.1059亿美元；中国对伊拉克承包工程年末在外劳务人员累计54735人次。这两项指标在中东地区名列前三（参见表7-3）。

表7-3 中国与伊拉克投资情况

种类	2016年	2015年	2014年	2013年	2012年
伊拉克实际利用外资额（亿美元）	1.46	33.16	47.82	51.31	34.00
伊拉克对外直接投资额（亿美元）	3.77	1.74	2.35	1.92	3.92
中国实际利用外资额（亿美元）	1260.01	1262.67	1197.050	1187.21	1132.94
中国实际利用伊拉克外商直接投资金额（亿美元）	0.0223	0.0102	0.0016	0.0101	0.0093
中国对亚洲承包工程年末在外劳务人员（人次）	173780	168038	165571	166523	156276
中国对伊拉克承包工程年末在外劳务人员（人次）	7822	10421	11586	15223	9683
中国对外承包工程合同金额（亿美元）	2440.10	2100.70	1917.60	1716.30	1565.29
中国对亚洲承包工程完成营业额（亿美元）	768.514	690.701	648.381	643.975	542.928
中国对伊拉克承包工程完成营业额（亿美元）	34.5464	39.7661	48.9810	33.8070	17.0054

数据来源：根据世界银行发布的数据整理。

（二）投资风险分析

1. 经营风险

一是由于伊拉克安全局势依然脆弱，不确定因素众多，人身安全得不到切实保障。中资企业和个人必须建立安全管理体系和应急措施，搭建当地信息网和安全专家网，加强交流，提升安全管理能力。

二是伊拉克重建过程中，百废待兴，许多地方仍然交通不方便，中心城市以外许多地区的交通不畅，中转成本很不确定。

三是伊拉克法律体系不完善，执行风险很高。一方面，伊拉克各派政治力量斗争激烈，在利益分配方面分歧严重。如2009年8月，中国石油化工集团公司收购了瑞士ADDax石油公司在基尔库克地区塔克塔克油田的转让合同，此后，伊拉克政府坚决不承认库尔德地方政府与外国公司签订的任何协议，中国石油化工集团公司遭受重大经济损失。另一方面，法律法规、合同、协议在实际执行中存在很大的不确定性。伊拉克政府出台的新石油法，强调资源所有权归伊拉克国家所有，实际使得伊拉克各级政府、监管单位和伊拉克政府石油公司对投资和作业有较强的控制权。伊拉克石油公司代表政府行驶管理权。尽管外资作为主合同商，投资比超过50%，但在长期管理权和决策权方面与伊拉克石油公司存在大量冲突和摩擦，承担了大量不可预测的风险。因此，承揽伊拉克石油等工程项目时应充分考虑法律风险。

四是伊拉克金融体系及相关配套政策不健全，交易及付款环节危机四伏。为确保安全，中国国内银行要求中资企业在与伊方进行贸易结算时，必须有中东或欧美著名银行进行担保，导致结算程序复杂甚至交易延误或违约。

五是中资企业获得伊拉克经贸、投资方面信息渠道不畅，论证不充分，投资盲目。由于伊拉克长期面临内部部族、宗教、政治、经济等困扰，各种矛盾错综复杂，各种信息的获得和解读并不统一，在项目论证过程中，一些中资企业在"项目获批"和"确保安全"之间，往往选择注重利益，以致忽略了伊拉克国内外矛盾和复杂环境因素，盲目投资甚至盲目竞争，导致项目落地后产生巨大风险。

2. 政治风险

伊拉克长期处于中东地区地缘政治冲突的最前沿，先后经历了两伊战争、海湾战争以及打击"伊斯兰国"（ISIS）的战争，国家经济建设和人民生活遭受严重影响。目前，伊拉克仍处于美国、俄罗斯、伊朗、土耳其等大国博弈和势力争夺的漩涡中，同时，恐怖主义残余势力仍大量存在，时刻威胁着国家安全。这些不利因素极大地影响和冲击了地区社会稳定和经济发展，并且这些威胁还将长期存在。

另外，长期战争蹂躏使伊拉克国内基础设施遭到严重破坏，恢复重建困难重重，同时失业、贫困、利益不均再加上民族、宗教、文化差异使得伊拉克内部不稳定因素很多，尤其是库尔德人控制的北方地区，中央政府控制力薄弱，潜在危险很大。伊拉克国内政治派别之间的竞争激烈，往往这些竞争背后都有境外大国争夺势力范围的背影，以至于不同背景竞选人上台使以往的政策及执行将面临很大的不确定性，政策变化的潜在风险很大。

（三）投资前景

目前，伊拉克总体局势基本稳定。为快速推进重建工作，伊拉克政府在石油工业和基础设施建设领域推出一系列优惠政策，积极鼓励和吸引外商投资。2008年至今，伊拉克政府共推出4轮油气资源区块公开招标。在"技术服务合同"方面，伊拉克政府与各国石油公司签订合同，规定石油增产收入的50%可以作为"回收池"，用于"投资返还"。实践证明，这一政策保障了投资商短时间内足额收回并且利润丰厚。取得了投资少、见效快、回收期短的效果，极大地提高了外资在伊拉克的重建工作中的积极性。中国企业抓住了这一历史性机遇，积极投入伊拉克重建工作中，并且扩大了两国在电力、交通、通信、安全等领域的合作和贸易，巩固了两国的战略伙伴关系。

四、合作建议

一是建立严格事前调查、风险评估、应急处置制度，做好风险规避和管控工作，切实保障自身利益。

中国企业投资前要通过驻伊使领馆和派遣调查团，对伊拉克项目地和中资伙伴、客户及相关方的资信进行调查和评估，对项目地所面临的政治风险和商业风险进行专业评估、打分，对项目本身实施的可行性进行分析等一系列措施。同时，对项目应有的各类担保业务（政府担保、商业担保、保函）等、银行融资业务，以及保险和其他专业风险管理机构进行评估和打分，确保自身利益。

二是加大在基础设施建设领域的合作力度。

伊拉克大规模重建油气资源开发、交通、通信、医疗、教育等众多基础和民生行业,缺乏资金、技术,人民生活水平普遍不高,消费能力有限。中国作为制造业大国,在产品、技术、熟练工人方面拥有雄厚实力和储备,在占据中低端优势市场的同时,加大宣传力度,切实提高产品质量和售后服务。

第三节　甘肃与伊拉克经贸关系

一、甘肃与伊拉克的经贸情况

2015年,伊拉克农产品进口额为59.32亿美元,占进口总额的比重为14.89%;2017年,伊拉克农产品进口额增加到97.26亿美元,占进口总额的比重为19.44%,分别比2015年增加37.99亿美元和4.55个百分点,表明伊拉克农产品的进口额在进口总额中比重不大,但绝对规模不小且在扩大。而林业、渔业产品进口在进口总额的比重很小。工业产品的进口额在进口总额中占绝对比重,2017年为383.67亿美元,比2015年的326.74亿美元增加了17.42%,但在进口总额中的比重下降5.3个百分点(参见表7-4)。

表7-4　伊拉克农业、林业、渔业、工业产品进口情况

年度	进口总额(亿美元)	农产品		林业产品		渔业产品		工业产品	
		进口额(亿美元)	比重(%)	进口额(亿美元)	比重(%)	进口额(亿美元)	比重(%)	进口额(亿美元)	比重(%)
2015	398.47	59.32	14.89	3.05	0.76	0.66	0.17	326.74	82.00
2017	500.19	97.26	19.44	3.62	0.72	2.03	0.41	383.67	76.70

数据来源:根据2015年与2017年ITC(International Trade Center)数据整理。

2015年,伊拉克农产品出口额为11.34亿美元,在出口总额中的比重为2.08%。2017年,伊拉克农产品出口额增加到20.94亿美元,占出口总额的比重为3.03%;出口规模比2015年增加9.6亿美元,在出口总额的比重增加了0.95个百分点。而林业产品和渔业产品出口规模很小。工业产品出口额在出口总额中处于绝对比重,2017年为688.58亿美元,比2015年的544.12亿美元增加了26.55%,但在出口总额中的比重变化不大(参见表7-5)。

表 7-5　伊拉克农业、林业、渔业、工业产品出口情况

年度	出口总额（亿美元）	农产品		林业产品		渔业产品		工业产品	
		出口额（亿美元）	比重（%）	出口额（亿美元）	比重（%）	出口额（亿美元）	比重（%）	出口额（亿美元）	比重（%）
2015	545.51	11.34	2.08	0.13	0.03	0.004	0.00	544.12	94.75
2017	690.26	20.94	3.03	0.35	0.05	0.0015	0.00	688.58	94.76

数据来源：根据 2015 年与 2017 年 ITC（International Trade Center）数据整理。

伊拉克是西亚国家中甘肃的第六大贸易伙伴。2010 年甘肃与伊拉克进出口贸易额为 30537 万元，占当年甘肃对西亚国家进出口总额的 9.25%，但全部为出口，没有进口贸易。2016 年甘肃与伊拉克进出口额为 10745 万元，占当年甘肃对西亚国家出口总额的 5.34%，比 2015 年下降了 3.41 个百分点，仍然主要为出口，进口额仅 293 万元。双经贸关系处于较低水平（参见表 7-6）。

表 7-6　2010 年与 2016 年甘肃对伊拉克和西亚国家进出口总额情况

单位：万元

区域	2010 年			2016 年		
	进出口总额	进口总额	出口总额	进出口总额	进口总额	出口总额
伊拉克	30537	0	30537	10745	292	10453
西亚国家	330002	121618	208384	201056	15573	185483

数据来源：根据国家统计局发布的数据整理。

二、甘肃与伊拉克的潜在务实合作

伊拉克由于经历了常年战乱，国民经济正在恢复重建，伊拉克与甘肃经贸合作虽然规模不大，但合作历史较长，具备潜在的扩大合作的机会和基础。从伊拉克农业、林业、渔业、工业商品进出口情况分析，伊拉克的农业生产相对落后，伊拉克农产品进口规模很大，属于农产品纯进口国家。从农产品进出口明细分析，伊拉克进口的农产品种类主要集中在乳制品、鸟蛋、天然蜂蜜、食用蔬菜、烟草、水果、谷类、面粉、肉类、咖啡、茶、香料、棉等，这与甘肃农产品生产种类有较高契合度。而林业、渔业商品进口额度很小，与甘肃林业、渔业产品生产种类契合度较低。从工业品进出口明细分析，伊拉克进口的工业品主要集中在电动机械和设备及其部件、录音机和复

印机、电视,天然或养殖珍珠,半宝石,贵金属,矿物燃料、矿物油及其蒸馏产物,沥青物质,矿物蜡,机械装置、核反应堆、锅炉及其部件,铁路或电车轨道车辆以外的车辆及其零件及附件,塑料及其制品等,与甘肃出口的工业产品有部分契合度,而在钢铁、铝、铅、铜、镍及其制品方面有较大合作潜力。因此,甘肃与伊拉克务实合作的潜在优势在农产品领域和部分工业制品领域。由于伊拉克商品生产、消费标准执行欧盟标准,甘肃出口商品生产也必须要按照欧盟标准执行。

第八章　甘肃与阿曼务实合作

第一节　阿曼基本概况

一、基本国情

（一）自然地理

阿曼苏丹国（简称"阿曼"）位于亚洲西部，阿拉伯半岛东南部，地处波斯湾通往印度洋的要道，西北临阿拉伯联合酋长国，西连沙特阿拉伯，西南邻也门共和国，东北与东南濒临阿曼湾和阿拉伯海。它扼守着世界上最重要的石油输出通道——波斯湾的霍尔木兹海峡。

阿曼除东北部山地外，均属热带沙漠气候。阿曼全年分两季：热季和凉季。全年平均气温约为24℃。年平均降水量130毫米。

阿曼油气资源丰富，此外还拥有丰富的渔业资源和矿产资源，渔业资源蕴藏量超过230万吨，矿产资源有铜、金、银、铬、铁、锰、镁、煤矿等。

（二）国家发展简史

阿曼是阿拉伯半岛最古老的国家之一，它在公元前2000年就已广泛进行海上和陆路上的贸易活动，并成为阿拉伯半岛的造船中心。公元7世纪阿曼成为阿拉伯帝国的一部分；1624年，建立亚里巴王朝；18世纪中叶，建立赛义德王朝，定国名为"马斯喀特苏丹国"；1967年，统一为"马斯喀特和阿曼苏丹国"。1970年7月23日，卡布斯发动宫廷政变，废父登基，宣布改国名为"阿曼苏丹国"并沿用至今。

（三）政治宗教

阿曼是君主制国家。无宪法和议会，禁止一切政党活动，由苏丹颁布法律、法令和批准缔结国际条约、协定。内阁是苏丹授权的国家最高执行机构，成员由苏丹任命。内阁成员共 30 名。政府设司法、宗教基金和伊斯兰事务部，主管司法及宗教事务。

阿曼为伊斯兰国家，伊斯兰教为国教，阿拉伯语为官方语言。

（四）人口及主要城市

2017 年，阿曼人口为 455.9 万，其中阿曼人占 54.9%，外来定居人口中印度人、伊朗人、巴基斯坦人等居多。阿曼人口规模总体偏小，城镇化比率高，男女比例不协调。从阿曼人口年龄结构角度分析，阿曼为年轻型国家，有超过七成人口年龄都处于 15~64 岁年龄阶段。阿曼人口在 2005—2017 年间增加了 204 万人，增长了 81.27%，年均增长 6.25%，处于较快速增长的状态。

阿曼国土面积有 30.95 万平方公里。首都马斯喀特，是全国第一大城市，也是全国政治、经济、交通、港口、贸易和文化中心。

二、经济结构

（一）基本情况

阿曼是一个政局稳定、经济繁荣的国家。近年来经济发展较快，2017 年，阿曼的 GDP 为 726.43 亿美元，比上年增长 8.71%，其中，石油业产值增长 20.8%，非石油业产值增长 3%。阿曼 2017 年 GDP 是 2005 年的 133.71%，年均增长了 10.28%，是同期世界经济增长最快的经济体之一。2017 年，阿曼人均 GDP 为 15668.37 美元。阿曼的三次产业结构由 2005 年的 1.6∶63.5∶34.9 调整为 2017 年的 1.6∶47.4∶51，产业结构得到明显改善。根据世界银行按人均 GDP 和石油收入占 GDP 的比重为标准的划分方法，阿曼属于能源型高收入经济体。

阿曼实行自由和开放的经济政策，利用石油收入大力发展国民经济，努力吸引外资，引进技术，鼓励私人投资。同时，为逐步改变国民经济对石油的依赖，实现财政收入来源多样化和经济可持续发展，政府大力推动产业多元化、就业阿曼化和经济私有化，增加对基础设施建设的投入，扩大私营资

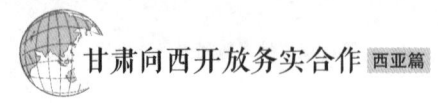

本的参与程度。

(二)产业结构

1. 第一产业

农、牧、渔业在阿曼的国民经济中的非石油产业中举足轻重,能满足国内47.6%的粮食和69%的动物饲料需求。全国可耕地10.13万公顷,已耕地6.15万公顷,主要种植椰枣、柠檬、香蕉等水果。粮食作物以小麦、大麦、高粱为主。阿曼的粮食、蔬菜、水果等主要依赖进口。渔业是阿曼的传统产业,自给有余。2016年,阿曼农业产值占同期GDP的1.97%。阿曼近年农业发展迅速,但占其GDP的比重极小,且有下降的趋势。2005—2016年,农业增加值从5.02亿美元增加至10.39亿美元,增加了1.07倍;同时占GDP比重从2005年的1.62%增至2016年的1.97%,增加了0.35个百分点。

2. 第二产业

阿曼的工业主要是石油和天然气工业及石化工业。石油和天然气工业是阿曼的支柱产业,在阿曼的国民经济中占据主导地位,是国家财政收入的主要来源。

阿曼的工业较为发达,2005年,阿曼的工业增加值从197.48亿美元上升至2016年的315.21亿美元,整体增加了117.73亿美元,年均增加5.42%,占GDP的比重从2005年的63.53%减少至2016年的47.17%,减少了16.36个百分点。

工业以石油开采为主,其他工业起步较晚,基础薄弱。工业项目主要为石油化工、炼铁、化肥等。除少数较大型企业如炼油厂、水泥厂、面粉厂等由政府参与投资经营外,其他均属私营中小企业,主要涉及非金属矿产、木材加工、食品、纺织等行业。

3. 第三产业

阿曼服务业近十年发展迅速,且处于上升趋势。2005—2016年,阿曼服务业附加值从108.32亿美元增加至339.87亿美元,增加231.55亿美元,年均增加19.43%,占GDP的比重从2005年的34.85上升至2016年的50.86%,增加了16.01个百分点,成为推动阿曼国民经济发展的最重要产业。

旅游业是阿曼政府重点发展的行业,2004年就成立了旅游部,以规划和推动阿曼旅游业的发展。2013年，阿曼对旅游业的投资就达6.62亿美元。阿曼政府预计，到2025年，旅游业对国家GDP的贡献率从2.6%增加至6%。

三、对外贸易

2000年11月9日，阿曼正式加入世界贸易组织，成为其第139名成员方，后与美国及新加坡等国家签署了自由贸易协定。阿曼对外贸易量较大，且有进一步增长的趋势。全球有120个国家和地区与阿曼有进口贸易关系，有140个国家和地区与阿曼有贸易出口关系。总体上阿曼的贸易处于逆差状态，逆差主要来源国是中国，顺差来源国主要是阿联酋。

随着国民经济的快速发展，阿曼对外贸易不断增加。2017年，阿曼对外贸易总额为490.78亿美元，其中进口额为201.31亿美元，占进出口总额的41.02%；出口额为289.47亿美元，占进出口总额的58.98%；贸易顺差为88.16亿美元。从2010年以来，阿曼的贸易顺差有缩小的趋势，贸易不平衡状态有所改善。

（一）出口贸易

2017年，阿曼的出口贸易额为289.47亿美元，比2005年186.91亿美元增加了102.56亿美元，增加了54.87%，但占进出口贸易总额的比重下降了8.59个百分点。其出口的主要产品是燃料、化学制品、金属、杂项制品、矿产品、食品、机器和电子设备、塑料及橡胶、烟草、运输设备等。其中出口量最大的是燃料，为209.63亿美元，占整个出口额的72.42%，比2005年燃料出口额的157.72亿美元增加了51.91亿美元，但在出口总额中的比重比2005年的84.38%下降了11.96个百分点，燃料在出口贸易中比重有所下降，但贸易产品集中度仍然很高，说明阿曼对油气资源的依赖程度很强。出口的主要市场有中国、阿联酋、沙特、卡塔尔、印度、伊朗、也门、巴基斯坦、科威特、美国等。

（二）进口贸易

2017年，阿曼的进口贸易额为201.31亿美元，比2005年的89.69亿美元增加了111.62亿美元，增加了124.45%，占进出口贸易额的比重增加了8.59个百分点，进口与出口贸易不平衡得到一定改善。

阿曼进口产品结构相对分散，且有进一步多元化的趋势。进口的主要产品为车辆及配件、机器及配件、矿产品、电机、电气设备及配件、电器产品及配件、钢铁制品、钢铁、塑料及其制品、珍珠、贵金属、化学品、食品等,以上产品进口额合计为60.52亿美元,占进口总额的比重为86.41%,与2005年进口产品结构相比,前十大进口产品进口额占进口总额的比重提高了18.93个百分点,进口贸易集中度有明显提高。

阿曼进口市场主要集中在欧洲和亚洲国家,主要是阿联酋、中国、美国、印度、沙特、巴西、也门、伊朗、英国、德国等国家。2017年前十大进口国的进口总额为152.98亿美元,占进口总额的75.99%,进口市场的贸易集中度也比较高。

第二节 中国与阿曼务实合作

一、中国与阿曼的政治外交情况

早在西汉时期,中国就与阿拉伯开始了交往。后汉时,随着甘英出使大秦抵达条枝(阿拉伯),中国对阿拉伯国家有了更多的了解,其中包括位于西亚地区的阿曼。其后,中国船只到达阿曼港口。唐朝时,公元661年,阿曼佐法尔地区的国王派遣使者到中国,来中国进行贸易的阿曼商人随之增多。宋朝时,阿曼苏哈尔地区的执政者先后于1011年和1072年两次派遣使者赶赴中国,双方交往进一步增多。阿曼著名巨商辛甲特罗还在宋朝政府当差,官至广州蕃坊蕃长,具体负责管理地方上的外国商人。明代,郑和船队曾多次到达阿曼的佐法尔沿海一带,与当地进行贸易。明朝以后,中阿交往日渐式微,开始走下坡路。

新中国成立之初,随着冷战开始,阿曼与其他海湾国家一起投身美国为首的西方阵营,阿曼拒绝承认新中国,造成两国关系长期隔绝。

1978年5月25日,中国和阿曼正式建立大使级外交关系。建交后,两国在政治、经济、文化等各个领域的友好合作关系一直保持着比较平稳和顺利的发展。两国高层领导互访不断,其他级别的团组访问更是频繁。

1983年,中阿双方政府签署了《中华人民共和国政府和阿曼苏丹国政府民航协定》。1985年1月,双方政府签署了旨在促进体育交流的协定。

1997年10月,中阿政府卫生部部长签署了《1997—1999年卫生合作执行计划》。

2002年3月，国务委员吴仪出访阿曼，双方签署了《中阿石油合作备忘录》。

阿曼奉行温和中立、睦邻友好、不结盟、不干涉别国内政等外交政策，主张通过对话协商和平解决争端，积极维护中东、海湾地区的安全稳定。

21世纪以来，中阿友好关系实现了历史性跨越。中国、阿曼双方都致力于在"中阿合作论坛""中阿贸易论坛"等平台上加强友好合作关系。2004年论坛成立之际，首届部长级会议确立了中阿"平等、全面合作的新型伙伴关系"。2010年"中阿合作论坛"第四届部长级会议宣布中阿关系升级为"全面合作、共同发展的中阿战略合作关系"。2014年第六届部长级会议"一带一路"倡议正式纳入中阿合作的议题，中阿以共建"一带一路"为契机，推进构建互利互惠、共谋发展的"命运共同体"。阿曼积极加入了由中国倡导成立的亚洲基础设施投资银行（AIIB），并成为首批创始成员国。

二、中国与阿曼的经济贸易情况

中阿建交后，两国经贸关系日益蓬勃发展。1979年，中国驻阿曼使馆设立商务代表处。1980年10月，阿曼工商大臣祖贝尔访华，中阿签订了两国政府贸易协定。1989年杨尚昆主席访阿期间，中阿签署了两国政府贸易协定修改议定书，并成立了两国经贸混委会。1992年10月，阿工商大臣苏尔坦率团访华，与经贸部部长李岚清共同主持了中阿混委会第一次会议。1993年7月，李岚清副总理访阿，中阿召开了第二次经贸混委会会议。1995年3月，两国政府签署《鼓励和保护投资协定》。1999年双方签署了避免双重征税协议。

1993年，中国开始进口阿曼石油，1997年成为阿曼第三大石油出口国。1996年3月双方签订《直销原油协议》，我国从此每年直接从阿曼购买石油，并每年续签协议一次。

2017年阿曼对中国出口贸易额为133.83亿美元，占阿曼出口贸易总额的46.23%，比2005年的27.12%提高了19.11个百分点，而其他国家的比重相应下降。自2005年至2017年中国一直是阿曼第一大出口市场。2017年阿曼从中国进口贸易额为23.16亿美元，占阿曼进口总额的11.50%，是2005年进口额2.13亿美元的9.87倍，中国成为阿曼第二大进口国，比2005年的2.37%提高了9.13个百分点，中国已经成为阿曼最大的贸易伙伴。

阿曼与中国的进出口总额仅占中国进出口总额的0.38%，其中出口总额仅占中国出口总额的 0.10%，进口总额仅占中国进口总额的 0.73%，所占比例很小。但两国贸易发展很快，2017 年贸易额是 2005 年贸易额 52.82 亿美元的 1.97 倍，年均增长 15.17%（参见表 8-1）。

表 8-1 中国与阿曼进出口总额情况

种类		2017 年	2016 年	2015 年	2014 年	2013 年	2012 年
进出口	中国与阿曼进出口总额（亿美元）	156.99	144.58	171.63	258.61	229.40	187.86
	占中国进出口总额的比重（%）	0.38	0.39	0.43	0.60	0.55	0.49
进口	中国自阿曼进口总额（亿美元）	133.83	120.41	150.47	237.96	210.40	169.75
	占中国进口总额的比重（%）	0.73	0.33	0.38	0.55	0.51	0.44
出口	中国向阿曼出口总额（亿美元）	23.16	24.17	21.16	20.65	19.00	18.11
	占中国出口总额的比重（%）	0.10	0.15	0.13	0.11	0.10	0.10

数据来源：根据海关总署发布的数据整理。

2017 年，中国从阿曼进口燃料 124.82 亿美元，占进口总额的比重为 93.27%，有机化学品为 4.77%，两项合计占 98.04%，其他矿产品及金属类产品只有不到 2% 的比重。阿曼对中国的出口结构单一，燃料占有绝对比重。中国对阿曼出口的产品类型中，工业设备和金属产品两项就占 53.50%，与 2005 年相比，出口品种类型变化不大（参见表 8-2）。

表 8-2 2017 年中国与阿曼进出口产品种类结构情况

进口			出口		
产品种类	进口总额（亿美元）	占进口总额比重（%）	产品种类	出口总额（亿美元）	占进口总额比重（%）
燃料	124.82	93.27	工业设备	7.84	33.85
有机化学品	6.38	4.77	金属	4.55	19.65
矿产品	1.30	0.97	有机化学品	1.75	7.56
钢铁	0.60	0.45	家具及相关产品	1.65	7.12
塑料及其制品	0.23	0.17	陶瓷制品	0.73	3.15

续表8-2

产品种类	进口		产品种类	出口	
	进口总额（亿美元）	占进口总额比重（%）		出口总额（亿美元）	占进口总额比重（%）
铝及制品	0.17	0.13	塑料和橡胶	1.28	5.53
无机化学品	0.11	0.08	木材和木制品	0.39	1.68
铜及其制品	0.08	0.06	矿物燃料	0.35	1.51
合计	133.69	99.90	合计	18.54	80.05

数据来源：根据世界银行发布的数据整理。

三、阿曼与中国的投资情况

（一）对外投资状况分析

英国、美国和阿联酋是阿曼的最大投资国，其他对阿曼直接投资较多的还有印度、沙特阿拉伯、科威特、卡塔尔和巴林等国家。

根据阿曼中央银行数据，2017年，阿曼吸引外国直接投资总额达4.315亿美元，同比增长29%。截至2016年末，阿曼吸引外国投资存量59.48亿美元，同比增长11.1%，其中直接投资存量占52.4%，相较2015年的49.5%有所增长。直接投资中，49.1%流向油气产业，其次是金融业（17.7%）和制造业（13%）[①]。

根据世界银行发布的数据，2012—2016年，阿曼实际利用外资累计43.55亿美元，其吸引外资的数量较大。而同期对外直接投资额累计为38.54亿美元。两者相比，阿曼外资流入规模略大于对外直接投资规模5.01亿美元。

2017年4月19日，中国-阿曼（杜库姆）产业园在阿曼杜库姆经济特区奠基落成。中阿双方签署了内容包括总投资5.6亿元人民币的海水淡化联产提溴项目、总投资28亿元人民币的发电站项目、计划投资160亿元人民币的天然气制甲醇及甲醇制烯烃等项目的协议。

与此同时，中阿双方在投资、工程承包和劳务合作领域也有了一定发展。中国在阿企业约80余家，主要分布在电信、建筑、服务和石油开采领

---

① 2017年阿曼吸引外国直接投资总额同比增长29%. http://om.mofcom.gov.cn/article/jmxw/201808/20180802778635.shtml.

域。从 2012 年至 2016 年，中国对阿曼承包工程完成营业额累计完成 20.99 亿美元；中国对阿曼承包工程年末在外劳务人员累计 3081 人次（参见表 8-3）。

表 8-3　中国与阿曼的投资情况

种类	2016 年	2015 年	2014 年	2013 年	2012 年
阿曼实际利用外资额（亿美元）	22.65	-21.72	12.86	16.12	13.64
阿曼对外直接投资额（亿美元）	3.54	3.31	13.78	9.47	8.44
中国实际利用外资额（亿美元）	1260.010	1262.670	1197.050	1187.210	1132.940
中国对亚洲承包工程年末在外劳务人员（人次）	173780	168038	165571	166523	156276
中国对阿曼承包工程年末在外劳务人员（人次）	585	467	495	833	701
中国对外承包工程合同金额（亿美元）	2440.10	2100.70	1917.60	1716.30	1565.29
中国对亚洲承包工程完成营业额（亿美元）	768.514	690.701	648.381	643.975	542.928
中国对阿曼承包工程完成营业额（亿美元）	8.0646	4.4939	3.0408	2.4229	2.9681

数据来源：根据国家商务部发布的数据整理。从 2001 年起，外商投资合同金额和实际使用外资额均不包括对外借款。从 2007 年起商务部不再对外公布外资合同金额数据。

（二）投资合作前景

阿曼经济发展平稳，政局稳定，社会治安状况良好，政府部门清廉，实行自由贸易，税率较低，货币稳定。目前，阿曼正在推行经济多元化改革，在许多领域存在着投资机遇。对于正在实施"走出去"战略的中国企业来说，投资阿曼不仅可以保证我国长期稳定的能源供应，带动我国的技术、劳务出口和工程承包，同时也可以利用阿曼在中东的重要地理位置，扩大我国对有着 4 亿多人口的巨大中东市场的货物出口。中阿经济互补性强，合作潜力巨大。

（三）投资风险分析

1. 经营风险

阿曼是一个小国，为适应经济社会发展需要，其基础设施并不健全，水、电输送网络有缺口，停水、断电现象时有发生。交通、通信布局不完整，港口运力有限。阿曼政府非常注重环保要求，执行严格的健康、安全、环保标准。同时阿曼劳工部规定外资企业必须使用一定比例的本地人并严格保护本地劳工的权益。因此，中资企业必须重视并严格遵守阿曼的政策、法规。

2. 政治风险

阿曼国内政局稳定，投资环境良好。其政治风险主要来自外围的地缘政治风险。

四、合作建议

阿曼有着丰富的油气资源、良好的投资环境，投资风险很低。

（一）提高产品质量，提升企业竞争能力

阿曼是一个开放的自由贸易市场，竞争相对充分。根据不同细分市场的需求及发展趋势，深入研究分析，积极开拓非油产品市场，发挥电子商务的平台优势，推动民营企业的合作与交流。

（二）扩大两国产业产能合作

以投融资带动的产品和劳务出口，提高双方企业投资质量，改善两国贸易不平衡的局面，积极开展第三方合作，提高合作水平和合作层次。

第三节 甘肃与阿曼经贸关系

一、甘肃与阿曼经贸情况

2005年，阿曼农产品进口额为7.08亿美元，占进口总额的比重为7.90%。2017年，阿曼农产品进口额增加到19.81亿美元，占进口总额的

比重为 9.84%，分别比 2005 年增加 12.73 亿美元和 1.941 个百分点，表明阿曼农产品的进口规模在扩大；而 2017 年林业产品进口额在进口总额的比重比 2005 年略有增加，渔业产品进口额占比很小。2017 年阿曼工业产品进口额为 80.48 亿美元，比 2005 年的 30.42 亿美元增加了 164.56%，在进口总额中的比重增加了 6.07 个百分点（参见表 8-4）。

表 8-4 阿曼农业、林业、渔业、工业产品进口情况

年度	进口总额（亿美元）	农产品		林业产品		渔业产品		工业产品	
		进口额（亿美元）	比重（%）	进口额（亿美元）	比重（%）	进口额（亿美元）	比重（%）	进口额（亿美元）	比重（%）
2005	89.69	7.08	7.90	1.64	1.84	0.20	0.23	30.42	33.91
2017	201.3	19.81	9.84	4.09	2.04	0.58	0.29	80.48	39.98

数据来源：根据 2005 年与 2017 年 ITC（International Trade Center）数据整理。

2005 年，阿曼农产品出口额为 3.24 亿美元，在出口总额中的比重为 1.73%。2017 年，阿曼农产品出口额增加到 7.72 亿美元，占出口总额的比重为 2.67%；出口规模比 2005 年增加 4.48 亿美元，在出口总额中的比重增加了 0.94 个百分点。而林业产品和渔业产品出口规模很小。工业产品出口额在出口总额中占比较大，2017 年为 54.89 亿美元，比 2005 年的 18.49 亿美元增加了 196.86%，在出口总额中的比重增加了 9.07 个百分点（参见表 8-5）。

表 8-5 阿曼农业、林业、渔业、工业产品出口情况

年度	出口总额（亿美元）	农产品		林业产品		渔业产品		工业产品	
		出口额（亿美元）	比重（%）	出口额（亿美元）	比重（%）	出口额（亿美元）	比重（%）	出口额（亿美元）	比重（%）
2005	186.91	3.24	1.73	0.18	0.10	1.03	0.55	18.49	9.89
2017	289.47	7.72	2.67	0.54	0.19	0.73	0.25	54.89	18.96

数据来源：根据 2005 年与 2017 年 ITC（International Trade Center）数据整理。

2010 年甘肃对阿曼出口了价值 7501 万元的商品，占当年甘肃对西亚国家出口总额的 3.60%；进口额为 11458 万元，占当年甘肃对西亚进口总额的 9.42%，2010 年之后，双方合作趋势趋于下降。2016 年甘肃对阿曼出口了价值 8407 万元的商品，占当年甘肃对西亚出口总额的 4.53%，比 2005 年提高了 0.97 个百分点；而进口额仅 1 万元。双方经贸关系处于很低水平

(参见表8-6)。

表8-6 2010年与2016年甘肃对阿曼及西亚国家进出口总额情况

单位：万元

区域	2010年			2016年		
	进出口总额	进口总额	出口总额	进出口总额	进口总额	出口总额
阿曼	18959	11458	7501	8408	1	8407
西亚国家	330002	121618	208384	201056	15573	185483

数据来源：根据国家统计局发布的数据整理。

二、甘肃与阿曼的潜在务实合作

阿曼在西亚国家中属于高收入经济体，与甘肃经贸合作规模不大，但双方贸易基础还在，潜在合作机会和条件仍在。从阿曼农业、林业、渔业、工业商品进出口情况分析，虽然阿曼的农产品在国民经济中所占份额较小，但农产品进口额在进口总额中的比重不低，也属于农产品纯进口国家。从农产品进出口明细分析，阿曼进口的农产品种类主要集中在活体动物、肉、乳制品、鸟蛋、天然蜂蜜、谷物、动物食用产品、食用蔬菜、水果、咖啡、茶、香料等，这与甘肃省农产品生产种类有较高契合度。而林业、渔业商品进口额度小，与甘肃省林业、渔业产品生产种类契合度较低。从工业品进出口明细分析，阿曼进口的工业品主要集中在机械和机械设备、铁路或电车轨道车辆以外的车辆及其零件和附件、杂项食用制剂、饮料、准备动物饲料等，矿物燃料及其蒸馏产物、沥青物质、矿物蜡、矿石、药品、塑料及其制品、钢及其钢铁制品等，与甘肃出口的工业产品契合度较低，而在铁、铜、铝、镍及其制品方面有较大合作潜力。因此，甘肃与阿曼的潜在务实合作优势在农产品领域。由于阿曼商品生产、消费标准执行欧盟标准，甘肃出口商品生产也必须要按照欧盟标准执行。

第九章 甘肃与约旦务实合作

第一节 约旦基本概况

一、基本国情

（一）自然地理

约旦哈希姆王国（简称约旦）位于亚洲西部、阿拉伯半岛的西北，西与巴勒斯坦、以色列为邻，北与叙利亚接壤，东北与伊拉克交界，东南和南部与沙特阿拉伯相连。约旦国土面积为89342平方公里，基本上属于内陆国家。约旦地势西高东低，西部多山地，东部和东南部为沙漠，沙漠占全国国土面积80％以上。约旦河流经西部注入死海。死海是咸水湖，湖面低于海平面392米，为世界陆地最低点。

约旦西部高地属亚热带地中海型气候，气候温和，东部和东南部为沙漠。约旦全国缺水。约旦的矿产资源主要有磷酸盐、钾盐、铜、锰和油页岩及少量天然气。磷酸盐储量约20亿吨。死海海水可提炼钾盐，储量达40亿吨。油页岩储量400亿吨，但商业开采价值低。

（二）国家发展简史

约旦原是巴勒斯坦的一部分，公元7世纪初属阿拉伯帝国版图，1516年被土耳其人占领，属奥斯曼帝国的大马士革省。1921年英国以约旦河为界，把巴勒斯坦一分为二，西部仍称巴勒斯坦，东部建立外约旦酋长国。第二次世界大战后，外约旦人民反对英国委任统治的斗争迅速发展。1957年3月，约旦政府废除《英约同盟条约》，7月英军全部撤出约旦。从此，约旦走向独立发展的道路。1973年爆发第四次中东战争，约旦派出军队赴叙利亚参战。约旦没有参加1991年的海湾战争。1994年10月，约旦同以色列签署了和平条约。

（三）政治宗教

根据1952年1月1日颁布的宪法规定，约旦是一个世袭的阿拉伯二元制君主立宪制国家，立法权属国王和议会。国王是国家元首，有权审批和颁布法律、任命首相、批准和解散议会、统率军队，但权力掌握在以国王为首的哈希姆家族王室手中。议会由参议院和众议院组成。伊斯兰教为约旦国教，92%的居民属伊斯兰教逊尼派，另有少数属什叶派和德鲁兹派。信奉基督教的居民约占6%，主要属希腊东正教派。

（四）人口及主要城市

2017年约旦的人口达到977万人，98%的人口为阿拉伯人，还有少量切尔克斯人、土库曼人和亚美尼亚人。

安曼是约旦首都，也是全国最大的城市。港口城市亚喀巴是约旦唯一出海口。

二、经济结构

（一）基本情况

约旦的经济总量较小，但发展较快。2017年，约旦的GDP为400.68亿美元，人均GDP为4129.75美元，城镇化率为84.13%。2005—2017年，约旦的GDP从125.89亿美元增加到400.68亿美元，增加了3.18倍，年均增长26.50%；人均GDP从2203.08美元增加到4129.75美元，增加了1.91倍，年均增长15.92%。约旦的三次产业结构由2005年的3.1∶28.6∶68.3调整为2017年的4.0∶25.4∶70.6，产业结构得到明显改善。根据世界银行按人均GDP和石油收入占GDP的比重为标准的划分方法，约旦属于能源型中等收入经济体。

约旦是发展中国家，经济基础薄弱，资源较贫乏，可耕地少，粮食、蔬菜、水果等依赖进口。国民经济主要支柱为侨汇、外援和旅游。阿卜杜拉二世国王执政后，积极推进经济改革，经济状况和人民生活有了改善。为了寻求经济发展，约旦抓住伊拉克重建的巨大商机，利用自身地理位置、政府支持政策和其他有利条件，大力发展与伊拉克的贸易，2014年70%的民用重建产品从约旦进入伊拉克。约旦积极与周边国家签署自由贸易协定，扩大贸易范围和影响。

（二）产业结构

1. 第一产业

约旦的农业发展较快，但在GDP中的占比略有上升。2005—2017年，约旦农业增加值从3.47亿美元增加到16.03亿美元，增加了12.56亿美元，年均增长30.16%，农业增加值占GDP的比重从3.09%上升到4%，上升了0.91个百分点。

截至2014年，约旦农业人口为11.04万，约占劳动力的12%。可耕地面积仅占国土面积7.8%，已耕地面积约50万公顷，多集中在约旦河谷，全部由私人经营。水资源缺乏是约旦发展农业的主要障碍。截至2014年，约旦建有10个主要水坝，总容量3.27亿立方米，其中91%位于干旱地区。约旦的主要农作物有小麦、大麦、玉米、蔬菜和橄榄等，农产品不能满足国内需求，粮食和肉类主要依靠进口。

2. 第二产业

约旦的工业发展较快，但在GDP中的占比略有下降。2005—2017年，约旦工业增加值从32.14亿美元增加到101.89亿美元，增加了69.75亿美元，年均增长18.08%，工业增加值占GDP的比重从28.61%下降到25.43%，减少了3.18个百分点。

工业包括多数轻工业和小型加工工业，主要有采矿、炼油、食品加工、制药、玻璃、纺织、塑料制品、卷烟、皮革、制鞋、造纸等；有磷酸盐、钾盐、炼油、水泥、化肥5个规模较大的工业产业。

3. 第三产业

服务业是约旦经济的支柱产业，发展迅速，在GDP中的占比有所提升。2005—2017年，约旦的服务业附加值从76.71亿美元增加到282.76亿美元，增加了206.05亿美元、年均增长22.38%；附加值占GDP的比重从68.3%增加到70.57%，增加了2.27个百分点。约旦的服务业主要集中于旅游业、电信服务业、金融业等。旅游业是约旦三大经济支柱之一和主要外汇来源之一。

约旦的主要旅游景区有安曼、死海、杰拉什、佩特拉、阿杰隆古堡、亚喀巴、月亮谷等。2017年,约旦入境旅客达240.5万人,同比增长了8.7%;2017年旅游业收入达33.4亿美元,同比增长了6.8%。近年来,约旦还大力发展电信和信息产业。

三、对外贸易

2000年4月11日,约旦正式加入世界贸易组织,标志着约旦经济正在与世界经济接轨。约旦先后与美国、欧盟、卡塔尔、大阿拉伯自由贸易区等国家和地区签订了自由贸易协定。

目前,约旦与世界100多个国家和地区有贸易往来。2017年,约旦对外贸易总额为278.76亿美元,其中进口额为204.07亿美元,同比增长6.25%,出口额为74.69亿美元,同比下降0.53%。

(一)出口贸易

约旦的贸易出口额较小,但增长较快。2017年,约旦的出口额为74.69亿美元,与2005年相比,约旦出口额增加了31.85亿美元,年均增长7.43%。约旦的出口产品主要是针织或钩编服装及服装配件制品,医药产品,化肥,盐、硫、土石、抹灰材料、石灰和水泥,无机化学品、贵金属、稀土金属的有机或无机化合物,食用蔬菜和某些根和块茎,电动机械和设备及其部件、录音机和复印机、电视,塑料及其制品,机械和机械装置等。其中,针织或钩编服装及服装配件制品是约旦出口排名第一的产品,出口额为14.98亿美元,占比为20.06%,相对集中,排名前三的产品出口额达28.23亿美元,占比为37.79%。

约旦的出口地主要集中在亚洲国家。2017年约旦出口排名前十的国家分别为美国、沙特阿拉伯、伊拉克、印度、阿联酋、科威特、中国、巴勒斯坦、卡塔尔和黎巴嫩,这十个出口国家的金额合计为49.87亿美元,约占总出口额的66.77%,其中有9个国家来自亚洲。从变化趋势看,美国仍居榜首,约旦对伊拉克出口份额出现大幅下降,降幅达9.87个百分点,是出口份额下降最大的国家,增长最快的国家是沙特,从2005年的5.67%上升到11.31%,增加了5.64个百分点,但其排名未发生变化。

(二)进口贸易

约旦的进口贸易发展较快。2017年,约旦的进口额为204.07亿美元,与2005年相比增加了99.53亿美元,年均增长7.9%。

约旦进口的产品相对集中于燃料、机电和蔬菜等产品,2017年,约旦进口排名前十的产品分别为矿物燃料、矿物油及其蒸馏产物,沥青物质,矿物蜡,铁路或电车轨道车辆以外的车辆及其零件及附件,机械和机械装置等、电动机械和设备及其部件、录音机和复印机、电视,塑料及其制品,谷类,天然或养殖珍珠、贵金属或半宝石、贵金属、包覆金属,医药产品,针织或钩编织物以及钢铁,前十类产品合计进口额为122.59亿美元,占比为60.07%,其中,矿物燃料、矿物油及其蒸馏产物,沥青物质,矿物蜡是约旦主要的进口产品,进口额为34.07亿美元,占比为16.7%。

约旦的进口地也主要分布在亚洲。2017年约旦进口排名前十的国家分别为中国、沙特阿拉伯、美国、阿联酋、德国、意大利、土耳其、日本、韩国、印度,前十个国家的进口额为125.69亿美元,约占总进口额的61.59%,有7个国家来自亚洲、2个国家来自欧洲、1个国家来自美洲。其中,中国是约旦最大的进口来源国,2017年进口额为28.03亿美元,占约旦进口总额的13.74%。

第二节 中国与约旦务实合作

一、中国与约旦的政治外交情况

1977年7月4日,中约两国正式建交。此后,两国政治、经济、文化等关系稳步发展,高层互访不断。2004年、2005年、2007年,约旦国王阿卜杜拉二世三次访华。国王阿卜杜拉二世2013年、2015年两次参加中国-阿拉伯国家博览会。2015年9月9日,国家主席习近平与来访的约旦国王阿卜杜拉二世会晤并宣布两国建立战略伙伴关系。同时,阿卜杜拉二世表示约方愿与中方深化"一带一路"合作,推进能源、基础设施等重大项目建设,共谋发展繁荣。2015年2月,约旦加入亚洲基础设施投资银行,成为创始成员方。目前,约旦已建立TAG和费城大学两所孔子学院,全国7所大中学校开设了汉语系和汉语教学课。

二、中国与约旦的经济贸易情况

建交以后,中约两国经贸关系稳步发展。1979年5月,中国与约旦签订了贸易协定;2006年12月,两国签署了《中华人民共和国和约旦哈希姆王国关于建立中国-约旦战略对话小组的谅解备忘录》；2007年10月，两国签署了《中约政府经济技术合作协定》和《中约两国政府2007—2010年文化合作执行计划》。近几年来，中国已经成为约旦第三大贸易伙伴和第一大商品进口来源国。

2017年约旦对中国出口贸易额为2.79亿美元，占约旦出口贸易总额的3.74%，比2005年的1.84%提高了1.9个百分点。2017年，中国成为约旦第一大出口市场。2017年约旦从中国进口贸易额为28.03亿美元，占约旦进口总额的13.74%，是2005年进口额8.32亿美元的3.37倍，比2005年的7.96%提高了5.78个百分点。

2017年约旦与中国的进出口总额仅占中国进出口总额的0.08%，其中出口总额仅占中国出口总额的0.12%，进口总额仅占中国进口总额的0.01%，所占比例很小。但两国贸易发展很快（参见表9-1）。

表9-1 中国与约旦进出口总额情况

	种类	2017年	2016年	2015年	2014年	2013年	2012年
进出口	中国与约旦进出口总额（亿美元）	30.82	31.65	37.11	36.27	36.04	32.56
	占中国进出口总额的比重（%）	0.08	0.09	0.09	0.08	0.09	0.08
进口	中国自约旦进口总额（亿美元）	2.79	2.11	2.87	2.63	1.70	2.97
	占中国进口总额的比重（%）	0.01	0.01	0.01	0.01	0.00	0.01
出口	中国对约旦出口总额（亿美元）	28.03	29.54	34.24	33.64	34.34	29.59
	占中国出口总额的比重（%）	0.12	0.14	0.15	0.14	0.15	0.14

数据来源：根据海关总署发布的数据整理。

2017年，中国从约旦进口的产品主要集中在化肥，价值1.51亿美元，占进口总额的比重为54.12%；无机化学品、贵金属、稀土金属和有机或无机化合物，价值0.62亿美元，占进口总额的比重为22.22%；有机化学品为13.98%，三项合计占90.32%，其他产品占不到10%的比重。约旦对中国的出口结构相对单一。中国对约旦出口的产品类型比较分散，其中，电动机械和设备、录音机和复印机、电视，机械和机械装置、核反应堆、锅炉和针织或钩编服装及服装配件制品等三项产品就占 36.01%，与 2005 年相比，出口品种类型变化不大（参见表 9-2）。

表 9-2 2017 年中国与约旦货物进出口种类情况

进口			出口		
产品种类	进口总额（亿美元）	占进口总额比重（%）	产品种类	出口总额（亿美元）	占进口总额比重（%）
化肥	1.51	54.12	电动机械和设备，录音机和复印机、电视	4.52	16.13
无机化学品，贵金属、稀土金属的有机或无机化合物	0.62	22.22	机械和机械装置、核反应堆、锅炉	2.90	10.35
有机化学品	0.39	13.98	针织或钩编服装及服装配件制品	2.67	9.53
针织或钩编服装及服装配件制品	0.13	4.66	服装及服装附件制品，非针织或钩编	1.57	5.60
铜及其制品	0.05	1.79	针织或钩编织物	1.45	5.17
机械和机械装置等	0.03	1.08	鞋类、鞋类等	1.23	4.39
生皮（毛皮除外）及皮革	0.02	0.72	家具、床上用品和类似的填充家具	1.17	4.17
服装及服装附件制品，非针织或钩编	0.01	0.29	塑料及其制品	1.12	4.00
合计	2.76	98.85	合计	16.63	59.33

数据来源：根据世界银行发布的数据整理。

二、约旦与中国的投资情况

（一）对外投资状况分析

根据世界银行发布的数据，2012—2016 年，约旦实际利用外资累计 88.25 亿美元，其吸引外资的数量较大。而同期对外直接投资额累计为 1.06 亿美元。同期约旦外资流入规模远超过对外直接投资规模 87.19 亿美元。

约旦政府致力于改善投资环境，不断制定和完善投资法规，积极吸引外资，尤其鼓励外商在约旦工业区投资办厂。

2007 年 5 月 8 日，中国-巴基斯坦联合公司中标约旦安曼至扎尔卡轻轨铁路项目，投资金额为2.542亿美元。同年6月19日，中国中兴汽车有限公司在约旦开设汽车生产修配厂，初始投资3000万美元。

目前，中约双方还没有签订双边投资保护协定和避免双重征税协定。2012—2016年，中国实际利用约旦外商直接投资521万美元；中国对约旦承包工程年末在外劳务人员累计587人次（参见表9—3）。

表9—3 中国与约旦投资情况

种类	2016年	2015年	2014年	2013年	2012年
约旦实际利用外资额（亿美元）	15.53	16	21.78	19.46	15.48
约旦对外直接投资额（亿美元）	0.03	0.01	0.82	0.15	0.05
中国实际利用外资额（亿美元）	1260.010	1262.670	1197.050	1187.210	1132.940
中国实际利用约旦外商直接投资金额（亿美元）	0.0155	0.0005	0.0116	0.0125	0.0120
中国对亚洲承包工程年末在外劳务人员（人次）	173780	168038	165571	166523	156276
中国对约旦承包工程年末在外劳务人员（人次）	199	57	80	78	173
中国对外承包工程合同金额（亿美元）	2440.10	2100.70	1917.60	1716.30	1565.29
中国对亚洲承包工程完成营业额（亿美元）	768.514	690.701	648.381	643.975	542.928
中国对约旦承包工程完成营业额（亿美元）	0.3813	0.8459	0.1661	0.4216	0.1774

数据来源：根据国家商务部发布的数据整理。从2001年起，外商投资合同金额和实际使用外资额均不包括对外借款。从2007年起商务部不再对外公布外资合同金额数据。

2015年5月，约旦发布《2025发展规划》。根据规划，约旦政府推出了能源、交通、水资源、国家宽带、基础设施建设、旅游开发、市政建设等七大领域共计200亿美元的投资项目，积极吸引外国投资，给外国企业提供了良好机遇。

（二）投资风险分析

1. 经营风险

约旦国土面积狭小，资源匮乏，经济基础薄弱，能源短缺，水资源稀少，经济发展严重依赖外部。2008年，受国际金融危机影响，约旦国内经济陷入困境，失业率高，通货膨胀较严重，贫困发生率较高，并引发国内动荡，给经济正常运行带来很大冲击。

2. 政治风险

一是伊拉克战争、叙利亚战争、也门战争、阿以冲突等都波及约旦，大量巴勒斯坦难民长期滞留在约旦，伊拉克战争、叙利亚战争也导致大批伊拉克难民、叙利亚难民涌入约旦，难民问题不断加剧，这给约旦人民和经济发展、社会稳定带来很大压力，潜在不稳定因素非常大，恐怖主义和极端主义势力活动严重威胁着约旦国内的安全和稳定。

二是在"阿拉伯之春"的冲击下，抗议活动不断，国内政局出现不稳定因素，民众要求改革、修宪、约束王权。

三、合作前景分析

中约两国间的关系稳步发展，贸易合作态度积极强烈。约旦国王阿卜杜拉二世五次访华，并且两次参加中国－阿拉伯国家博览会。中阿博览会的模式已经趋于成熟，规模和成就都取得了喜人的成果。"弘扬丝路精神，深化中阿合作"这一合作新主题更加促进了中国和阿拉伯世界的合作机制和贸易的深度开展。始于2004年在约旦国内举办的"中国商品展"，已经成功举办十一届，成为"中近东第一大展"和"中国出展第一大展"，为双方进一步展开贸易合作提供了很好的市场环境，这为"一带一路"倡议与约旦《2025发展规划》高度对接、契合发展提供了良好的合作平台。

四、合作建议

（一）缔结中约双边自贸协定，最大程度发挥优势互补

双方签订自贸协定，可以促进双方开展最广泛的经贸合作，使约旦成为中国产品在中东地区的中转站和集散地，提高中国产品在阿拉伯世界的竞争力，同时能为约旦带来更多的税收和就业机会。

(二)建立矛盾解决机制

建立合理的矛盾解决机制有利于进行双边自贸协定的双方寻求互利共赢的局面,在矛盾的解决上可以采用约定的解决机制,更合理更快捷地解决冲突。

(三)构建全面、高质量和利益均衡的贸易协定

列出负面责任清单,建立健全完善机制,切实解决中约贸易结构不合理、产品附加值低以及质量信誉低等问题,保障双方都能获得最优惠、最便捷、成本最低的制度安排,最大限度地促进双边贸易长远发展。

第三节 甘肃与约旦经贸关系

一、甘肃与约旦的经贸情况

2005年,约旦农产品进口额为12.57亿美元,占进口总额的比重为12.02%;2017年,约旦农产品进口额增加到31.09亿美元,占进口总额的比重为15.23%,分别比2005年增加18.52亿美元和3.22个百分点,表明约旦农产品的进口额度和规模都在扩大。而林业、渔业产品的进口额在进口总额中的比重基本维持在3%左右,占比较小。2017年,约旦工业产品进口额为165.04亿美元,比2005年的87.97亿美元增加了87.5%,但在进口总额中的比重小幅下降了3.27个百分点(参见表9-4)。

表9-4 约旦农业、林业、渔业、工业产品进口情况　　单位:亿美元

年度	进口总额(亿美元)	农产品		林业产品		渔业产品		工业产品	
		进口额(亿美元)	比重(%)	进口额(亿美元)	比重(%)	进口额(亿美元)	比重(%)	进口额(亿美元)	比重(%)
2005	104.55	12.57	12.02	1.35	1.29	0.45	0.43	87.97	84.14
2017	204.07	31.09	15.24	1.98	0.97	1.40	0.69	165.04	80.87

数据来源:根据2005年与2017年ITC(International Trade Center)数据整理。

2005年,约旦农产品出口额为4.43亿美元,在出口总额中的比重为10.35%。2017年,约旦农产品出口额增加到10.31亿美元,占出口总额的

比重为13.81%。出口规模比2005年增加5.88亿美元，在出口总额中的比重增加了3.46个百分点；而林业和渔业产品的出口规模很小。约旦的工业产品出口额在出口总额中占据绝对比重，2017年为63.30亿美元，比2005年的38.16亿美元增加了66.14%，但在出口总额中的比重下降了4.32个百分点（参见表9-5）。

表9-5 约旦农业、林业、渔业、工业产品出口情况

年度	出口总额（亿美元）	农产品		林业产品		渔业产品		工业产品	
		出口额（亿美元）	比重（%）	出口额（亿美元）	比重（%）	出口额（亿美元）	比重（%）	出口额（亿美元）	比重（%）
2005	42.84	4.43	10.35	0.00	0.01	0.11	0.25	38.16	89.08
2017	74.69	10.31	13.81	0.03	0.05	0.47	0.63	63.30	84.74

数据来源：根据2005年与2017年ITC（International Trade Center）数据整理。

在西亚国家中，约旦与甘肃贸易合作规模较小。2010年甘肃与约旦进出口贸易额为5377万元，占当年甘肃对西亚进出口总额的1.63%，并且只有出口贸易。2016年甘肃与约旦进出口贸易额为6712万元，双边贸易方面约旦在西亚国家中排名第八位，占当年甘肃对西亚国家进出口总额的3.33%，比2005年提高了1.70个百分点。双方经贸关系处于低水平，但双边贸易额相对稳定，合作有一定发展潜力（参见表9-6）。

表9-6 2010年与2016年甘肃对约旦与西亚国家进出口情况　　单位：万元

区域	2010年			2016年		
	进出口总额	进口总额	出口总额	进出口总额	进口总额	出口总额
约旦	5373	0	5373	6712	0	6712
西亚国家	330002	121618	208384	201056	15573	185483

数据来源：根据国家统计局发布的数据整理。

二、甘肃与约旦的潜在务实合作

约旦是西亚国家中的一个较小经济体，与甘肃经贸合作规模不大，但潜在合作机会和条件基本具备。从约旦农业、林业、渔业、工业商品进出口情况分析，约旦虽然农产品在国民经济中所占份额不大，但属于农产品纯进口国家。从农产品进出口明细分析，约旦进口的农产品种类主要集中在谷类，

肉类和可食用动物内脏，水果和坚果，柑橘类水果，乳制品、鸟蛋、天然蜂蜜，动物食用产品，食用蔬菜，咖啡、茶、香料等，这与甘肃省农产品生产种类有较高契合度。而林业、渔业商品进口额度小，与甘肃省林业、渔业产品生产种类契合度较低。从工业品进出口明细分析，约旦进口的工业品主要集中在矿物燃料、矿物油及其蒸馏产物，沥青物质，矿物蜡，机械和机械装置、核反应堆、锅炉及其部件，电动机械和设备及其部件，录音机和复印机、电视，铁路或电车轨道车辆以外的车辆及其零件及附件，飞机、航天器及其部分，天然或养殖珍珠，贵金属或半宝石，钢铁及其制品等，与甘肃省出口的工业产品有部分契合度，而在钢铁、铜、铝、镍、铅及其制品方面有一定合作潜力。因此，甘肃与约旦的潜在务实合作优势在农产品领域。由于约旦人生活方式与欧洲人相似，其商品生产、消费标准执行欧盟标准，甘肃出口商品生产也必须要按照欧盟标准执行。

第十章 甘肃与也门务实合作

第一节 也门基本概况

一、基本国情

(一) 自然地理

也门共和国(简称也门)位于阿拉伯半岛西南端,北部与沙特接壤,南濒阿拉伯海、亚丁湾,东邻阿曼,西隔曼德海峡与非洲大陆的埃塞俄比亚、索马里、吉布提等国相望。也门国土面积52.797万平方公里,有约2000公里的海岸线,海上交通十分便利。位于西南的曼德海峡是也门的国际重要通航海峡之一,沟通印度洋和地中海,是欧、亚、非三大洲的海上交通要道,战略位置极为重要。

也门南部属热带沙漠气候,一年分凉热两季。气候种类较多,东面沙漠和半沙漠地区,气候干燥,炎热少雨;西部红海沿岸属帖哈麦地区,气候炎热而潮湿,年降水量在400毫米以下。也门是一个严重缺水的国家,水源主要依赖地下水。

也门有着丰富的石油和天然气资源。金、银、铅、锌等金属矿藏也很丰富。

(二) 国家发展简史

也门有3000多年文字记载的历史,是阿拉伯世界古代文明摇篮之一,7世纪成为阿拉伯帝国的一部分。16世纪以来,也门先后遭到葡萄牙、奥斯曼帝国、英国的侵入和占领,南也门成为英国的殖民地。1918年,奥斯曼帝国崩溃,北也门脱离奥斯曼帝国宣布独立,建立了穆塔瓦基利亚王国。

1934年，也门在与沙特阿拉伯的战争中失败，英国趁机迫使其签署不平等条约，承认英国对南部也门的占领，也门被正式分割为南北两方。1962年也门发生革命，建立阿拉伯也门共和国，成为阿拉伯第一个摆脱殖民统治宣告独立的国家。1967年，英国撤出，南也门人民共和国成立。1970年，改名为也门民主人民共和国。1990年5月22日，南、北也门宣布统一，成立了也门共和国。1994年5月，也门南北方爆发内战；7月内战结束，也门重归统一。2014年7月，什叶派胡塞武装组织发动内战，武力攻占了首都萨那。2015年3月26日，以沙特为首的阿拉伯十二国联军正式武装干涉也门，并对也门实施了全面封锁。

（三）政治宗教

也门实行民主共和制。2014年2月10日，也门宣布将国家由共和制变为联邦制。由于战乱，也门国家政治机构形同虚设。也门是传统伊斯兰国家，伊斯兰教为国教，有99%的居民信奉伊斯兰教，什叶派的宰德教派和逊尼派的沙斐仪教派各占50%。官方语言为阿拉伯语。

（四）人口及主要城市

也门的居民绝大多数都是阿拉伯人，有极少部分非洲人。2018年也门人口达到2891.53万，男女人口分别占总人口的50.30%和49.70%，人口结构基本合理。

首都萨那是也门政治、经济、文化中心，也是人口最多的城市。

亚丁湾是历史上有名的港口之一。2015年3月，由于首都萨那被胡塞武装分子占领，亚丁被设为也门临时首都。

二、经济结构

（一）基本情况

也门的经济总量较小，由于战争的原因，经济发展波动很大，人民生活艰难，是世界上最不发达国家之一。2005—2017年，也门的GDP从167.54亿美元增加到256.73亿美元，增加了53.23%，年均增长了4.43%。人均GDP从813.96美元增加到856美元，增加了5.17%，年均增长了0.43%。城镇化率为34.61%。也门经济发展主要依赖石油出口收入。已探明的石油可采储量约60亿桶，天然气可采储量约5000亿立方米。也门未参加任何石

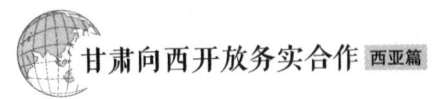

油组织,因而不受国际石油组织配额限制,在生产上较具自主性。政府极为重视石油的勘探和开采,力图通过开发石油和矿产资源克服经济困难。

也门的产业结构从 2005 年的 10.5∶49.0∶40.5 转变到 2017 年的 11.3∶58.5∶30.2,结构变化不尽合理。根据世界银行按人均 GDP 和石油收入占 GDP 的比重为标准的划分方法,也门属于能源型低收入经济体。

(二)产业结构

1. 第一产业

也门是传统的农业国家,农业和渔业是最主要的产业。2005—2016 年,也门农业增加值从 17.67 亿美元增加到 29.01 亿美元,增加了 11.34 亿美元,增长 64.12%,年均增长 5.83%。农业增加值占 GDP 的比重从 10.55% 上升到 11.30%,上升了 0.75 个百分点,波动幅度很小。

也门可耕地面积 360 万公顷,已耕地面积约 160 万公顷,农业人口约占全国人口的 65.39%。农产品主要有高粱、棉花、咖啡、玉米、大麦、豆类和烟叶等,有近一半的粮食依靠进口,棉花和咖啡可供出口。

2. 第二产业

也门的工业发展迅速。2005—2016 年,也门工业增加值从 82.08 亿美元增加到 150.24 亿美元,增加了 68.16 美元,增长达 83.41%,年均增长了 7.55%。工业增加值占 GDP 的比重从 48.99% 上升到 58.52%,增加了 9.53 个百分点。

也门的工业体系不完善、不发达。工业主要集中在食品加工、饮料、烟草、金银加工、家具制造、家用轻工产品、建材水泥等领域。20 世纪 80 年代发现油气资源后,政府采取一系列措施实施工业领域改革和开发,鼓励私营企业和外商投资开发石油和天然气。油气资源出口成为也门最主要的外汇收入来源。

3. 第三产业

也门的服务业发展迅速,2005—2016 年,也门的服务业附加值从 67.79 亿美元增加到 77.48 亿美元,增加了 9.69 亿美元,增长 14.29%,年均增长了 1.30%,第三产业增加值占 GDP 的比重从 40.46% 减少到 30.18%,减少了 10.28 个百分点。

服务业主要集中在宾馆、餐饮、运输、通信行业。

三、对外贸易

2013年12月4日,也门正式加入世贸组织。同时,也门是大阿拉伯自由贸易区的成员国之一。2001年,也门与伊拉克正式签署双边自由贸易协定。2017年也门的外贸总额为92.02亿美元,其中进口额为70.52亿美元,占进出口总额的76.64%;出口额为21.5亿美元,占进出口总额的23.36%;贸易逆差49.02亿美元。从2005年至2017年,进口、出口贸易额波动幅度很大,贸易发展极不稳定。

(一) 出口贸易

由于战争的影响,从2014年至2017年,也门的出口急剧减少。2017年,也门的出口额仅为21.5亿美元,和2005年相比,出口额大幅减少了34.57亿美元。

2017年,也门出口的主要产品是矿物燃料、矿物油及其蒸馏产物,沥青物质,矿物蜡,天然或养殖珍珠、贵金属或半宝石、包覆金属,鱼类和甲壳类动物、软体动物和其他水生无脊椎动物,可食用水果和坚果,食用蔬菜和某些根和块茎,铜及其制品,咖啡、茶、香料,塑料及其制品,钢铁等。其中,矿物燃料、矿物油及其蒸馏产物,沥青物质,矿物蜡的出口金额为8.68亿美元,占出口总额的比重为40.37%,天然或养殖珍珠、贵金属或半宝石、包覆金属的出口金额为8.03亿美元,占出口总额的比重为37.35%,这两项产品出口合计占比为77.72%,占据绝对比重。

也门的出口市场主要集中在亚洲和非洲国家。2015年,也门出口总额很小,仅5.1亿美元。出口排名前十的国家分别为沙特阿拉伯、阿曼、索马里、日本、阿联酋、埃及、美国、德国、吉布提、英国,出口额合计为3.92亿美元,约占总出口额的76.86%。

(二) 进口贸易

也门进口贸易额波动幅度也很大,从2005年开始一路攀升,到2013年达到132.73亿美元的高点,2014年开始下降。到2017年,也门的进口额为70.52亿美元,比2005年进口额的53.99亿美元增加了16.53亿美元。

2017年,也门进口排名前十的产品分别为谷类,矿物燃料、矿物油及其蒸馏产物,沥青物质,矿物蜡,钢铁,糖和糖果,铁路或电车轨道车辆以外的车辆及其零件,电动机械和设备及其部件、录音机和复印机、电视,医药产品，塑料及其制品，机械和机械装置、核反应堆、锅炉及其部件，动植物脂肪和油脂及其裂解产品、制备的可食用脂肪等。其中，谷类是也门第一大的进口产品，进口额为9.85亿美元，占进口总额的比重为13.97%。

也门的进口市场主要分布在亚洲和美洲。2015年，也门进口排名前十的国家分别为中国、阿联酋、沙特阿拉伯、土耳其、印度、澳大利亚、巴西、泰国、美国、阿根廷，十个国家的进口额为48.19亿美元，约占也门进口总额的73.33%，有6个国家来自亚洲、3个国家来自美洲、1个国家来自大洋洲。其中，中国是也门最大的进口来源国，进口额为14.3亿美元，约占也门进口总额的21.76%。

第二节　中国与也门务实合作

一、中国与也门的政治外交情况

1956年9月24日，中国与穆塔瓦基利亚王国建立了公使级外交关系，1963年2月13日升格为大使级关系（阿拉伯也门共和国，即北也门），1968年1月31日与也门民主人民共和国（即南也门）建立了大使级外交关系。1990年也门统一后，两国建交日定为1956年9月24日。

两国建交以来，高层互访不断，在政治、经济、文化和教育等方面的友好合作稳步发展。中国政府向也门提供了力所能及的无偿援助、低息或无息贷款，帮助也门建成了许多公路、桥梁、医院、学校等项目。中国就文化、教育、体育、渔业和医疗卫生等方面与也门政府签订了合作协议及领事条约。

二、中国与也门的经济贸易情况

中国同也门经贸交往历史悠久，中国的丝绸、瓷器，也门的乳香、医药分别在两国人民中享有盛誉。当前，两国在能源、基础设施、农业、旅游、矿产开发等领域有着较强的经济互补性，合作发展空间很大。2012年双边贸易已经突破55亿美元，中也双边贸易额已占到当年也门贸易总额的30%，中国成为也门最大的贸易伙伴。与此同时，中也两国在能源、通信、工程承包、渔业等领域的合作也在不断加深。近年来，两国的贸易额受战争影响出现下降趋势。也门与中国的进出口额在中国进出口总额中所占比例太小，仅仅占 0.06%，两国进出口贸易严重不平衡（参见表 10-1）。

表 10-1 中国与也门进出口总额情况

种类		2017 年	2016 年	2015 年	2014 年	2013 年	2012 年
进出口	中国与也门进出口总额（亿美元）	23.03	18.58	23.27	51.33	52.00	55.59
	占中国进出口总额的比重（%）	0.06	0.05	0.06	0.12	0.13	0.14
进口	中国自也门进口总额（亿美元）	6.60	1.66	8.98	29.32	30.61	36.04
	占中国进口总额的比重（%）	0.04	0.01	0.05	0.15	0.16	0.20
出口	中国对也门出口总额（亿美元）	16.43	16.92	14.29	22.01	21.39	19.55
	占中国出口总额的比重（%）	0.07	0.08	0.06	0.09	0.10	0.10

数据来源：根据海关总署发布的数据整理。

从结构看，中国从也门进口的产品主要是矿物燃料、矿物油及其蒸馏产物，沥青物质，矿物蜡，塑料及其制品，铜及其制品，木浆或其他纤维材料、回收的废纸，鱼类和甲壳类动物、软体动物和其他水生无脊椎动物，铅、锌及制品，天然或养殖珍珠、半宝石、贵金属，生皮（毛皮除外）及皮革等。中国向也门出口的产品主要是电动机械和设备，录音机和复印机、电视，针织或钩编服装及服装配件制品，机械和机械装置、核反应堆、锅炉，人造长丝、人造纺织材料及类似物，鞋类，塑料及其制品，服装及服装附件制品、非针织或钩编服装，铁路或电车轨道车辆以外的车辆及其零件及附件，钢铁制品等（参见表 10-2）。

表 10-2 2017 年中国与也门进出口产品种类结构情况

	进口		出口		
产品种类	进口总额（亿美元）	占进口总额比重（%）	产品种类	出口总额（亿美元）	占进口总额比重（%）
矿物燃料、矿物油及其蒸馏产物，沥青物质，矿物蜡	6.3300	95.91	电动机械和设备、录音机和复印机、电视	1.57	9.56

续表10-2

产品种类	进口		产品种类	出口	
	进口总额（亿美元）	占进口总额比重（％）		出口总额（亿美元）	占进口总额比重（％）
塑料及其制品	0.1600	2.42	针织或钩编服装及服装配件制品	1.55	9.43
铜及其制品	0.0800	1.21	机械和机械装置、核反应堆、锅炉	1.13	6.88
木浆或其他纤维材料、回收的废纸或废纸	0.0100	0.15	人造长丝、人造纺织材料及类似物	0.99	6.03
鱼类及甲壳类动物、软体动物和其他水生无脊椎动物	0.0060	0.09	鞋类等	0.97	5.90
铅及制品	0.0020	0.03	塑料及其制品	0.95	5.78
锌及制品	0.001	0.02	服装及服装附件制品、非针织或钩编服装	0.92	5.60
天然或养殖珍珠、半宝石、贵金属	0.0006	0.01	铁路或电车轨道车辆以外的车辆及其零件及附件	0.58	3.53
生皮（毛皮除外）及皮革	0.0004	0.01	钢铁制品	0.54	3.29
合计	6.5900	99.84	合计	8.66	52.71

数据来源：根据世界银行发布的数据整理。

三、也门与中国的投资情况

根据世界银行的数据，2012—2016年，也门实际利用外资累计－9.56亿美元，由于战争的原因，严重影响了也门的投资环境，所以其吸引外资的数量为负；而同期对外直接投资额累计0.2387亿美元。

也门经济总量较小，又处于战争状态，其投资处于非常不活跃的状况。2012—2016年，中国实际利用也门外商直接投资金额为971万美元；中国对也门承包工程完成营业额合计3.2597亿美元；中国对也门承包工程年末在外劳务人员累计1647人次（参见表10-3）。

表 10-3 中国与也门投资情况

种类	2016年	2015年	2014年	2013年	2012年
也门实际利用外资额（亿美元）	-5.61	-0.15	-2.33	-1.33	-0.14
也门对外直接投资额（亿美元）	0.0073	0.0340	0.0864	0.0400	0.0710
中国实际利用外资额（亿美元）	1260.01	1262.67	1197.05	1187.21	1132.94
中国实际利用也门外商直接投资金额（亿美元）	0.0251	0.0249	0.0094	0.0090	0.0287
中国对亚洲承包工程年末在外劳务人员（人次）	173780	168038	165571	166523	156276
中国对也门承包工程年末在外劳务人员（人次）	139	162	503	318	525
中国对外承包工程合同金额（亿美元）	2440.10	2100.70	1917.60	1716.30	1565.29
中国对亚洲承包工程完成营业额（亿美元）	768.514	690.701	648.381	643.975	542.928
中国对也门承包工程完成营业额（亿美元）	0.1591	0.3354	1.0485	1.0544	0.6623

数据来源：根据国家商务部发布的数据整理。从 2001 年起，外商投资合同金额和实际使用外资额均不包括对外借款。从 2007 年起商务部不再对外公布外资合同金额数据。

也门经济落后，工业基础薄弱，国内市场有限，中资企业对也门的投资应立足于也门的资源和区位优势，重点加强两国在能源、矿产、渔业、基础设施等领域的合作。

也门长期处于国家分裂和战争状态，深受地缘政治和大国地区利益争霸的毒害，至今仍深陷内战和外部大国势力干预的境地。2015 年 3 月 30 日和 4 月 2 日，中国分别派遣海军潍坊舰和临沂舰将 757 名中国公民撤离也门。两国政治经济等交往基本处于停滞状态。

第三节 甘肃与也门经贸关系

一、甘肃与也门经贸情况

2005年,也门农产品进口额为11.74亿美元,占进口总额的比重为21.75%;2017年,也门农产品进口额增加到19.87亿美元,占进口总额的比重为28.18%,分别比2005年增加8.13亿美元和6.43个百分点,表明也门农产品严重依赖进口,进口规模在不断扩大。而2017年也门林业产品进口额在进口总额中的比重比2005年略有小幅增加,但进口额占比很小;渔业产品没有进口。2017年也门的工业产品进口额为48.69亿美元,比2005年的41.46亿美元增加了17.44%,但在进口总额中的比重下降了7.74个百分点(参见表10-4)。

表10-4 也门农业、林业、渔业、工业产品进口情况

年度	进口总额(亿美元)	农产品		林业产品		渔业产品		工业产品	
		进口额(亿美元)	比重(%)	进口额(亿美元)	比重(%)	进口额(亿美元)	比重(%)	进口额(亿美元)	比重(%)
2005	53.99	11.74	21.75	0.72	1.34	0.00	0.00	41.46	76.79
2017	70.52	19.87	28.18	1.18	1.68	0.00	0.00	48.69	69.05

数据来源:根据2005年与2017年ITC(International Trade Center)数据整理。

2005年,也门农产品出口额为1.27亿美元,在出口总额中的比重为2.27%;2017年,也门农产品出口额增加到1.98亿美元,占出口总额的比重为9.21%,出口规模比2005年增加0.71亿美元,在出口总额中的比重增加了6.95个百分点。而林业产品和渔业产品出口规模很小。工业产品出口额在出口总额中处于绝对比重,2017年为18.10亿美元,比2005年的53.70亿美元大幅减少了66.30%,在出口总额中的比重下降了11.55个百分点(参见表10-5)。

表 10-5 也门农业、林业、渔业、工业产品出口情况

年度	出口总额(亿美元)	农产品		林业产品		渔业产品		工业产品	
		出口额(亿美元)	比重(%)	出口额(亿美元)	比重(%)	出口额(亿美元)	比重(%)	出口额(亿美元)	比重(%)
2005	56.07	1.27	2.28	0.0040	0.01	1.10	1.98	53.70	95.77
2017	21.50	1.98	9.21	0.0004	0.00	1.19	5.57	18.10	84.22

数据来源：笔者根据 2005 年与 2017 年 ITC（International Trade Center）数据整理。

在西亚国家中，也门与甘肃的经贸合作规模很小。2010 年甘肃与也门进出口贸易额为 8711 万元，占当年甘肃对西亚进出口总额的 2.63%。2016 年甘肃与也门进出口额为 5474 万元，占当年甘肃对西亚进出口总额的 2.72%，比 2005 年提高了 0.09 个百分点，并且只有出口贸易。双方经贸关系处于低水平，发展潜力有待挖掘（参见表 10-6）。

表 10-6 2010 年与 2016 年甘肃对也门和西亚国家进出口总额情况

单位：万元

区域	2010 年			2016 年		
	进出口总额	进口总额	出口总额	进出口总额	进口总额	出口总额
也门	8711	1	8710	5474	0	5474
西亚国家	330002	121618	208384	201056	15573	185483

数据来源：根据国家统计局发布的数据整理。

二、甘肃与也门的潜在务实合作

也门是西亚国家中的一个低收入经济体，由于长期战乱，经济发展水平很低，与甘肃经贸合作规模不大，潜在合作机会和条件不确定。从也门农业、林业、渔业、工业商品进出口情况分析，虽然也门农产品在国民经济中所占份额较大，但属于农产品严重依赖进口的国家。从农产品进出口明细分析，也门进口的农产品种类主要集中在谷类，糖和糖果，谷物、面粉、淀粉或牛奶制品，肉类和可食用肉类内脏，乳制品、鸟蛋、天然蜂蜜，食用蔬菜，水果，咖啡、茶、香料等，这与甘肃农产品生产种类有较高契合度。而林业、渔业商品也门进口额度小，与甘肃林业、渔业产品生产种类契合度较低。从工业品进出口明细分析，也门进口的工业品主要集中在矿物燃料、矿物油及其蒸馏产物，沥青物质，矿物蜡，钢铁，机械和机械装置、核反应

堆、锅炉及其部件、电动机械和设备及其部件、录音机和复印机、电视，铁路或电车轨道车辆以外的车辆，医药产品，塑料及其制品等，与甘肃出口的工业产品有一定契合度，双方在钢铁、铝、锌、镍及其制品方面有一定合作潜力。因此，甘肃与也门的潜在务实合作优势在农产品领域。

第十一章　甘肃与黎巴嫩务实合作

第一节　黎巴嫩基本概况

一、基本国情

（一）自然地理概况

黎巴嫩共和国（简称黎巴嫩）位于亚洲西南部、地中海东部沿岸，有220公里海岸线，国土面积10452平方公里。黎巴嫩东部和北部与叙利亚接壤，南部与以色列、巴勒斯坦（边界未划定）为邻。黎巴嫩处于欧亚非大陆交汇处，战略地位十分重要。黎巴嫩受法国、英国等西方国家的影响较大，是中东地区最为开放的国家之一。

黎巴嫩属地中海气候，沿海一带夏季气候炎热潮湿，冬季温暖，年平均降水量1000毫米左右，山区为1200毫米以上。

（二）国家发展简史

黎巴嫩是一个历史悠久的国家，早在两千多年前，腓尼基人就生活在这片土地上，曾经受埃及、亚述、巴比伦、波斯、罗马、奥斯曼帝国等统治，1920年起由法国委任统治。1926年5月，黎巴嫩宣告成为共和国，颁布了宪法，但仍保留法国的委任统治权。1943年11月22日，黎巴嫩摆脱了法国委任统治，正式宣布独立，成为共和国。

1975年4月，黎巴嫩基督教和伊斯兰教两派爆发了一场持续了15年的内战，严重地破坏了黎巴嫩的经济，造成大量人员伤亡和财产损失。1990年，各方签署了塔伊夫协议，内战结束。2005年4月26日，叙利亚撤离了

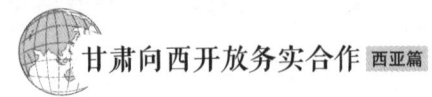

所有军队,结束了对黎巴嫩长达29年的占领。2006年8月14日,联合国安理会发布了1701号决议,黎巴嫩真主党和以色列实现停火,冲突正式结束。

(三) 政治宗教

黎巴嫩是议会民主共和国,议会实行一院制。总统是国家元首,内阁行使行政权,议会行使立法权,最高法院为行使司法权的最高司法机关。根据1943年独立时的《民族宪章》规定,总统由基督教马龙派担任,总理由伊斯兰教逊尼派担任,议长由伊斯兰教什叶派担任。

黎巴嫩居民中54%信奉伊斯兰教,主要是什叶派、逊尼派和德鲁兹派;46%信奉基督教,主要有马龙派、希腊东正教、罗马天主教和亚美尼亚东正教等。

(四) 人口及主要城市

2017年黎巴嫩人口达到608.17万人,人口结构相对合理,城市和农村人口比例为88.5∶11.5,其中男性人口约298万人,女性人口约310万人,分别占总人口的49%和51%。

首都贝鲁特,是黎巴嫩全国第一大城市,占黎巴嫩全国人口的40%,也是全国政治、经济和文化中心,也是中东著名的商业、金融、交通、旅游和新闻出版中心,号称"中东小巴黎"。

二、经济结构

(一) 基本情况

黎巴嫩的经济总量较小。2017年,黎巴嫩GDP达到518.44亿美元,比上年增长4.53%;人均GDP为8523.75美元,比上年增长3.23%。黎巴嫩的三次产业结构由2005年的4∶16∶80调整为2017年的3.5∶12∶84.5。

黎巴嫩是一个以服务业为主的国家。服务业是黎巴嫩经济的支柱产业,其产值占GDP的80%以上,而服务业主要靠旅游业带动。近年来,因叙利亚战争和黎巴嫩安全问题,来自海外和海湾国家的旅游者有所减少。黎巴嫩工业基础较薄弱,受人力资源以及较高的生产成本所限,黎巴嫩工业品难以与本地区及国际同行竞争。而由于国土狭小,可耕地面积有限,加上投资不足，黎巴嫩农业集约化程度较低，发展相对滞后。根据世界银行按人均GDP和石油收入占GDP的比重为标准来划分，黎巴嫩属于非能源型中等收入经济体。

黎巴嫩实行自由、开放的市场经济，私营经济占主导地位。黎巴嫩十六年内战和以色列的入侵以及由此形成的长期对峙和冲突，造成巨大的经济损失。2006年黎以冲突结束后，黎巴嫩获得巨额国际援助，国民经济逐步恢复和重建步伐也在加快。由于石油和天然气的发现，2017年1月，黎巴嫩政府批准启动近海石油和天然气勘探立法，以帮助其追赶上邻国。

（二）产业结构

1. 第一产业

黎巴嫩政府非常重视农业的发展。2005—2017年，黎巴嫩农业增加值从7.54亿美元增加到18.14亿美元，增加了10.6亿美元，年均增长11.72%，农业增加值占GDP的比重从3.96%下降到3.53%，下降了0.43个百分点。

黎巴嫩全国可耕地面积24.8万公顷，其中灌溉面积10.4万公顷；牧场36万公顷，林地面积79万公顷。农产品以水果和蔬菜为主。水果产值占农业产值的51%。黎巴嫩粮食生产落后，主要靠进口。经济作物有烟草、甜菜、橄榄等。贝卡谷地为黎巴嫩主要农业种植区，占全国种植面积35%及谷物产量的30%。

2. 第二产业

黎巴嫩工业基础相对薄弱，以加工业为主。主要行业有非金属制造、金属制造、家具、服装、木材加工、纺织等，从业人数约20万，约占黎巴嫩劳动力的7%。工业是仅次于商业和非金融服务业的第三大产业。

2005—2017年，黎巴嫩工业增加值从30.63亿美元增加到62.21亿美元，增加了31.58亿美元，年均增长8.59%，工业增加值占GDP的比重从16.10%下降到12%，下降了4.1个百分点。

3. 第三产业

黎巴嫩的服务业发展较快，在国民经济中占比处于绝对地位。2005—2017年，黎巴嫩的服务业附加值从152.10亿美元增加到438.09亿美元，增加了285.99亿美元，年均增长15.67%，服务业增加值占GDP的比重从79.94%增加到84.5%，增加了4.56个百分点。

黎巴嫩原为中东旅游胜地。旅游收入占国民收入的20%以上，游客主要来自海湾地区产油国和欧美国家。黎巴嫩的著名旅游景点有腓尼基时代兴建的比卜鲁斯城、古罗马时代兴建的巴尔贝克城和十字军时代兴建的赛达城堡。此外，北部的雪山有很多滑雪场，吸引了大量游客。

三、对外贸易

黎巴嫩于1999年1月正式申请加入世界贸易组织。目前还不是世界贸易组织成员方。

黎巴嫩与欧盟、海湾合作委员会、伊拉克、约旦、摩洛哥、叙利亚、埃及、利比亚等组织和国家签署了自由贸易协定。2002年4月，黎巴嫩与伊拉克正式签署双边自由贸易协定。2004年5月，黎巴嫩成为世界上第一个与海合会签署自由贸易协定的阿拉伯国家。同年6月，黎巴嫩与欧洲自由贸易联盟正式签署自由贸易协定。

随着国民经济的恢复和发展，黎巴嫩对外贸易不断增加。2017年对外贸易总额205.92亿美元，其中进口额为173.04亿美元，占进出口总额的84.03%；出口额为32.88亿美元，占进出口总额的15.97%，贸易逆差为140.16亿美元。自2010年以来，其贸易逆差有扩大的趋势，贸易不平衡状态趋于恶化。

（一）出口贸易

2017年，黎巴嫩的出口贸易额为32.88亿美元，和2005年相比黎巴嫩的出口额增加了14.09亿美元，年均增长6.35%。黎巴嫩的出口产品主要是机电设备、食物产品、化学产品、金属等。2017年，黎巴嫩出口排名前十的产品有铁路或电车轨道车辆以外的车辆及其零件、机器、电子设备，电动机械和设备及其部件、录音机和复印机、电视，机械和机械装置、核反应堆、锅炉，塑料及其制品，精油和脂类化合物、香水、化妆品，蔬菜、水果、坚果或其他植物部分的制剂，钢铁，杂项食用制剂，铜及其制品，其中，铁路或电车轨道车辆以外的车辆及其零件是黎巴嫩出口排名第一的产品，出口额为6.23亿美元，占比为18.95%，排名前五的产品出口金额达22.9亿美元，占比为69.65%。

黎巴嫩的出口市场主要集中在周边西亚国家。2017年黎巴嫩出口排名前十的国家分别为阿联酋、南非、叙利亚、沙特、伊拉克、土耳其、瑞士、卡塔尔、科威特和约旦，这前十个出口国家的金额合计为18.42亿美元，约占黎巴嫩出口总额的56.02%,其中,有8个国家来自西亚地区。

(二)进口贸易

黎巴嫩的进口贸易发展较迅速。2017年,黎巴嫩的进口贸易额为173.04亿美元,和2005年相比增加了79.77亿美元,年均增长7.13%。黎巴嫩进口的产品相对集中于燃料、机电和化学药品等。2017年,黎巴嫩进口排名前十的产品分别为矿物燃料、矿物油及其蒸馏产物,沥青物质,矿物蜡,铁路或电车轨道车辆以外的车辆及其零件,医药产品,机械和机械装置、核反应堆、锅炉及其部件,天然或养殖珍珠、贵金属或半宝石,电动机械和设备及其部件、录音机和复印机、电视,塑料及其制品,钢铁,服装及服装附件制品、非针织或钩编服装,谷类,前十类产品合计进口额为105.47亿美元,占比为60.95%,其中,燃料是黎巴嫩主要的进口产品,进口额为32.96亿美元,占比为19.05%。

黎巴嫩的进口市场主要分布在欧洲。2017年黎巴嫩进口排名前十的国家分别为中国、意大利、希腊、德国、美国、土耳其、法国、俄罗斯、埃及、西班牙,这前十个国家的进口额为101.41亿美元,约占总进口额的58.6%,有60%的国家来自欧洲。其中,中国是黎巴嫩最大的进口来源国,进口额为20.1亿美元,约占黎巴嫩总进口额的11.62%。

第二节 中国与黎巴嫩务实合作

一、中国与黎巴嫩的政治外交情况

中国与黎巴嫩友谊源远流长,早在两千多年前,丝绸之路就将两国人民紧密相连。黎巴嫩位于亚洲西南部、地中海东部沿岸,是古代叙利亚地区连接亚非欧三大洲的重要商业驿站和交通要道。

中黎经贸关系历史悠久,具有良好的基础和发展潜力。深化两国经贸合作,互通有无,符合两国人民的根本利益,是大势所趋。

黎巴嫩奉行中立不结盟政策,主张建立公正、合理、平等、均衡的国际政治经济新秩序。中国与黎巴嫩于1971年11月9日建交,目前双边关系发展平稳。两国建交以后,双方高层互访不断,在政治、经济、文化等许多方面达成共识并签署了相关协议。

1992年,中黎两国签署了文化交流协定。2006年11月,两国签署了《黎巴嫩圣约瑟大学设立孔子学院的协定》。2010年5月,中黎双方政府签署了《中黎文化协定2009—2012年文化执行计划》。中国积极参与了联合国在黎巴嫩南部维和及扫雷行动。

二、中国与黎巴嫩的经济贸易情况

中国与黎巴嫩的经贸合作始于20世纪50年代。1955年11月,中国经贸代表团访问黎巴嫩,并于1955年12月31日首次签订了两国贸易协定。1956年9月,中国在黎巴嫩设立了官方性质的商务代表处。1972年11月,两国重新签订了贸易协定,规定了双方给予最惠国待遇,并确定了支付手段和贸易互助等相关条款。但在1975年,黎巴嫩内战爆发,经济遭到严重破坏,中黎双边经贸往来较少,且额度不大。黎巴嫩内战结束后,中黎经贸关系得到较快的发展。1990年,随着中东和平进程启动,黎巴嫩经贸得到进一步发展。两国陆续签署了《中华人民共和国政府和黎巴嫩共和国政府发展纺织领域经济、技术和贸易合作谅解备忘录》、《中华人民共和国政府和黎巴嫩共和国政府海运协定》(1995年6月)、《中华人民共和国政府和黎巴嫩共和国政府经济贸易和技术合作协定》(1996年6月)、《中华人民共和国政府和黎巴嫩共和国政府鼓励和相互保护投资协定》(1996年6月)、《中华人民共和国政府和黎巴嫩共和国政府关于民用航空运输协定》(1996年6月)、《中华人民共和国政府和黎巴嫩共和国政府经济技术合作协定》(2005年6月)、《中华人民共和国政府和黎巴嫩共和国政府旅游合作协定》(2005年12月)、《中华人民共和国政府和黎巴嫩共和国政府旅游实施方案谅解备忘录》(2008年11月)等。1998年,中黎贸易总额为1.48亿美元,主要是中国向黎出口商品。中国从黎巴嫩进口仅为25万美元。2001年8月,黎巴嫩政府颁布第一部《鼓励投资法》,制定了一系列投资优惠政策。《鼓励投资法》的颁布实施,吸引了大量外资,中国企业积极到黎巴嫩投资。2002年,中国上海振华港机公司对贝鲁特港机项目首次竞标获胜。2004年,中国水利电力对外公司承建黎巴嫩阿斯水坝项目一期工程,是黎水利工程项目的首家中国公司。

2017年黎巴嫩对中国出口贸易额为0.23亿美元,占黎巴嫩出口贸易总额的0.70%,中国在黎巴嫩出口市场中占比很小。2017年黎巴嫩从中国进口贸易额为20.1亿美元,占黎巴嫩进口总额的11.62%,中国成为黎巴嫩第一大进口来源国。中国已经成为黎巴嫩主要的贸易伙伴。

黎巴嫩与中国的进出口总额仅占中国进出口总额的0.05%，其中出口总额仅占中国进口总额的0.0012%，进口总额仅占中国进口总额的0.09%，所占比例很小。但两国贸易发展较快。2017年黎巴嫩从中国进口贸易额20.1亿美元，是2005年进口贸易额4.72亿美元的3.26倍（参见表11-1）。

表11-1 中国与黎巴嫩进出口总额情况

	指标	2017	2016年	2015年	2014年	2013年	2012年
进出口	中国与黎巴嫩进出口总额（亿美元）	20.330	21.176	23.023	26.300	25.360	17.120
	占中国进出口总额的比重（%）	0.05	0.06	0.06	0.06	0.06	0.04
进口	中国自黎巴嫩进口总额（亿美元）	0.230	0.176	0.173	0.250	0.450	0.200
	占中国进口总额的比重（%）	0.0012	0.0011	0.0010	0.0013	0.0023	0.0011
出口	中国对黎巴嫩出口总额（亿美元）	20.10	21.00	22.85	26.05	24.91	16.92
	占中国出口总额的比重（%）	0.09	0.10	0.10	0.11	0.11	0.08

数据来源：根据海关总署发布的数据整理。

2017年，中国从黎巴嫩进口铜及其制品0.18亿美元，占进口总额的比重为78.26%，占绝对比重，其他进口产品占比较低。黎巴嫩对中国的出口产品结构单一，规模很小。中国对黎巴嫩出口的产品类型中，机械和机械装置、核反应堆、锅炉及其部件，电动机械和设备及其部件、录音机和复印机、电视，家具、床上用品和类似的填充家具三项合计占36.22%，与2005年相比，出口品种类型向工业设备及制品转变，体现了中国工业产品的优势（参见表11-2）。

表11-2 2017年中国与黎巴嫩进出口产品种类结构情况

	进口		出口		
产品种类	进口总额（亿美元）	占进口总额比重（%）	产品种类	出口总额（亿美元）	占进口总额比重（%）
铜及其制品	0.1800	78.26	机械和机械装置、核反应堆、锅炉及其部件	3.12	15.52

续表2-2

产品种类	进口		产品种类	出口	
	进口总额（亿美元）	占进口总额比重（%）		出口总额（亿美元）	占进口总额比重（%）
机械和机械装置、核反应堆、锅炉	0.0150	6.52	电动机械和设备及其部件、录音机和复印机、电视	2.94	14.63
塑料及其制品	0.0130	5.65	家具、床上用品和类似的填充家具	1.22	6.07
锌及制品	0.0040	1.74	塑料及其制品	1.07	5.32
可可和可可制剂	0.0025	1.09	铁路或电车轨道车辆以外的车辆及其零件	1.00	4.98
艺术品、收藏品和古董	0.0024	1.04	服装及服装附件制品、非针织或钩编	0.9	4.48
盐、硫、土石、抹灰材料、石灰和水泥	0.0017	0.74	钢铁制品	0.74	3.68
饮料、烈酒和醋	0.0016	0.70	钢铁	0.73	3.63
未指明商品	0.0011	0.48	玩具、游戏和运动必需品、零件和附件	0.69	3.43
合计	0.2200	96.21	合计	12.41	61.74

数据来源：根据世界银行发布的数据整理。

三、中国与黎巴嫩的投资情况

（一）对外投资状况分析

根据世界银行统计的数据，2012—2016年，黎巴嫩实际利用外资累计为133.61亿美元，其吸引外资的数量较大。而同期对外直接投资额累计为25.41亿美元。两者相比，黎巴嫩外资流入规模远大于对外直接投资规模108.2亿美元。

中国与黎巴嫩双方相互投资规模很小，但在投资、工程承包和劳务合作领域也有了一定发展。从2012年至2017年，中国实际利用黎巴嫩外商投资金额为0.191亿美元，对黎巴嫩承包工程完成营业额累计完成1.521美元；中国对黎巴嫩承包工程年末在外劳务人员累计12人次（参见表11-3）。

表 11-3　中国与黎巴嫩投资情况

种类	2016 年	2015 年	2014 年	2013 年	2012 年
黎巴嫩实际利用外资额（亿美元）	25.68	21.59	28.62	26.61	31.11
黎巴嫩对外直接投资额（亿美元）	3.74	2.35	5.33	9.13	4.86
中国实际利用外资额（亿美元）	1260.010	1262.670	1197.050	1187.210	1132.940
中国实际利用黎巴嫩外商直接投资金额（亿美元）	0.016	0.110	0.009	0.019	0.037
中国对黎巴嫩承包工程年末在外劳务人员（人次）	0	0	0	0	0
中国对外承包工程合同金额（亿美元）	2440.10	2100.70	1917.60	1716.30	1565.29
中国对亚洲承包工程完成营业额（亿美元）	768.514	690.701	648.381	643.975	542.928
中国对黎巴嫩承包工程完成营业额（亿美元）	0.001	0.070	0.090	1.020	0.340

数据来源：根据国家商务部发布的数据整理。从 2001 年起，外商投资合同金额和实际使用外资额均不包括对外借款。从 2007 年起商务部不再对外公布外资合同金额数据。

（二）投资合作前景

2015 年 5 月 12 日，黎巴嫩经济和商业部长哈基姆在接受新华社记者专访时表示，中国领导人提出的"一带一路"倡议非常重要，对推动中国与沿线国家建立伙伴关系具有重要意义。2015 年 5 月 26 日，中阿合作论坛第六届企业家大会暨第四届投资研讨会在黎巴嫩贝鲁特成功举行，黎巴嫩总理萨拉姆在开幕式上指出，希望能在"一带一路"建设中发挥积极作用。中黎共建"一带一路"，机遇与挑战并存，在把握好两国国情和现实需求的基础上，充分了解投资风险和投资优势后，因地制宜并与时俱进，不断调整投资政策及相应法律法规，切实促进中黎经贸发展并鼓励开发黎巴嫩合作潜力空间。

黎巴嫩经济主要以服务业为主，服务业占黎巴嫩 GDP 的 80% 以上，其中旅游业是其特色行业，也是黎经济支柱产业之一。旅游业不仅对其 GDP 贡献巨大，还增加了劳动岗位，降低了失业率。目前，中国经济形势很好，人民生活水平日益提高,旅游已逐渐成为中国人的消费趋势。在"一带一路"背景下,中国游客赴黎巴嫩旅游,势必会拉动黎巴嫩的消费市场,从而有利于黎巴嫩的经济发展。随着"一带一路"倡议得到沿线各国的积极响应,中国也会迎来包括黎巴嫩在内的"一带一路"沿线国家的大量游客,在拉动消费和引进外资的同时,可促使中国旅游业的发展,掀起全球游客赴中国旅游的热潮。

黎巴嫩农业欠发达,粮食依赖进口。同时工业基础薄弱,产品竞争力不强,而中国是农业大国,亦是工业大国,在农业和工业领域,两国有很强的互补性,两国的合作,可助其解决缺粮问题,加快其工业化进程。同时,还拉动了中国企业技术、设备及生产力的需求,开拓了海外市场,提升了中国企业的国际竞争力。

目前,在黎巴嫩地中海海域发现储量丰富的石油和天然气资源,石油储量达 6.6 亿~8.6 亿桶,天然气储量达 0.85 万~2.55 万亿立方米。黎巴嫩政府也出台了相关优惠政策,吸引外资参与勘探与开发。中国企业应积极与黎巴嫩开展能源产业合作,利用自身优势,力争从能源勘采、炼化和生产等产业链上游领域展开,形成多角度、深层次的能源产业合作局面。这将为中黎经贸发展注入源源不竭的动力。

(三)投资风险分析

1. 经营风险

一是黎巴嫩是一个小国,又经历了长期战乱,黎以冲突和国内教派争端不断,安全局势依然紧张,不确定因素众多。因此,中资企业和人员的安全成为在黎巴嫩的首要问题。

二是黎巴嫩法律体系不完善,执行风险很高。由于各派政治力量斗争激烈,在地方具体事务和利益分配方面分歧严重,导致法律法规、合同、协议在实际执行中存在很大的不确定性。因此,承揽黎巴嫩工程项目时应充分考虑法律风险。

三是中资企业获得黎巴嫩经贸、投资方面信息渠道不畅,交易结算盲点很多。由于黎巴嫩长期面临外部强权势力干预,内部部族、宗教、政治、经济、贫富等困扰,各种矛盾错综复杂,各种信息的获得和解读并不确定,导致项目落地后执行和结算方面面临巨大风险。

2. 政治风险

黎巴嫩长期处于中东地区地缘政治冲突的最前沿,先后经历了 15 年内战和黎以冲突,国家安全、经济建设和人民生活遭受严重破坏。目前,黎以冲突、巴勒斯坦问题、叙利亚战争、真主党以及恐怖主义残余势力仍时刻威胁着黎巴嫩的国家安全,这些不利因素极大地影响和冲击着地区社会稳定和经济发展,也成为黎巴嫩长期存在的最大政治风险。

四、合作建议

黎巴嫩教派众多,且教派间分歧严重。基督教、伊斯兰教、东正教派别在黎巴嫩内阁和议会的席位分配都受到教派配额制的严格制约。因此,同黎巴嫩政府和内阁打交道时应尽量避免与某一教派公开交往过密或有明显倾向,避免谈及政治、宗教等敏感问题。

黎巴嫩由于历史的原因,其文化深受西方影响,是唯一一个不以伊斯兰教为国教的阿拉伯国家,黎巴嫩母语和官方语言为阿拉伯语,但通用英语和法语。因此,深入了解并熟悉当地居民的多元语言、宗教信仰、文化等,与当地居民建立良好关系是中资企业在黎巴嫩生存并站稳脚跟的关键。

要充分了解和理解黎巴嫩政府实施的工作许可证、居住证等政策,中资企业应尽可能多地雇佣当地工人,增强中国跨国企业的国际化能力,为增进两国民众彼此间了解搭建平台。

中国企业要与当地的其他同行企业和谐相处,尊重当地风俗习惯,处理好邻里关系共同发展。要尊重当地的法律法规和行业要求,时刻自律,合法经营,正当运作,加强与各方沟通交流,有序竞争,并承担一定的社会责任。

第三节 甘肃与黎巴嫩经贸关系

一、甘肃与黎巴嫩经贸情况

2005年,黎巴嫩农产品进口额为12.32亿美元,占进口总额的比重为13.21%;2017年,黎巴嫩农产品进口额增加到25.46亿美元,占进口总额的比重为14.71%,分别比2005年增加13.14亿美元和1.50个百分点。这表明黎巴嫩农产品的进口额和规模都在扩大。而2017年黎巴嫩林业产品进口额在进口总额中的比重比2005年略有小幅下降,渔业产品进口额占比很小。2017年,黎巴嫩工业产品进口额为121.21亿美元,比2005年的66.66

亿美元增加了 81.83%，但在进口总额中的比重变化不大（参见表 11-4）。

表 11-4　黎巴嫩农业、林业、渔业、工业产品进口情况

年度	进口总额（亿美元）	农产品		林业产品		渔业产品		工业产品	
		进口额（亿美元）	比重（%）	进口额（亿美元）	比重（%）	进口额（亿美元）	比重（%）	进口额（亿美元）	比重（%）
2005	93.27	12.32	13.21	1.44	1.54	0.38	0.41	66.66	71.47
2017	173.04	25.46	14.71	2.18	1.26	0.87	0.50	121.21	70.04

数据来源：根据 2005 年与 2017 年 ITC（International Trade Center）数据整理。

2005 年，黎巴嫩农产品出口额为 2.10 亿美元，在出口总额中的比重为 11.08%。2017 年，黎巴嫩农产品出口额增加到 4.03 亿美元，占出口总额的比重为 12.26%；出口规模比 2005 年增加 1.93 亿美元，在出口总额中的比重增加了 1.08 个百分点。而林业产品和渔业产品出口规模很小。黎巴嫩工业产品出口额在出口总额中处于较大比重，2017 年为 22.58 亿美元，比 2005 年的 13.52 亿美元增加了 66.27%，但在出口总额中的比重下降了 3.58 个百分点（参见表 11-5）。

表 11-5　黎巴嫩农业、林业、渔业、工业产品出口情况

年度	出口总额（亿美元）	农产品		林业产品		渔业产品		工业产品	
		出口额（亿美元）	比重（%）	出口额（亿美元）	比重（%）	出口额（亿美元）	比重（%）	出口额（亿美元）	比重（%）
2005	18.79	2.10	11.18	0.28	1.47	0.07	0.37	13.52	71.93
2017	32.88	4.03	12.26	0.15	0.44	0.16	0.48	22.48	68.35

数据来源：根据 2005 年与 2017 年 ITC（International Trade Center）数据整理。

甘肃与黎巴嫩的经贸合作规模很小。2010 年甘肃与黎巴嫩进出口贸易额为 5409 万元，占当年甘肃对西亚国家进出口总额的 1.64%，并且进口额为零。2016 年甘肃对黎巴嫩进出口贸易额为 4168 万元，占当年甘肃对西亚国家进出口总额的 2.07%，比 2005 年提高了 0.43 个百分点。双经贸关系处于低水平（参见表 11-6）。

表 11-6 2011 年与 2016 年甘肃对黎巴嫩和西亚国家进出口总额情况

单位：万元

区域	2010 年			2016 年		
	进出口总额	进口总额	出口总额	进出口总额	进口总额	出口总额
黎巴嫩	5409	0	5409	4168	0	4168
西亚国家	330002	121618	208384	201056	15573	185483

数据来源：根据国家统计局发布的数据整理。

二、甘肃与黎巴嫩的潜在务实合作

黎巴嫩是西亚地区的一个小国，中等收入经济体，在西亚国家中与甘肃经贸合作规模排名第十一位，潜在合作机会和条件较为不利。从黎巴嫩农业、林业、渔业、工业商品进出口情况分析，虽然黎巴嫩农产品在国民经济中所占份额较小，但其属于农产品纯进口国家。从农产品进出口明细分析，黎巴嫩进口的农产品种类主要集中在谷物、面粉、淀粉，乳制品、鸟蛋、天然蜂蜜，肉类，食用蔬菜，水果，糖和糖果，咖啡、茶、香料等，这与甘肃农产品生产种类有较高契合度。而林业、渔业商品进口额度小，与甘肃林业、渔业产品生产种类契合度较低。从工业品进出口明细分析，黎巴嫩进口的工业品主要集中在矿物燃料、矿物油及其蒸馏产物，沥青物质，矿物蜡，铁路或电车轨道车辆以外的车辆，医药产品，机械和机械装置、核反应堆、锅炉，电动机械和设备及其部件、录音机和复印机、电视，塑料及其制品，钢铁及其制品等，与甘肃出口的工业产品有部分契合度，而在钢铁、铝、锌、镍及其制品方面有一定合作潜力。因此，甘肃与黎巴嫩的潜在务实合作优势在农产品领域。由于黎巴嫩商品生产、消费标准执行欧盟标准，甘肃出口商品生产也必须要按照欧盟标准执行。

第十二章　甘肃与科威特务实合作

第一节　科威特基本概况

一、基本国情

（一）自然地理

科威特国（简称科威特）是一个位于西南亚阿拉伯半岛东北部、波斯湾西北部的君主制国家，分别在南部与沙特阿拉伯、北部与伊拉克接壤，与伊朗隔海相望。科威特国土面积1.7818万平方公里，海岸线长290公里，首都是科威特城。

科威特绝大部分为沙漠，地势较平坦，水域面积5625平方公里。科威特是热带沙漠气候，炎热干燥。

科威特的石油和天然气资源丰富，已探明的石油储量为140亿吨，占世界储量的10.8%，居世界第四位。南部的布尔干油田为世界最大油田之一。科威特天然气储量为1.78万亿立方米，占世界储量的1.1%。

（二）国家发展简史

公元7世纪科威特为阿拉伯帝国的一部分，1581年起哈立德家族统治科威特。1756年萨巴赫家族建立了科威特酋长国。1899年英国成为科威特的宗主国。1961年6月19日科威特脱离英国统治宣布独立建国，同年成为阿拉伯国家联盟和联合国成员国。1990年8月科威特被伊拉克侵占，1991年2月科威特复国。

(三) 政治宗教

科威特是君主世袭制酋长国，埃米尔是国家元首兼武装部队最高统帅，一切法律以及与外国签订的条约和协定均由埃米尔批准生效。科威特国国民议会于1963年1月23日成立，是立法机构，实行一院制。立法权由埃米尔和议会共同行使。行政权由埃米尔、首相和内阁大臣行使。司法权由法院在宪法规定范围内以埃米尔名义行使。科威特主张维护民族独立、国家主权与领土完整，致力于经济多元化，是典型的高收入、高消费、高福利国家。伊斯兰教为科威特的国教，居民中95％信奉伊斯兰教，其中70％属于逊尼派，30％为什叶派。

(四) 人口及主要城市

2016年科威特的人口总量达到了405.26万人，其中科威特籍人口超过125万，约占总人数的38％，其余大部分人口为外籍人口，其中以印度、埃及、孟加拉人居多。科威特人口增加速度较快，2016年比2005年人口增加了178万以上，年均增长4.83％。科威特总体人口规模相对偏小，但人口密度大，城镇化率极高，城市和农村人口所占整个人口的比例为98.34:1.66。

首都科威特城是阿拉伯半岛东岸最重要的深水港，全国政治、经济中心。

二、经济结构

(一) 基本情况

科威特整体经济发展水平较好，从2005年至2013年实现持续增长，2013年GDP达到1741亿美元，较2005年的1.16倍，年均增长14.5％。2017年的GDP为1128.12亿美元，较2005年807亿美元增长了39.79％，年均增长了3.32％。2008年人均GDP曾一度达到55584.91美元，2017年回落到28984.64美元。科威特政府在重点发展石油、石化工业的同时，强调发展多种经济，减轻对石油的依赖程度，不断增加国外投资。根据世界银行人均GDP和石油收入占GDP的比重为标准的划分方法，科威特属于能源型高收入经济体。

(二)产业结构

1. 第一产业

近年来农业在科威特国民经济中占比很小,对GDP贡献较小。2012—2016年,科威特农业增加值从5.19亿美元增加至6.32亿美元,总体增加1.13亿美元,占GDP比重从2010年的0.45%小幅上升至2016年的0.57%,增加了0.12个百分点。科威特可耕地面积约14182公顷,仅占国土面积的0.8%。无土培植面积约156公顷,以生产蔬菜为主,农牧产品主要依靠进口。渔业资源丰富,盛产大虾、石斑鱼和黄花鱼。

2. 第二产业

科威特工业较发达,为其国民经济重要组成部分。2012—2016年,受国际油价大幅下跌的影响,科威特工业增加值从762.52亿美元减少至572.64亿美元,减少了189.88亿美元,占GDP比重从2010年的61.05%减少至2016年的51.63%,减少了9.42个百分点。虽然工业比重有所下降,但仍占科威特经济的半壁江山。

科威特工业以石油开采、冶炼和石油化工为主,其他工业有面粉、建筑材料、食品加工等。科威特在OPEC中的出口配额为200万桶/日,实际日产量为260万桶。科威特石油公司作为世界十大石油公司之一,全面负责科威特国内外的原油和成品油销售。

3. 第三产业

科威特第三产业较为发达,增长较快。2012—2016年,科威特服务业附加值从481.36亿美元增加至530.15亿美元,增加10.13%,占GDP比重从2010年的38.54%增加至2016年的47.8%,增加了9.26个百分点。

三、对外贸易

科威特于1995年1月1日加入世界贸易组织。科威特经济自由度在全球排名第74位,对外贸易依存度高达95%。随着科威特自身经济的发展,对外贸易在其经济中占有重要地位。

科威特对外贸易总量相对较小,且处于相对不稳定状态。但从其对外贸易频繁度分析,全球有152个国家与其有出口贸易关系,有195个国家与其有进口贸易关系。整体分析,科威特整体处于且一直处于贸易顺差状态。

2017年,科威特进出口贸易总额为883.96亿美元,较上年增加了

14.7%。其中,出口额为548.07亿美元,较上年增加了18.52%;进口额为335.89亿美元,较上年增加了8.96%;贸易顺差额为212.18亿美元,较上年增加37.63%。由于科威特进出口贸易市场较分散,因此其进出口贸易集中度较低,进出口贸易风险偏低。

(一) 出口贸易

2017年科威特的出口规模为548.07亿美元。出口商品高度集中在石油和化工产品上。

2017年,科威特主要出口市场排名前十的国家有中国、印度、沙特阿拉伯、阿联酋、伊拉克、卡塔尔、阿曼、巴基斯坦、美国、俄罗斯,主要出口市场的出口额合计为123.9亿美元,占科威特总出口市场的22.61%。

2017年,科威特出口规模排名前十的产品种类包括燃料、化学制品、运输设备、塑料及橡胶、食品、机器和电子设备、金属、杂项制品、服装和纤维及纺织品、贵金属,占科威特出口产品的比例分别为90.51%、3.01%、1.62%、1.22%、0.91%、0.79%、0.44%、0.36%、0.21%、0.19%,这十类出口产品出口额合计544.1亿美元,占科威特总出口额的99.28%,其中,石油出口占出口总额的90.51%。科威特出口市场比较分散,但出口产品高度集中在燃料上,出口产品结构单一,高度依赖石油产品。

(二) 进口贸易

科威特货物进口贸易近年来快速增长。2017年科威特进口总额为335.89亿美元,相比2005年增加了112%。

2017年,科威特主要进口市场排名前十的国家有美国、中国、阿联酋、德国、沙特阿拉伯、印度、日本、韩国、意大利、英国,主要进口市场的进口额合计为208.37亿美元,占科威特总进口市场的58.55%。

2017年,科威特排名前十的进口产品包括机器和电子设备、运输设备、食品、金属、化学制品、服装及相关产品、医药产品、贵金属、塑料和橡胶及其制品、家具及相关产品,占比分别为30.37%、11.75%、11.79%、9.89%、5.67%、4.85%、4.06%、3.57%、3.2%、2.21%,这十类产品的进口额合计为293.58亿美元,占科威特总进口额的87.4%。相比2005年,进口产品的种类变化不大,相对集中在工业产品、电子产品和生活用品方面,对进口的依存度比较高。

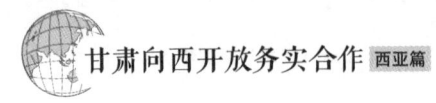

第二节 中国与科威特务实合作

一、中国与科威特的政治与外交情况

中国和科威特于1971年3月22日建交,科威特是第一个与中国建交的海湾国家。1998年,正值中国人民抗洪救灾的紧迫时刻,科威特政府曾向中国捐款300万美元。在经贸领域中,两国政府曾先后签署了《贸易协定》(1980年)、《鼓励和保护投资协定》(1985年)、《成立经贸混委会协定》(1986年)、《避免双重税收协定》(1989年)和《中华人民共和国政府和科威特国政府关于对所得和财产避免双重征税和防止偷漏税的协定》(2002年)等经贸协定。

二、中国与科威特的经济贸易情况

自20世纪50年代起,中国与科威特就已展开了直接的民间贸易。1982年,科威特基金会为中国安徽宁国水泥厂等建设项目提供了第一笔贷款。1985年,科威特投资总局通过中国投资基金进行间接投资,还以流通股方式通过香港投资机构向中国企业投资。1985年,中国、科威特和突尼斯合资在秦皇岛建立化肥有限公司,总投资额为5800万美元,科威特、突尼斯、中国各占30%、30%和40%的股份,该项目于1991年建成投产,三国还于1991年合资建成阿拉伯利比亚中国纺织公司。1992年,中国海洋石油总公司与美国阿科公司和科威特国家石油公司联合开发南海崖城13-1气田,该项目是中国改革开放后第一个与外国合作的大型海洋石油天然气项目。1998年,科威特石油机构与中国石油天然气公司达成协定,共同改建山东省一家炼油厂,将该厂的提炼能力由原来的每天12万桶提升为28万桶。这项工程是科威特石油机构在我国化工行业的首次投资。科威特还通过"阿拉伯发展基金"先后参与宁夏回族自治区的"引黄"灌溉工程和甘肃敦煌机场等项目。2006年中国银行和中国工商银行首次公开募股,科威特投资总局购入7.2亿美元工商银行股份,成为此次工商银行上市最大的投资者。2008年,科威特石油公司参与中石化在广东南部的联合炼厂项目。此外,科威特还积极加强与中国房地产领域的合作。

从1991年至1996年,科威特共向中国投资1.9947亿美元。科威特至今仍然是海合会成员国在华投资最多的国家,自 1982 年至 2005 年底,科威特阿拉伯经济发展基金会向中国提供的贷款共计 7.4 亿美元,用于支援中国 32 个大中型建设项目,其中 24 个项目已执行完毕。

从中国对科威特的投资和工程承包状况来看,中国企业于 20 世纪 70 年代末进入科威特承包工程市场,承担了三个浮顶油罐项目、集油站和配套管网工程、苏比亚配水工程、巴布延岛海港路桥、奥林匹亚大厦等项目。

2017 年中国与科威特进出口贸易总额 120.48 亿美元,同比增长 28.5%。其中,中国从科威特进口 89.35 亿美元,同比增长 40.1%;向科威特出口 31.13 亿美元,同比增长 3.7%。2017 年,中国从科威特进口燃料,总价值 77.82 亿美元(同比增长 46.17%),占总进口额的 87.09%,化学制品占 8.52%,两类产品合计占 95.61%,其他产品进口额仅占 4.39%,进口结构单一,产品高度集中,说明两国贸易合作结构很不合理、不平衡。科威特是中国第八大原油进口来源国(以进口额计算)。同时,中国是科威特非油类最大贸易伙伴。中国主要向科威特出口核反应堆、锅炉,电机、电气设备及配件等工业设备和轻工产品,与欧美国家相比,仍以技术含量及附加值较低的中、低档产品为主(参见表 12-1、表 12-2)。

表 12-1 中国与科威特进出口总额情况

	种类	2017 年	2016 年	2015 年	2014 年	2013 年	2012 年
进出口	中国与科威特进出口总额(亿美元)	120.48	93.70	112.59	134.33	122.61	125.56
	占中国进出口总额的比重(%)	0.29	0.25	0.28	0.31	0.29	0.32
进口	中国自科威特进口总额(亿美元)	89.35	63.7	74.97	100.04	95.86	104.67
	占中国进口总额的比重(%)	0.22	0.17	0.19	0.23	0.23	0.27
出口	中国对科威特出口总额(亿美元)	31.13	30.00	37.62	34.29	26.75	20.89
	占中国出口总额的比重(%)	0.17	0.19	0.22	0.18	0.14	0.11

数据来源:根据海关总署发布的数据整理。

表 12-2 2017年中国与科威特进出口产品种类结构情况

产品种类	进口		产品种类	出口	
	进口总额（亿美元）	占进口总额比重（%）		出口总额（亿美元）	占进口总额比重（%）
燃料	77.820	87.0900	核反应堆、锅炉，电机、电气设备及配件	10.19	32.73
化学制品	7.610	8.5200	金属	5.91	18.98
塑料及其制品	3.510	3.9300	服装及相关制品	4.25	13.65
矿产品	0.210	0.2300	橡胶和塑料及其制品	1.87	6.00
金属	0.150	0.1700	家具等混杂产品	1.85	5.94
木浆及纸类	0.020	0.0200	运输设备及配件	1.54	4.94
机电设备	0.010	0.0100	化纤类	1.21	3.88
杂项产品	0.002	0.0002	玻璃及石材	0.67	2.15
合计	89.330	99.9700	合计	27.49	88.31

数据来源：根据世界银行发布的数据整理。

三、中国与科威特的投资情况

（一）对外投资状况分析

根据世界银行发布的数据，2012—2016 年，科威特实际利用外资累计 53.67 亿美元，一直是世界最活跃的投资国。2012—2014 年，科威特对外投资积极，年均对外直接投资超过 110 亿美元，2015—2016 年受国际石油价格下跌，其对外投资的步伐减慢，但力度仍然超过年均 50 亿美元。科威特对外直接投资规模超过外资流入规模 429.69 亿美元，是西亚地区乃至世界同期最大的投资国之一（参见表 12-3）。

表 12-3 中国与科威特投资情况

种类	2016 年	2015 年	2014 年	2013 年	2012 年
科威特实际利用外资额（亿美元）	2.92	2.84	4.86	14.33	28.72
科威特对外直接投资额（亿美元）	64.33	53.85	130.10	167.19	67.89

续表12-3

种类	2016年	2015年	2014年	2013年	2012年
中国实际利用外资额（亿美元）	1260.010	1262.670	1197.050	1187.210	1132.940
中国实际利用科威特外商直接投资金额（亿美元）	0.0150	0.0220	0.0690	0.0069	0.0000
中国对亚洲承包工程年末在外劳务人员（人次）	173780	168038	165571	166523	156276
中国对科威特承包工程年末在外劳务人员（人次）	3253	2728	2833	3490	3077
中国对外承包工程合同金额（亿美元）	2440.10	2100.70	1917.60	1716.30	1565.29
中国对亚洲承包工程完成营业额（亿美元）	768.514	690.701	648.381	643.975	542.928
中国对科威特承包工程完成营业额（亿美元）	15.13	12.81	14.00	10.49	7.22

数据来源：根据国家商务部发布的数据整理。从2001年起，外商投资合同金额和实际使用外资额均不包括对外借款。从2007年起商务部不再对外公布外资合同金额数据。

中国和科威特有着多年的友好关系，在经贸合作方面比较融洽。但两国合作主要集中在能源和初级产品供给方面，相互投资额度和项目数量不算很多。科威特官方在多种场合向中国表达了进一步加强两国经济合作的愿望。早在20世纪80年代，科威特阿拉伯经济发展基金就向中国政府提供了约4亿美元的长期低息优惠贷款，用于机场、公路、港口和工厂等基础设施建设。从1992年成立到1998年6月30日，科威特投资基金会已向中国提供贷款22项，项目涉及交通运输、通信、电力、工农业等领域。2002年2月，科威特财政大臣尤素福·艾哈迈德·易卜拉欣访华时承诺向中国提供1.3亿美元的贷款，并提出要振兴古丝绸之路的宏伟构想。2007年科威特驻香港总领事巴德尔·塔尼卜表示，科威特在未来几年内将实施几个重大基础设施项目，其中建设巴布延港口和开发飞来客岛屿这两个项目将耗资500亿美元，欢迎中国企业家前往投资。

近年来，中国与科威特的双边投资活动经历较大波动，继2011年中国对科威特投资增长后，2014年中国对科威特投资再次增加，且增幅较大，相比之下，科威特对中国的投资长期处于较低水平。

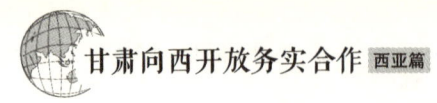

2018年7月9日,科威特埃米尔访华,中国和科威特两国在北京共同签署了《中国国际贸易促进委员会与科威特直接投资促进署合作谅解备忘录》。

根据中国国家统计局统计,截至2015年末,中国对科威特直接投资存量为5.46亿美元,科威特对华投资累计为3.04亿美元。

(二)投资风险分析

1. 经营风险

一是科威特经济结构单一、脆弱,严重依赖石油出口贸易,国内经济发展和投资活动容易受国际石油价格波动的影响和冲击。

二是海湾战争后重建工作使科威特面临较严重的财政困难。战争中石油开采设备和基础设施遭到严重破坏,需要大笔重建资金,科威特只能依靠能源出口和变卖一些海外资产来满足其需要。国家储备水平较低,抵御经济风险的能力较弱。

三是政府机构臃肿,办事效率低下,相关投资和贸易法规不健全,存在腐败现象。

四是科威特劳动力市场结构严重失调。由于外来劳动力占其劳动力总量的73.3%,本国劳动力只占少部分,大量政府行政岗位和待遇高的岗位被本国人员占据,用工市场存在很大不公平现象。外籍劳动力中存在明显的贫富两极分化,同时外籍员工带来的宗教和文化也引发了许多社会问题。另外也不能排除受恐怖主义干扰的可能性。

2. 政治风险

科威特在阿拉伯国家和海湾国家中属于一个小国,一方面对外实行温和、友好的外交政策,另一方面其对外影响力和作用也有限。根据目前总体形势判断,科威特的国家风险水平较低,但面临外部尤其是地区风险的压力较大。科威特作为海湾合作委员会的一员,在对外政策和外交关系处理上,基本与海合会保持一致立场,但叙利亚战争、也门战争、阿以冲突等地缘矛盾,科威特也不能独善其身,中东地区局势是科威特当前最大的政治隐患。

四、合作建议

(一)构建高层次合作平台,深化两国合作

2010年科威特政府就提出"2035愿景"发展规划,拟将科威特打造成为金融和贸易中心，改变长期依赖石油的经济格局。中国作为科威特非油类最大贸易伙伴，以"一带一路"建设为契机，积极与科威特"2035愿景"发展规划相对接，搭建高层次合作平台，推进科威特金融和贸易中心建设。

（二）创造有利的投资环境，完善政策体系

以中国科威特投资论坛为平台，邀请双方高层次政府官员和相关专家分别就投资环境（尤其是法律、社会、政治、财务及税务等环境）、税务系统、营销市场、银行系统（银行金融及保险体系）、商业机会、投资机会、对外贸易政策及签证和移民政策等进行专业介绍和分析，详细解答相关问题，进一步发挥信息网络的优势，拓宽信息渠道，以便在第一时间掌握科威特的政策变动、项目规划、引资动向等相关信息，减少企业对外投资和生产经营的盲目性和所遭遇的风险，为双方全面了解投资环境，规避投资风险，降低风险概率，促进双边经济共同发展，提供全方位信息就业平台。

（三）建立产权清晰的现代企业制度，与国际规则接轨

科威特是低税负国家，奉行税收法定原则，除对本国企业和居民征收 2.5% 的宗教税外，不再征收其他税赋，但对外商投资企业征收外资股份税。针对食品、药品、基本消费品、畜禽产品、印刷品等一般产品实行免税。因此，投资科威特的中资企业，应按照国际规则建立产权清晰的现代企业，根据海湾经济一体化协定，积极参与科威特信息通信技术、可再生能源、城市发展与住房、水电、医疗保健、观光、保险、金融、运输、电子网络等基础设施和北部"丝绸之城"相关项目建设。中科两国的经济具有较大的互补性，在上述领域能够找到很好的合作契机。

第三节　甘肃与科威特经贸关系

一、甘肃与科威特经贸情况

2006 年，科威特农产品进口额为 19.15 亿美元，占进口总额的比重为 11.11%；2017 年，科威特农产品进口额增加到 46.94 亿美元，占进口总额的比重为 13.97%，分别比 2006 年增加 27.79 亿美元和 2.86 个百分点，表明科威特农产品的进口额度和规模都在扩大。而林业、渔业产品进口额在进

口总额的占比很小。2017年，科威特工业产品进口额为232.97亿美元，比2006年的125.63亿美元增加了85.51%，但在进口总额中的比重下降了3.52个百分点（参见表12-4）。

表12-4 科威特农业、林业、渔业、工业产品进口情况

年度	进口总额（亿美元）	农产品		林业产品		渔业产品		工业产品	
		进口额（亿美元）	比重（%）	进口额（亿美元）	比重（%）	进口额（亿美元）	比重（%）	进口额（亿美元）	比重（%）
2006	172.39	19.15	11.11	2.13	1.24	0.88	0.51	125.63	72.88
2017	335.90	46.94	13.97	2.60	0.77	3.12	0.93	232.97	69.36

数据来源：根据2006年与2017年ITC（International Trade Center）数据整理。

2006年，科威特农产品出口额为1.35亿美元，在出口总额中的比重为0.24%。2017年，科威特农产品出口额增加到4.76亿美元，占出口总额的比重为0.87%；出口规模比2006年增加3.41亿美元，在出口总额中的比重增加了0.63个百分点；而科威特林业产品和渔业产品出口规模很小。科威特工业产品出口额在出口总额中占绝对比重，2017年为539.45亿美元，比2006年的557.61亿美元减少了3.37%，但在出口总额中的比重变化不大（参见表12-5）。

表12-5 科威特农业、林业、渔业、工业产品出口情况

年度	出口总额（亿美元）	农产品		林业产品		渔业产品		工业产品	
		出口额（亿美元）	比重（%）	出口额（亿美元）	比重（%）	出口额（亿美元）	比重（%）	出口额（亿美元）	比重（%）
2006	560.03	1.35	0.24	0.03	0.01	0.03	0.00	557.61	99.57
2017	548.07	4.76	0.87	0.05	0.01	0.01	0.00	539.45	98.43

数据来源：根据2006年与2017年ITC（International Trade Center）数据整理。

甘肃省与科威特的经贸合作规模很小。2010年甘肃与科威特进出口贸易额为3665万元，占当年甘肃对西亚进出口总额的1.11%。2016年甘肃与科威特进出口贸易额为3693万元，占当年甘肃对西亚进出口总额的1.99%，比2010年提高了0.88个百分点，甘肃与科威特当年没有进口贸易。双方经贸关系处于低水平，发展潜力受限因素较多（参见表12-6）。

表 12-6 2010 年与 2016 年甘肃对科威特与西亚国家进出口总额情况

单位：万元

区域	2010 年			2016 年		
	进出口总额	进口总额	出口总额	进出口总额	进口总额	出口总额
科威特	3665	0	3665	3693	0	3693
西亚国家	330002	121618	208384	201056	15573	185483

数据来源：根据国家统计局发布的数据整理。

二、甘肃与科威特的潜在务实合作

科威特是西亚地区的一个高收入经济体，与甘肃经贸合作规模不大，潜在合作机会和条件需要进一步挖掘。从科威特农业、林业、渔业、工业商品进出口情况分析，科威特属于农产品纯进口国家，农产品在国民经济中所占份额较小。从农产品进出口明细分析，科威特进口的农产品种类主要集中在谷类、肉类、乳制品、鸟蛋、天然蜂蜜，可食用水果和坚果，柑橘类水果或瓜皮，食用蔬菜，烟草和烟草代用品，咖啡、茶、香料，油籽和油果，杂粮、种子等，这与甘肃省农产品生产种类有较高契合度。而科威特的林业、渔业商品进口额度小，与甘肃省林业、渔业产品生产种类契合度较低。从工业品进出口明细分析，科威特进口的工业品主要集中在机械和机械装置、核反应堆、锅炉，电动机械和设备及其部件、录音机和复印机，铁路或电车轨道车辆以外的车辆及其零件，天然或养殖珍珠，半宝石，贵金属，钢铁及制品，塑料及其制品等，与甘肃省出口的工业产品有一定契合度，而在钢铁、铝、锌、镍及其制品方面有一定合作潜力。因此，甘肃省与科威特的潜在务实合作优势在农产品领域和部分工业制品领域。由于科威特商品生产、消费标准执行欧盟标准，甘肃出口商品生产也必须要按照欧盟标准执行。

第十三章　甘肃与卡塔尔务实合作

第一节　卡塔尔基本概况

一、基本国情

(一) 自然地理

卡塔尔国（简称卡塔尔）是亚洲西部的一个阿拉伯国家，位于波斯湾西南岸的卡塔尔半岛上，与沙特阿拉伯和阿拉伯联合酋长国相邻。卡塔尔国土面积11437平方公里，海岸线长550公里。卡塔尔地势平坦，大部分地区为覆盖沙土的荒漠，靠近西海岸地势略高，由兹克瑞特向南有着大范围裸露石灰岩。卡塔尔属热带沙漠气候，炎热干燥，沿岸潮湿，四季不很明显。卡塔尔国土面积虽然不大，但战略位置很重要。

卡塔尔主要资源有石油和天然气，其陆上石油也主要储藏在靠近西海岸的区域。由于其丰富的石油资源，卡塔尔成为全世界最富有的国家之一，但是水资源匮乏。

(二) 国家发展简史

在卡塔尔半岛上，当地居民已经生产活动数千年，但在前期的大部分时间，也仅仅只有一些游牧部落短期居住。卡塔尔在7世纪是阿拉伯帝国的一部分。1517年葡萄牙入侵，1555年被并入奥斯曼帝国版图，遭土耳其统治200多年。1882年英国入侵，成为英国的保护国。直到1971年，卡塔尔才正式成为一个主权独立的国家。阿拉伯语为其官方语言，通用英语。

（三）政治宗教

卡塔尔是君主立宪制的酋长国。埃米尔为国家元首和武装部队最高司令，掌握国家最高权力，由阿勒萨尼家族世袭。卡塔尔1970年颁布第一部宪法并规定：卡塔尔为独立的主权国家，埃米尔在内阁和协商会议的协助下行使权力。宪法承认法官的独立性。伊斯兰教为卡塔尔国教。

（四）人口及主要城市

2017年卡尔塔人口总量达到了263.92万人，其中卡塔尔公民仅占15%，其他主要为外籍人口。外籍人口主要来自印度、巴基斯坦和东南亚国家。

首都多哈，也叫贝达，是全国第一大城市和政治、经济、交通、文化中心，也是波斯湾著名港口之一。多哈曾成功举办过第15届亚运会、2011年亚洲杯足球赛。

二、经济结构

石油、天然气是卡塔尔的经济支柱。政府大力开发天然气，将其作为经济发展的重中之重。卡塔尔是世界第一大液化天然气生产和出口国。卡塔尔的交通运输、媒体、金融和房地产领域处于世界领先水平。卡塔尔经济多元化发展的目标是以非能源产业取代传统能源产业，使非能源产业成为带动国民经济增长的主要力量，大力发展港口运输、航天、金融、房地产、旅游、通信等服务业以及加工制造业，并鼓励发展农业。

（一）基本情况

2017年，卡塔尔GDP为1676亿美元，人均GDP位居世界前列。从2005年至2017年，卡塔尔的三次产业结构由0.13∶74.5∶25.37调整为0.16∶47.2∶43.6，产业结构明显改善。根据世界银行按人均GDP和石油收入占GDP的比重为标准的划分方法，卡塔尔属于能源型高收入经济体。

根据世界经济论坛（WEF）发布的《2011—2012年全球竞争力报告》，卡塔尔全球竞争力居阿拉伯国家及中东国家首位。2012年美国《福布斯》杂志公布的全球最富国家和地区排行榜中，卡塔尔位列第一。卡塔尔是海合会成员中财政赤字率最低的国家，这是因为卡塔尔液化天然气出口合同都是具有固定价格的长期合同。此外，卡塔尔中央银行的巨额储备和卡塔尔主权

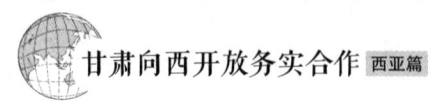

财富基金,均有助于卡塔尔应对其债务风险。国际油价复苏和经济多元化政策的推进以及政府投资和人口持续增长将拉动卡塔尔国内消费、住房和金融服务,从而刺激国内需求。卡塔尔还大力发展石油天然气远洋运输船队。

(二)产业结构

1. 第一产业

卡塔尔农业发展较为迅速,但在GDP中的占比很小。2005—2016年,卡塔尔农业增加值从0.59亿美元增加到2.74亿美元,增加了2.15亿美元,年均增长33.13%,农业增加值占GDP的比重从0.13%增加至0.16%。

卡塔尔的农牧产品不能自给,粮食、蔬菜、水果、肉蛋奶等主要依赖进口,只有鱼虾类海产品产量可基本满足本国需求。

卡塔尔主要农作物分别是海枣、牧草和青贮的三叶草以及番茄,主要畜禽产品为鸡蛋、羊肉、牛奶。

2. 第二产业

卡塔尔的工业增长迅猛,但在GDP中的占比却不断下降。2005—2016年,卡塔尔的工业增加值从331.74亿美元增加至791.07亿美元,增加了459.33亿美元,年均增长12.59%;工业增加值占GDP的比重从74.50%下降到51.89%,下降了22.16个百分点。

卡塔尔工业主要为石油和天然气以及与之相关的工业和能源密集型工业,其中包括炼油厂、石化工厂、化肥厂、钢铁厂和水泥厂等。卡塔尔是中东最重要的液化天然气(LNG)出口国。

目前,卡塔尔政府大力投资开发天然气,将其作为经济发展的重中之重,制定了开发天然气的中长期发展规划。卡塔尔石油的主要销售航线有3条,分别是马六甲航线、苏伊士航线、地中海航线,而最便捷的则是苏伊士航线。

3. 第三产业

卡塔尔的服务业发展非常快,且在GDP中的占比大幅度增加,2005—2016年,卡塔尔服务业附加值从112.97亿美元增加到730.71亿美元,增加了617.74亿美元,年均增长49.71%,从2005年GDP445亿美元的25.38%增加到2016年GDP1524亿美元的47.95%,增加了22.57个百分点。卡塔尔通信设施和通信技术先进,电子化程度较高,通信技术产业发展迅速,年增长率高达10%。

三、对外贸易

卡塔尔于 1994 年成为关贸总协定第 121 个成员方，1995 年成为世界贸易组织成员。卡塔尔是海合会重要成员和海合会关税同盟成员。此外，卡塔尔还与中国、新加坡、印度、美国等国签署了自由贸易协定。从 2005 年到 2017 年，卡塔尔对外贸易水平不断提升，贸易额在波动中上升。

（一）出口贸易

卡塔尔的出口贸易发展迅猛。2017 年，卡塔尔的出口额为 636.51 亿美元，占进出口总额的比重为 69.63%，与 2005 年相比，出口额增加了 377.89 亿美元，增长了 147.07%，年均增长了 12.22%。而在进出口总额中的比重下降了 2.29 个百分点，出口额仍占绝对比重。

卡塔尔的出口以燃料产品为主，结构相对单一。2017 年，卡塔尔出口排名前十的产品有燃料、化学制品、塑料及橡胶、金属、杂项制品、矿产品及玻璃、机器和电子设备、运输设备、医药产品、动物等，其中，燃料的出口排名第一位，出口额为 635.58 亿美元，占比为 99.85%，在所有出口产品中占主导地位。

卡塔尔的出口市场主要集中在亚洲。2016 年卡塔尔出口排名前十的国家和地区分别为日本、韩国、印度、中国、阿联酋、新加坡、泰国、英国、中国台湾、埃及，这十个国家和地区的出口额合计为 451.16 亿美元，约占卡塔尔出口总额的 78.72%。其中对日本、韩国、印度三国的出口额就达 272.84 亿美元，2016 年约占出口总额的 47.61%，出口集中度相对较高。

（二）进口贸易

卡塔尔的进口发展较快。2017 年，卡塔尔的进口额为 277.62 亿美元，占进出口总额的比重为 30.37%，与 2005 年相比增加了 177.02 亿美元，增长了 175.96%，年均增长 14.66%；而在进出口总额中的比重增加了 2.29 个百分点，进出口贸易不平衡格局没有得到改变。

卡塔尔进口的产品主要为机电、运输设备、金属等。2017 年，卡塔尔进口排名前十的产品分别为机器和电子设备、运输设备、混杂产品、食品、贵金属、金属、化学制品、塑料和橡胶及其制品、家具及相关产品、纺织原料及产品。其中，位列前三的进口产品机器和电子设备、运输设备、混杂产品合计进口额为 240.33 亿美元，占比为 86.57%，超过进口总额的一半以

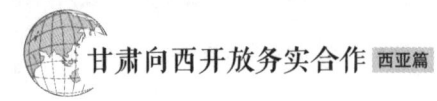

上,进口产品类型的贸易集中度很高。

卡塔尔的进口市场相对较为分散,主要分布在亚洲、美洲和欧洲。2016年卡塔尔进口排名前十的国家分别为美国、英国、德国、法国、阿联酋、中国、日本、印度、意大利、阿曼,十个国家的进口额合计为203.62亿美元,约占进口总额的63.51%。其中,排名第一的国家为美国,进口额为46.06亿美元,约占进口总额的14.37%。从变化趋势看,卡塔尔从中国的进口份额出现显著上升趋势,从2005年的2.01%上升到2016年的4.73%;其次是阿联酋,上升了2.66个百分点。

第二节 中国与卡塔尔务实合作

一、中国与卡塔尔的政治外交情况

卡塔尔奉行中立、不结盟的外交政策,强调伊斯兰国家特别是阿拉伯国家间的团结与合作,加强与美国等西方国家的战略伙伴关系,积极参与地区和国际事务。卡塔尔是联合国、伊斯兰会议组织、阿拉伯国家联盟和海湾阿拉伯国家合作委员会的成员国。

中国和卡塔尔于1988年7月9日建立外交关系。建交后,两国关系发展顺利。2008年4月,哈马德首相对中国进行了正式访问。同年6月,时任国家副主席习近平对卡塔尔进行了正式访问。

近年来,中国与海合会国家高层始终保持着较为密切的政治与经济交流。卡塔尔积极加入了由中国倡导成立的亚洲基础设施投资银行(AIIB),并成为首批创始成员国。卡塔尔埃米尔塔米姆于2014年11月3日对中国进行国事访问期间,中卡双方决定建立战略伙伴关系,强调共同建设"丝绸之路经济带"和"21世纪海上丝绸之路"。

二、中国与卡塔尔的经济贸易情况

中国与卡塔尔自20世纪50年代就开始小规模的民间经贸往来。中卡建交后,随着双边协议的不断完善,两国经贸往来日益密切,关系发展顺利。

2008年3月,中卡双方政府签署了《中国发改委与卡塔尔能源工业部关于加强能源合作的谅解备忘录》,同年4月,双方签署了《中国石油天然气集团公司和卡塔尔石油国际公司关于在石油天然气领域开展战略合作的谅解备忘录》。

2008年6月，国家副主席习近平对卡塔尔进行正式访问，两国能源合作迈上新的台阶。目前，中国已经与卡塔尔签署了共建"一带一路"合作备忘录。

近年来，在双边贸易中，中国处于逆差地位，双方主要以石油贸易为经贸往来项目。2017年，双边贸易额为80.82亿美元。其中，中国对卡塔尔的出口额为16.82亿美元，中国自卡塔尔的进口额为64亿美元。卡塔尔进出口额占中国进出口总额的比重仅为0.20%，除石油外，非油贸易额占比很小。卡塔尔从中国进口的产品主要为工业设备、金属、服装及相关产品、橡胶和塑料制品、家具等，在中低端市场中国产品具有竞争优势（参见表13-1、表13-2）。

表13-1 中国与卡塔尔进出口总额情况

	种类	2017年	2016年	2015年	2014年	2013年	2012年
进出口	中国与卡塔尔进出口贸易总额（亿美元）	80.82	55.27	68.89	105.91	101.74	84.83
	占中国进出口贸易总额的比重（%）	0.20	0.15	0.17	0.25	0.24	0.22
进口	中国自卡塔尔进口贸易总额（亿美元）	64.00	40.12	46.14	83.37	84.63	72.78
	占中国进口贸易总额的比重（%）	0.16	0.11	0.12	0.19	0.20	0.19
出口	中国对卡塔尔出口贸易总额（亿美元）	16.82	15.15	22.75	22.54	17.11	12.05
	占中国出口贸易总额的比重（%）	0.09	0.10	0.14	0.12	0.09	0.07

数据来源：根据海关总署发布的数据整理。

从结构来看，中国从卡塔尔进口的产品主要是燃料、塑料及其制品、有机化学品、石材、无机化学品、矿石、矿渣和铜、铝及制品。中国向卡塔尔出口的产品主要是工业设备、金属、服装及相关产品、橡胶和塑料、家具等混杂产品、运输设备及配件、化学制品等（参见表13-2）。

表 13－2 2017 年中国与卡塔尔进出口产品种类结构情况

产品种类	进口		产品种类	出口	
	进口总额（亿美元）	占进口总额比重（%）		出口总额（亿美元）	占进口总额比重（%）
燃料	53.11	82.98	工业设备	4.88	29.01
塑料及其制品	6.73	10.52	金属	2.47	14.68
有机化学品	1.79	2.80	服装及相关产品	1.36	8.09
石材	1.15	1.80	橡胶和塑料	1.27	7.55
无机化学品	0.86	1.34	家具等混杂产品	1.12	6.66
矿石、矿渣	0.19	0.30	运输设备及配件	0.97	5.77
铜及其制品	0.08	0.13	化学制品	0.79	4.70
铝及其制品	0.05	0.08	燃料	0.79	4.70
合计	63.96	99.94	合计	13.65	81.15

数据来源：根据世界银行发布的数据整理。

三、中国与卡塔尔的投资情况

（一）对外投资状况分析

根据世界银行发布的数据，尽管卡塔尔市场环境优越，吸引外资的政策比较开放，但其实际利用外资额度不大，吸引外资的成效不明显。2012—2016 年，卡塔尔实际利用外资额累计 24.01 亿美元，年均 4.8 亿美元。而同期对外直接投资额累计 285.01 亿美元。两者相比，卡塔尔对外直接投资规模远大于外资流入规模 261 亿美元。卡塔尔也是中东地区重要的对外投资国。

卡塔尔依靠石油美元，大量对外投资。2012—2016 年，卡塔尔对外直接投资额累计达到 285.01 亿美元，年均 57 亿美元，远高于世界平均水平。

2001 年 5 月，中国（卡塔尔）投资贸易促进中心在卡塔尔正式成立。该中心为中国企业及产品进入卡塔尔乃至整个中东市场提供综合性商务服务。

2010 年，卡塔尔主权财富基金——卡塔尔投资局以基石投资者身份认购中国农业银行 H 股 27 亿美元，成为当时中国资本市场上最大的外国投资者。卡塔尔控股随后又购买了中国私募股权投资公司中信资本控股 22% 的股权。2014年10月,卡塔尔投资局又投资6.16亿美元,收购香港崇光百货的母公司利福国际集团有限公司近20%的股份。另外,卡塔尔还对阿里巴巴、中信集团、中国工商银行等中国企业进行了投资。中卡双方签署了350亿人民币本币互换协议。中国工商银行多哈分行成为中东第一个人民币清算银行。中国还给予了卡塔尔"人民币合格境外投资者"的资格,初期投资额度为300亿人民币。目前,卡塔尔已成为中国第一大液化天然气供应国,可满足中国液化天然气需求的20%左右。同时,中国石油天然气集团公司与卡塔尔石油公司签署协议,共同投资卡塔尔的油田勘探和生产权。

中卡双方在投资、工程承包和劳务合作领域也有了一定发展。目前中国在卡塔尔的企业主要分布在电信、建筑、服务和石油开采领域。从2012年至2017年,中国对卡塔尔承包工程完成营业额累计完成70.02亿美元,中国对卡塔尔承包工程年末在外劳务人员累计7295人次(参见表13－3)。

表13－3 中国与卡塔尔投资情况

种类	2016年	2015年	2014年	2013年	2012年
卡塔尔实际利用外资额(亿美元)	7.34	10.71	10.40	－8.40	3.96
卡塔尔对外直接投资额(亿美元)	79.28	39.51	68.05	79.49	18.68
中国实际利用外资额(亿美元)	1260.010	1262.670	1197.050	1187.210	1132.940
中国实际利用亚洲外商直接投资金额(亿美元)	988.310	1041.594	986.491	946.723	866.955
中国实际利用卡塔尔外商直接投资金额(亿美元)	0.000	0.009	0.000	0.000	0.000
中国对亚洲承包工程年末在外劳务人员(人次)	173780	168038	165571	166523	156276
中国对卡塔尔承包工程年末在外劳务人员(人次)	1514	1463	1455	1461	1402
中国对外承包工程合同金额(亿美元)	2440.10	2100.70	1917.60	1716.30	1565.29
中国对亚洲承包工程完成营业额(亿美元)	768.514	690.701	648.381	643.975	542.928
中国对卡塔尔承包工程完成营业额(亿美元)	11.98	13.61	17.02	15.09	12.32

数据来源:根据国家商务部发布的数据整理。从2001年起,外商投资合同金额和实际使用外资额均不包括对外借款。从2007年起商务部不再对外公布外资合同金额数据。

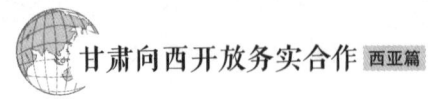

（二）投资风险分析

1. 经济风险

一是卡塔尔资源型经济的不稳定性。卡塔尔经济结构不合理，国内经济过度依赖油气资源，2014—2015年国际油价大跌对卡塔尔政府财政收入产生了直接影响，并进而影响其维持国内高福利制度的能力。美国主导的页岩油革命、新能源产业的兴起开始冲击原油市场，迫使卡塔尔政府削减财政开支，进而减少基础设施建设和重大工程项目投入，甚至取消部分工程项目，增加了投资的不稳定因素。

二是地方保护主义色彩较强。卡塔尔国有企业在一些经济部门享受特权或实行垄断，如电信行业、水电部门、油气产业以及建材供应市场被本地公司垄断，极度缺乏竞争，建筑材料常常供不应求。卡塔尔对当地企业有较强的保护，在政府采购、招投标中倾向明显。

根据相关法律法规，同等条件下，在政府合同招标竞争中，卡塔尔、海合会的产品可以按其出价的90%或95%计算；银行、保险领域实行政府准入制，资本市场基本由卡塔尔当地机构控制；商业代理和房地产领域禁止外资进入，以及引进外国劳务实行严格的配额管理制度等。

2. 政治风险

卡塔尔资源丰富，政局稳定，社会安定，实行自由贸易政策，投资环境良好且投资潜力较大，但近几年来卡塔尔投资所面临的政治风险也日益凸显。

四、合作建议

（一）加强卡塔尔"2030国家发展规划"与"一带一路"倡议对接

卡塔尔"2030国家发展规划"主旨是以非能源产业取代传统能源产业，使非能源产业成为带动国民经济增长的主要力量，大力发展港口运输、航天、金融、房地产、旅游、通信等服务业以及加工制造业，实现经济多元化发展，注重吸引外资和技术，并鼓励发展农业。这与中国的技术优势、制造优势和劳务优势高度契合，双方有很强的互补性。

（二）卡塔尔借助举办 2022 年世界杯足球赛的契机，将带动大规模的基础设施建设

卡塔尔政府将世界杯足球赛场馆建设与"2030 国家发展规划"融合，打算将多哈建设成为地区金融中心、物流中心和转口贸易中心，中国有强大的工程承包能力和机械设备建造能力，将有能力填补卡塔尔劳务不足、施工能力不足等空白。

（三）加强金融领域合作，为两国产能合作提供金融支持

卡塔尔外汇储备充足，政府财力雄厚，其主权财富基金在全球范围内投资活跃。中国多家金融机构进入卡塔尔开展投融资活动，为相关能源、电力、教育、农业项目提供了金融支持，发挥了很好的效益。

第三节　甘肃与卡塔尔经贸关系

一、甘肃与卡塔尔经贸情况

2005 年，卡塔尔农产品进口额为 6.32 亿美元，占进口总额的比重为 6.29%；2017 年，卡塔尔农产品进口额增加到 23.86 亿美元，占进口总额的比重为 8.60%，分别比 2005 年增加 17.54 亿美元和 2.31 个百分点，表明卡塔尔农产品的进口规模和需求在扩大。而 2017 年卡塔尔林业产品进口额在进口总额中的比重比 2005 年略有小幅下降，渔业产品进口额占比很小。2017 年卡塔尔工业产品进口额为 201.53 亿美元，比 2005 年的 71.57 亿美元增加了 181.58%，但在进口总额中的比重变化不大（参见表 13-4）。

表 13-4　卡塔尔农业、林业、渔业、工业产品进口情况

年度	进口总额（亿美元）	农产品		林业产品		渔业产品		工业产品	
		进口额（亿美元）	比重（%）	进口额（亿美元）	比重（%）	进口额（亿美元）	比重（%）	进口额（亿美元）	比重（%）
2005	100.60	6.32	6.29	1.22	1.21	0.08	0.08	71.57	71.14
2017	277.62	23.86	8.60	1.75	0.63	0.66	0.24	201.53	72.59

数据来源：根据 2005 年与 2017 年 ITC（International Trade Center）数据整理。

2005年，卡塔尔农产品出口额为7.11亿美元，在出口总额中的比重为2.76%；2017年，卡塔尔农产品出口额增加到12.87亿美元，占出口总额的比重为2.02%。出口规模比2005年增加5.76亿美元，但在出口总额中的比重下降了0.74个百分点；而林业产品和渔业产品出口规模很小。2017年，卡塔尔工业产品出口额在出口总额中处于绝对比重，为614.82亿美元，比2005年的249.69亿美元增加了146.23%，但在出口总额中的比重变化不大（参见表13-5）。

表13-5 卡塔尔农业、林业、渔业、工业产品出口情况

年度	出口总额（亿美元）	农产品		林业产品		渔业产品		工业产品	
		出口额（亿美元）	比重（%）	出口额（亿美元）	比重（%）	出口额（亿美元）	比重（%）	出口额（亿美元）	比重（%）
2005	257.62	7.11	2.76	0.013	0.01	0.013	0.01	249.69	96.92
2017	636.51	12.87	2.02	0.003	0.00	0.000	0.00	614.82	96.59

数据来源：根据2005年与2017年ITC（International Trade Center）数据整理。

甘肃与卡塔尔的经贸合作规模很小，在西亚国家中与甘肃的进出口额排第十二位。2010年甘肃对卡塔尔出口了价值758万元的商品，占当年甘肃对西亚国家出口总额的0.36%。2016年甘肃对卡塔尔出口了价值2981万元的商品，占当年甘肃对西亚出口总额的1.61%，比2005年提高了1.25个百分点；而进口额仅3万元。双方经贸关系处于低水平，但双边贸易额在增加，有发展潜力（参见表13-6）。

表13-6 2015年与2016年甘肃对卡塔尔与西亚国家进出口总额情况

单位：万元

区域	2010年			2016年		
	进出口总额	进口总额	出口总额	进出口总额	进口总额	出口总额
卡塔尔	758	0	758	2984	3	2981
西亚国家	330002	121618	208384	201056	15573	185483

数据来源：根据国家统计局发布的数据整理。

二、甘肃与卡塔尔的潜在务实合作

卡塔尔是一个高收入经济体，与甘肃经贸合作规模不大，但潜在合作机

会和条件明显增多。从卡塔尔农业、林业、渔业、工业商品进出口情况分析，虽然卡塔尔的农产品在国民经济中所占份额较小，但属于农产品纯进口国家。从农产品进出口明细分析，卡塔尔进口的农产品种类主要集中在肉类，乳制品，鸟蛋，天然蜂蜜，动物食用产品，谷类，食用蔬菜，水果，咖啡、茶和香料等，这与甘肃农产品生产种类有较高契合度。而卡塔尔的林业、渔业产品进口额度小，与甘肃林业、渔业产品生产种类契合度较低。从工业品进出口明细分析，卡塔尔进口的工业品主要集中在机械和机械装置、核反应堆、锅炉及其部件，飞机、航天器，电动机械和设备及其部件、录音机和复印机、电视，天然或养殖珍珠，半宝石，贵金属等，与甘肃出口的工业产品契合度较低，而在铝、锌、镍及其制品方面有较大合作潜力。因此，甘肃与卡塔尔的潜在务实合作优势在农产品领域和部分工业制品领域。由于卡塔尔商品生产、消费标准执行欧盟标准，甘肃出口商品生产也必须要按照欧盟标准执行。

第十四章 甘肃与巴林务实合作

第一节 巴林基本概况

一、基本国情

(一) 自然地理

巴林王国（简称巴林）位于亚洲西部，为波斯湾西南部的岛国，在沙特阿拉伯王国、卡塔尔以东。巴林国土面积 750 平方公里，由巴林岛等 3 个大小不等的岛屿组成。最大的是巴林岛，各岛地势低，主岛地势由沿海向内地逐渐升高，最高海拔为 135 米。巴林属于热带沙漠气候，夏季炎热潮湿，冬季温和宜人，年平均降水量 77 毫米。

巴林石化能源资源较为丰富。巴林是海湾地区最早开采石油的国家，已探明石油储量 2055 万吨，天然气储量 1182 亿立方米，分别占全球的 0.01%、0.08%。巴林的其他资源较为缺乏。

(二) 国家发展简史

巴林是波斯湾内的一个君主立宪制酋长国，公元前 3000 年巴林岛上已有市镇、街道和石屋。最早的居民是苏美尔人。公元前 1000 年腓尼基人到这里定居，巴林岛成为转口贸易中心。公元前 6 世纪起巴林岛先后被波斯帝国和萨珊王朝占据。11 世纪中叶，卡尔马特国家被阿拔斯王朝灭国。14 世纪 20 年代，巴林群岛成为霍尔木兹国的一个省。1515 年末葡萄牙军舰驶入波斯湾占领了巴林，并在岛上修建海军基地。1820 年英国入侵，强迫巴林签订《波斯湾总和平条约》，后成为英国的保护国。1933 年英国攫取了巴林石油开采权。巴林人民为争取国家独立和民族解放进行了长期斗争，于1971年8月14日正式宣布独立。

（三）政治宗教

巴林是二元制君主制酋长国。国家元首由哈利法家族世袭，掌握政治、经济和军事大权。设两院制议会，加强司法独立，实行三权分立。

伊斯兰教为巴林国教。85％的居民信奉伊斯兰教，什叶派穆斯林占人口总数的75％以上。其余人信奉基督教、犹太教。

（四）人口及主要城市

巴林的人口自然增长较快，男女结构比例失衡。2005年巴林人口总数为86.7万人，到2017年巴林人口总数增长至149.1万人。城镇人口和农村人口的比例为88∶12。巴林总人口中阿拉伯人就占60％左右，其他为外籍人口，外籍人口主要来自印度、巴基斯坦、孟加拉国、伊朗、菲律宾和阿曼等国家。

首都麦纳麦市是全国第一大城市，也是全国政治、经济、交通、贸易和文化中心，同时也是海湾地区重要的金融中心、重要港口及贸易中转站。

二、经济结构

目前巴林的经济并不依赖石油，银行业和旅游业是其支柱产业。

（一）基本情况

巴林的经济总量小，但人均水平较高。2017年巴林的GDP达到了353亿美元，是2005年GDP的122.01％，年均增长了10.17％，是同期世界经济增长最快的经济体之一。2017年，巴林人均GDP为24178美元。巴林的三次产业结构由2007年的0.29∶45.92∶53.79调整为2017年的0.29∶41.45∶58.26，产业结构得到较大改善。根据世界银行按人均GDP和石油收入占GDP的比重为标准的划分方法，巴林属于能源型高收入经济体。

2010年巴林开始向多元化经济发展，建立了炼油、石化及铝制品工业，大力发展金融业，成为海湾地区银行和金融中心。巴林当前宏观经济形势基本稳定，金融、建筑、旅游等行业持续发展。

（二）产业结构

1. 第一产业

巴林的农业发展缓慢，农业在国民生产总值中的占比非常小，农业仅占国内生产总值0.3%。巴林的可耕地面积1.1万公顷，实际种植面积4766公顷；海产品捕捞量每年约1.4万吨，养殖业刚刚起步。

2007—2017年，巴林的农业增加值从0.63亿美元增加到1.02亿美元，增加了0.39亿美元，年均增加5.16%，但农业增加值占GDP的比重基本保持不变。

巴林的可耕地比较少，主要农产品有水果、蔬菜、家禽、海产品等，本地农产品的供给量仅占巴林食品需求总量的6%，主要农产品基本依赖进口。

2. 第二产业

巴林的工业发展较为缓慢，工业在GDP中所占的比重有小幅度下降。2007—2017年巴林工业增加值从99.64亿美元增加到146.32亿美元，增加了46.68亿美元，年均增长3.9%；工业增加值占GDP的比重从44.98%下降到41.45%，下降了3.53个百分点。

巴林的工业以炼油、石化、炼钢、金属加工和食品工业为主。

3. 第三产业

服务业是巴林经济的支柱产业，发展也比较快，在GDP中的占比不断提升。2007—2017年，巴林的服务等附加值从116.73亿美元增加到205.66亿美元，增加了88.93亿美元，年均增长6.35%，服务业附加值占GDP的比重从53.79%增加到58.26%，增加了4.47个百分点。

巴林早在20世纪70年代末就开始着重发展金融业，目前已经成为海湾地区的金融中心。在过去40年中，巴林在金融服务领域属于全球领先者，尤其是在伊斯兰国家中的金融领域更是如此。目前有400多个国家和地区以及国际金融服务机构在巴林设立办事处。金融业是巴林的第二大产业。

三、对外贸易

1995年1月1日，巴林加入世界贸易组织，是创始成员国之一。目前与世界上68个国家和地区签订了双边经贸协定，同时巴林与其他17个阿拉伯国家共同签署了泛阿拉伯自由贸易协定。2006年，巴林与美国签署了自由贸易协定，成为海湾国家中第一个与美国签署自由贸易协定的国家。巴林也是海合会的成员国,与海合会其他国家签有双边协定。

巴林实行自由贸易政策,外贸总体平衡。2017年,巴林的外贸总额为217.97亿美元,同比下降21.14%;巴林的主要贸易伙伴是沙特、美国、日本、阿联酋和中国等。

(一)出口贸易

巴林的出口增长缓慢,且在波动中处于下降趋势。2017年,巴林的出口贸易额为99.26亿美元,相比2005年,巴林出口贸易额减少了3.13亿美元,减少了3.06%。

巴林出口的主要产品是矿物燃料、矿物油及其蒸馏产物,沥青物质,矿物蜡,铝及其制品,天然或养殖珍珠、半宝石、贵金属,钢铁,矿石、矿渣,钢铁制品,塑料及其制品,化肥和有机化学品等,这些产品的出口额合计为85.22亿美元,约占总出口额的85.86%。其中矿物燃料、矿物油及其蒸馏产物,沥青物质,矿物蜡是巴林出口排名第一的产品,出口额为40.45亿美元,占出口总额的40.75%。

巴林的出口市场主要集中在亚洲地区。2016年,巴林前十大出口国家是沙特阿拉伯、阿联酋、美国、日本、卡塔尔、印度、阿曼、科威特、泰国、新加坡。巴林前十大出口国家的出口额合计为95.99亿美元,占出口总额的74.46%,其中有9个国家来自西亚,1个国家来自北美洲。

(二)进口贸易

巴林的进口贸易发展较快。2017年,巴林的进口贸易额为118.71亿美元,与2005年相比增加了25.31亿美元,增长了27.10%,年均增长2.26%。

巴林前十大进口的产品集中在机械和机械装置、核反应堆、锅炉及部件,天然或养殖珍珠、半宝石、贵金属,电动机械和设备及其部件、录音机和复印机、电视,铁路或电车轨道车辆以外的车辆及其零件,船舶、船只及浮动构筑物,矿石、矿渣,铝及制品,塑料及其制品,钢铁制品,飞机、航天器及其部分,合计进口额为73.04亿美元,占进口总额的比重为61.53%,其中机械和机械装置、核反应堆、锅炉是巴林主要的进口产品,进口额为17.04亿美元,占比为14.35%。

巴林前十大进口市场分布在亚洲、美洲和欧洲。2016年,巴林进口排名前十的国家分别为美国、阿联酋、日本、沙特阿拉伯、中国、澳大利亚、

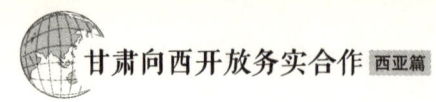

印度、英国、德国、意大利,进口额为72.02亿美元,约占进口总额的48.83%。其中美国是巴林最大的进口来源国,2016年巴林自美国的进口贸易额为12.75亿美元,占进口总额的8.65%。

第二节 中国与巴林务实合作

一、中国与巴林的政治与外交情况

1989年4月18日,中国和巴林建立正式外交关系。建交后,两国关系发展顺利,双方在政治、经济、文化、新闻等领域的合作稳步发展。巴林在涉及核心利益和重大关切问题上给予了中国支持。2012年3月,中阿合作论坛第二届中国艺术节在巴林举行。2014年4月,巴林孔子学院揭牌授课。2014年9月,巴林新闻文化大臣率团出席在北京举行的第三届阿拉伯艺术节。2016年9月,巴林文化与文物局局长易卜拉辛·梅率领巴林政府文化代表团一行三人来华参加丝绸之路(敦煌)国际文化博览会。

二、中国与巴林的经济贸易情况

(一)巴林经济贸易情况

20世纪30年代初,巴林在海湾地区首先发现了石油,开始发展石油经济。到20世纪70年代,巴林开始实行经济结构多元化战略,是本地区实行经济结构多元化最早的国家之一。现在,石油加工冶炼、国际银行保险、工程业、建筑业、制造业和服务业在巴林经济构成中都占有重要地位。巴林有比较发达的交通通信业,完全能够保证跨国企业在巴林的业务需要。近年来,巴林的主要经济指标有比较好的表现。为了发展商业和旅游业,巴林在经济、行政和法律法规等方面开始与国际惯例接轨,在培养宽松的经济和社会环境等方面取得了比较显著的成效。包括世界遗产基金等在内的多个世界性机构多次把巴林评定为经济最自由的国家之一。

(二)中国与巴林的经济贸易分析

巴林位于中西方交界的要塞。千百年以前,巴林就已经是古代丝绸之路沿线重要的交通枢纽。近年来,中巴合作取得长足进展,双方先后签署了

《中华人民共和国政府和巴林国政府经济、贸易和技术合作协定》(1990)、《中华人民共和国政府和巴林国政府关于互相给予最惠国待遇换文》(1995)、《中华人民共和国政府和巴林国政府关于鼓励和相互保护投资协定》(1999)、《中华人民共和国政府和巴林国政府关于对所得避免双重征税和防止偷漏税的协定》(2002)等。在"一带一路"建设中,巴林成为中资企业投资中东的重要枢纽。

2015年,中巴经贸机构还在厦门投资贸易洽谈会期间签署了谅解备忘录或协议,包括巴林经济发展委员会与中国国际投资促进中心签署了谅解备忘录,以推进巴中贸易关系;巴林商工部与中国贸促会福建分会签署了关于双边合作的协议;巴林职业女性协会与厦门女企业家联合会签署了相关协议,以推动建立巴林王国和厦门私营部门女性创业与就业合作框架。

2017年,双边贸易额为10.26亿美元,其中中国向巴林出口额为9.02亿美元,主要是机电产品、纺织品和服装、食品等;进口额为1.24亿美元,主要是铁矿砂、铝材和液化石油气等,分别同比增加20.3%、14.1%和94.5%。中国是继沙特、阿联酋之后巴林的第三大贸易伙伴。巴林与中国的进出口额在中国进出口总额中所占比例很小,仅仅占0.02%,两国进出口贸易严重不平衡(参见表14—1)。

表14—1 中国与巴林进出口总额情况

	种类	2017	2016年	2015年	2014年	2013年	2012年
进出口	中国与巴林进出口总额(亿美元)	10.26	8.55	11.23	14.16	15.44	15.51
	占中国进出口总额的比重(%)	0.02	0.02	0.03	0.03	0.04	0.04
进口	中国自巴林进口总额(亿美元)	1.24	0.64	1.11	1.84	3.05	3.48
	占中国进口总额的比重(%)	0.01	0.00	0.01	0.01	0.02	0.02
出口	中国对巴林出口总额(亿美元)	9.02	7.91	10.12	12.32	12.39	12.03
	占中国出口总额的比重(%)	0.04	0.04	0.04	0.05	0.06	0.06

数据来源:根据海关总署发布的数据整理。

从结构来看,中国从巴林进口的产品主要是矿物燃料、矿物油及其蒸馏产物，沥青物质，矿物蜡，有机化学品，棉，铝、铜及其制品，盐、硫、土石、抹灰材料、石灰和水泥，塑料及其制品，矿石、矿渣；中国向巴林出口的产品主要是机械和机械装置、核反应堆、锅炉及部件，电动机械和设备及其部件、录音机和复印机、电视，矿物燃料、矿物油及其蒸馏产物，沥青物质，矿物蜡，家具、床上用品和类似的填充家具，钢铁制品，服装及服装附件制品、非针织或钩编服装，钢铁，塑料及其制品（参见表14-2）。

表14-2　2017年中国与巴林进出口产品种类结构情况

产品种类	进口		产品种类	出口	
	进口总额（亿美元）	占进口总额比重（%）		出口总额（亿美元）	占进口总额比重（%）
矿物燃料、矿物油及其蒸馏产物，沥青物质，矿物蜡	0.560	45.16	机械和机械装置、核反应堆、锅炉及部件	1.580	17.52
有机化学品	0.300	24.19	电动机械和设备及其部件、录音机和复印机、电视	1.250	13.86
铝、铜及其制品	0.100	8.06	矿物燃料、矿物油及其蒸馏产物，沥青物质，矿物蜡	0.563	6.24
棉	0.080	6.45	家具、床上用品和类似的填充家具	0.561	6.22
铜及其制品	0.060	4.84	钢铁制品	0.420	4.66
盐、硫、土石、抹灰材料、石灰和水泥	0.035	2.82	服装及服装附件制品、非针织或钩编服装	0.380	4.21
塑料及其制品	0.032	2.58	钢铁	0.370	4.10
矿石、矿渣	0.02	1.61	塑料及其制品	0.330	3.66
合计	1.187	95.73	合计	5.454	60.47

数据来源：根据世界银行发布的数据整理。

二、中国与巴林的投资情况

（一）对外投资状况分析

当前，巴林正积极响应中国"一带一路"倡议，愿意成为中国企业进军海湾地区的重要合作伙伴。巴林优越的地理位置、发达自由的市场体系，使中国企业华为技术有限公司、中兴通讯股份有限公司、中国银行、中国建筑工程总公司把巴林作为在海湾地区的运营中心。2015年12月27日，由中国中东投资贸易促进中心和巴林迪亚公司合作开发的"巴林龙城"项目正式开业。"巴林龙城"是继"迪拜龙城"之后中方在海湾地区与外方合作开发的又一大型中国商品批发分拨中心，将对中国企业和中国商品走出去，建立海外营销网络起到极大的促进作用。

巴林是一小国，经济总量较小，与中国相互投资额很小。2012—2016年，巴林实际利用外资累计70.98亿美元，对外直接投资额为-25.423亿美元；中国实际利用巴林外商直接投资金额仅为94万美元；中国对巴林承包工程完成营业额合计0.1818亿美元；中国对巴林承包工程年末在外劳务人员累计166人次（参见表14-3）。

表14-3 中国与巴林投资情况

种类	2016年	2015年	2014年	2013年	2012年
巴林实际利用外资额（亿美元）	2.43	0.65	15.18	37.28	15.44
巴林对外直接投资额（亿美元）	8.667	-31.100	3.330	-3.250	-3.070
中国实际利用外资额（亿美元）	1260.01	1262.67	1197.05	1187.21	1132.94
中国实际利用巴林外商直接投资金额（亿美元）	0.0000	0.0000	0.0015	0.0000	0.0079
中国对亚洲承包工程年末在外劳务人员（人次）	173780	168038	165571	166523	156276
中国对巴林承包工程年末在外劳务人员（人次）	137	3	7	8	11
中国对外承包工程合同金额（亿美元）	2440.10	2100.70	1917.60	1716.30	1565.29
中国对亚洲承包工程完成营业额（亿美元）	768.51	690.70	648.38	643.97	542.92
中国对巴林承包工程完成营业额（亿美元）	0.0814	0.0027	0.0265	0.0533	0.0179

数据来源：根据国家商务部发布的数据整理。从2001年起，外商投资合同金额和实际使用外资额均不包括对外借款。从2007年起商务部不再对外公布外资合同金额数据。

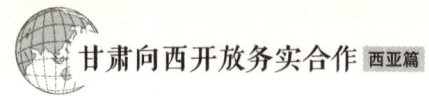

（二）投资合作前景分析

巴林有着优质的投资环境、优越的区域位置、最佳的优惠政策及稳定的政治社会环境，成为包括中资企业在内的外国投资者难得的投资地。

中巴两国有着深厚友谊，巴林自古就是丝绸之路的重要节点，丝绸之路不仅带动两国的贸易往来，更促进了两国在艺术、音乐、文学等多方面的交流合作。

巴林是世界最佳的自由投资环境国之一。其最大优势是无营业税、个人所得税和增值税，普通商品关税在0%~5%之间，货物进出口自由，不存在外汇限制，并且允许外国资本100%独资设立企业。巴林政府对生活必需品进行价格补贴，实行限价零售，且近年国内通货膨胀率维持在较低水平波动，成为世界上商务成本最低、最自由的国度。巴林法律法规健全，经济政策透明稳健，对外开放程度和市场化程度都很高，这都为其营造了良好的投资环境。

巴林是海湾地区的教育中心，英语是通用语言，政府设立了劳务基金，可以为所有企业提供员工培训。同时，巴林提倡男女平等，没有社会歧视，打消了外国员工工作和生活的顾虑。

（三）投资风险分析

巴林是一个高度开放和市场自由化的高收入国家，十多年来巴林的政治局势稳定，内政、外交政策连续性强，投资政治风险较低。巴林对于中资企业的风险主要来自两个方面：

一是美国是巴林的盟国，也是巴林最重要的贸易伙伴。美国海军的第五舰队司令部就驻扎在巴林首都麦纳麦。美国对巴林有着很强的军事控制力和经济影响力。

二是地缘政治冲突、民族宗教矛盾是巴林最大的社会隐患。

总之，中国"一带一路"倡议与巴林政府全面加强基础设施建设的计划相契合，两国在金融、旅游、通信等众多领域合作前景广阔。加强与巴林政治、经济、文化、教育等全方位的友好合作，符合两国根本利益，前景广阔。

第三节　甘肃与巴林经贸关系

一、甘肃与巴林的经贸情况

2005年，巴林农产品进口额为6.10亿美元，占进口总额的比重为6.53%；2017年，巴林农产品进口额增加到12.37亿美元，占进口总额的比重为10.42%，分别比2005年增加6.27亿美元和3.89个百分点，表明巴林农产品的进口规模和消费能力在扩大。而巴林林业、渔业产品进口额在进口总额的占比很小。2017年，巴林工业产品进口额为102.13亿美元，比2005年的86.30亿美元增加了18.60%，但在进口总额中的比重下降了6.37个百分点（参见表14-4）。

表14-4　巴林农业、林业、渔业、工业产品进口情况

年度	进口总额（亿美元）	农产品		林业产品		渔业产品		工业产品	
		进口额（亿美元）	比重（%）	进口额（亿美元）	比重（%）	进口额（亿美元）	比重（%）	进口额（亿美元）	比重（%）
2005	93.39	6.10	6.53	0.60	0.64	0.26	0.28	86.30	92.40
2017	118.71	12.37	10.42	0.97	0.82	0.46	0.39	102.13	86.03

数据来源：根据2005年与2017年ITC（International Trade Center）数据整理。

2005年，巴林农产品出口额为0.79亿美元，在出口总额中的比重为0.77%；2017年，巴林农产品出口额增加到1.91亿美元，占出口总额的比重为1.92%，出口规模比2005年增加1.12亿美元，在出口总额中的比重增加了0.32个百分点。而林业和渔业产品出口规模很小。2017年，巴林工业产品出口额在出口总额中处于绝对比重，为95.62亿美元，比2005年的101.43亿美元下降了5.95%，在出口总额中的比重下降了2.72个百分点（参见表14-5）。

表 14-5 巴林农业、林业、渔业、工业产品出口情况

年度	出口总额（亿美元）	农产品		林业产品		渔业产品		工业产品	
		出口额（亿美元）	比重（%）	出口额（亿美元）	比重（%）	出口额（亿美元）	比重（%）	出口额（亿美元）	比重（%）
2005	102.39	0.79	0.77	0.04	0.04	0.13	0.13	101.43	99.06
2017	99.26	1.91	1.91	0.36	0.37	0.48	0.48	95.62	96.34

数据来源：根据 2005 年与 2017 年 ITC（International Trade Center）数据整理。

甘肃与巴林的经贸合作规模很小。2010 年甘肃与巴林进出口贸易额为 851 万元，占当年甘肃省对西亚国家进出口总额的 0.25%。2016 年甘肃对巴林进出口贸易额为 1773 万元，占当年甘肃对西亚国家进出口总额的 0.88%，比 2005 年提高了 0.63 个百分点，并且只有出口贸易，没有进口贸易。双方经贸关系处于低水平（参见表 14-6）。

表 14-6 2010 年与 2016 年甘肃对巴林和西亚国家进出口总额情况

单位：万元

区域	2010 年			2016 年		
	进出口总额	进口总额	出口总额	进出口总额	进口总额	出口总额
巴林	851	0	851	1773	0	1773
西亚国家	330002	121618	208384	201056	15573	185483

数据来源：根据国家统计局发布的数据整理。

二、甘肃与巴林的潜在务实合作

巴林是西亚地区的一个高收入经济体，与甘肃经贸合作规模不大，潜在合作机会和条件有待进一步挖掘。从巴林农业、林业、渔业、工业产品进出口情况分析，巴林农产品在国民经济中所占份额较小，属于农产品纯进口国家。从农产品进出口明细分析，巴林进口的农产品种类主要集中在肉类、乳制品、鸟蛋、天然蜂蜜，可食用水果和坚果、柑橘类水果或瓜皮、谷物、面粉、淀粉或牛奶制品、烟草和烟草代用品、食用蔬菜、咖啡、茶叶、香料等，这与甘肃农产品生产种类有较高的契合度。而巴林的林业、渔业商品进口额度小，与甘肃林业、渔业产品生产种类契合度较低。从工业品进出口明细分析，巴林进口的工业品主要集中在机械和机械装置、核反应堆、锅炉及其部件，天然或养殖珍珠、半宝石、贵金属，电动机械和设备及其部件、录

音机和复印机、电视，铁路或电车轨道车辆以外的车辆及其零件，船舶、船只及浮动构筑物，钢铁及制品等，与甘肃出口的工业产品有部分契合度，而在铝、锌、镍及其制品方面有较大合作潜力。因此，甘肃与巴林的潜在务实合作优势在农产品领域和部分工业制品领域。由于巴林商品生产、消费标准执行欧盟标准，甘肃出口商品生产也必须要按照欧盟标准执行。

第十五章　甘肃与叙利亚务实合作

第一节　叙利亚基本概况

一、基本国情

（一）自然地理

阿拉伯叙利亚共和国（简称叙利亚）位于亚洲西部、地中海东岸，北与土耳其接壤，东同伊拉克交界，南与约旦毗连，西南与黎巴嫩和巴勒斯坦为邻，西与塞浦路斯隔地中海相望，包括戈兰高地，全国总面积为185180平方公里。

叙利亚大部分地形是西北向东南倾斜的高原。西北部地中海沿岸是平原地带，有长183公里的海岸线，东部是内陆高原，东南是叙利亚沙漠。沿海和北部地区属地中海气候，南部地区属热带沙漠气候。幼发拉底河贯穿叙利亚东部，是全国最重要的河流，后经伊拉克注入波斯湾。

叙利亚自然资源非常丰富，主要有石油、天然气、磷酸盐、岩盐、沥青等。

（二）国家发展简史

叙利亚是世界古老文明的发源地之一。公元前3000年，阿拉伯半岛游牧的塞姆人在叙利亚及其附近地区建立了城邦。公元前8世纪叙利亚被亚述帝国征服，随后又历经罗马帝国、阿拉伯帝国和奥斯曼帝国等的统治。1920年4月，叙利亚沦为法国的委任统治地。1943年8月叙利亚成立自己的政府。1946年4月，法国和英国军队撤离，叙利亚取得完全独立，建立了阿拉伯叙利亚共和国（简称"阿联"）。1958年2月1日，叙利亚和埃及合并为阿拉伯联合共和国。1961年9月28日，叙利亚脱离"阿联"，重新建立了阿拉伯叙利亚共和国。1963年起由阿萨德家族领导的阿拉伯复兴社会党在叙利亚执政至今。

从2011年年初开始，叙利亚政府与叙利亚反对派之间爆发了旷日持久的冲突以致演变成内战。西方国家以"侵犯人权"为由宣布对叙利亚进行制裁。2017年4月，叙发生疑似化武袭击事件，美国、英国和法国随即对叙发动军事打击。美国向叙利亚空军基地发射了50枚战斧式巡航导弹。叙利亚内战在大国直接参与下，引发严重的"难民潮"和人道主义危机，叙利亚经济损失惨重，国家处于分裂状态。在俄罗斯的强力军事干预下，叙利亚政府军控制了大部分国土面积，处于相对有利的态势。

（三）政治宗教

1973年3月12日叙利亚宪法经全国公民投票通过。宪法规定叙利亚是人民民主社会主义国家，复兴社会党是社会和国家的领导核心，实行有计划的社会主义经济。伊斯兰教法是立法的主要依据。人民议会是国家立法机构。叙利亚实行总统制，总统是国家元首和武装部队最高统帅，领导政府。

叙利亚居民信奉伊斯兰教和基督教。其中有约85%的居民信奉伊斯兰教，约14%的居民信奉基督教。穆斯林人口中，逊尼派占80%（约占全国人口的68%），什叶派占20%。叙利亚独立后，逊尼派长期执政。

（四）人口及主要城市

由于叙利亚内战依然持续，有关叙利亚国内人口几乎无法做到准确的统计，各方给出的数字出入很大，不过大体维持在1700万~1800万，并且每天以5000人左右的速度逃离到国外，实际人口可能比这个区间数字还要低。2017年叙利亚总人口1827万。

首都大马士革被誉为"天国里的城市"，迄今已有4500多年的历史。目前，城中著名的古迹有倭马亚大清真寺、阿拉伯医学博物馆、努尔丁浴池，以及基督教徒心目中的圣物凯桑门和圣保罗教堂。

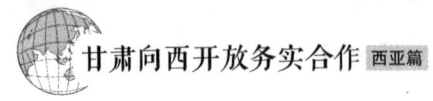

二、经济结构

(一) 基本情况

2011年,叙利亚内战爆发,一直持续至今。内战爆发前,叙利亚曾是一个较为富裕的国家,但战争破坏了叙利亚人民的一切,曾经繁华的家园变成了一片废墟,数百万人家破人亡,流离失所,成为国际难民。官方数据只能查到2007年,叙利亚的GDP为404.05亿美元,人均GDP为2079.99美元。而世界银行数据显示:2016年叙利亚国内生产总值按不变价格计算从2015年的668234 SYP百万镑下降至641640 SYP百万镑。叙利亚国内生产总值按不变价格计算从2000年到2016年平均为1082799.18 SYP百万镑,2011年达到历史新高1537191 SYP百万镑,2016年则创历史新低,为641640 SYP百万镑(SYP为叙利亚镑,因没有与美元汇兑的官方汇价而无法折算)。根据世界银行按人均GDP和石油收入占GDP的比重为标准的划分方法,叙利亚属于非能源型低收入经济体。

(二) 产业结构

1. 第一产业

叙利亚农业在国民经济中占据重要位置,是阿拉伯世界的五个粮食出口国之一,出产小麦、大麦、棉花、葡萄、油橄榄、无花果以及梨等水果,出口棉花与小麦、大麦。

叙利亚的农业发展较快,但在GDP中的占比略有下降。2007年,叙利亚农业增加值为78.91亿美元,农业增加值占GDP的比重为19.53%。

2011年,叙利亚排名前三的主要农作物分别为甜菜、番茄、小麦;排名前三的主要畜禽产品为鸡蛋、牛奶、羊奶,其产量分别为34.37亿只、170.18万吨、70.56万吨。

2. 第二产业

叙利亚工业基础薄弱,国有经济占主导地位。现有工业分为采掘工业、加工工业和水电工业。叙利亚的采掘工业有石油、天然气、磷酸盐、大理石等,加工工业主要有纺织、食品、皮革、化工、水泥、烟草等。叙利亚又是伊拉克基尔库克油田出海油管的过境地。

2007年,叙利亚工业增加值为145.10亿美元,工业增加值占GDP的比重为 35.91%。

3. 第三产业

叙利亚的服务业是经济支柱产业。2007年，叙利亚的服务等附加值为 180.04 亿美元，服务业增加值占 GDP 的比重为 44.56%。

叙利亚作为古老的文明古国，拥有丰富的旅游资源，具备良好的旅游发展基础和潜力。

2007 年，叙利亚三次产业结构为 19.5∶36∶44.5。

三、对外贸易

叙利亚不是世界贸易组织成员方。叙利亚与土耳其、伊朗等签有自由贸易协定。目前由于土耳其对叙利亚实施经济制裁，叙利亚决定暂停执行与土耳其签订的自由贸易协议。受叙利亚内战的影响，近年来叙利亚的对外贸易额持续下降。

（一）出口贸易

由于战争，叙利亚的出口贸易大幅萎缩。2017 年，叙利亚的出口额为 7.71 亿美元，和 2005 年相比减少了 56.79 亿美元，减少了 88.05%。叙利亚的出口在波动中增长，到 2010 年达到 113.53 亿美元，之后一路下降，至今没有恢复的迹象。

叙利亚的出口产品主要是农副产品。2017 年，叙利亚出口排名前十的产品有咖啡、茶、香料，可食用水果和坚果、柑橘类水果，动植物脂肪和油脂及制备的可食用脂肪，食用蔬菜，某些根和块茎，棉，油籽和油果、杂粮、种子，肥皂、有机表面活性剂、洗涤剂、润滑剂，或其他植物部分的制剂，针织或钩编服装及服装配件制品和化肥，这十项出口产品的额合计为 5.83 亿美元，约占出口总额的 75.62%，其中，咖啡、茶、香料是叙利亚出口排名第一的产品，出口额为 1.36 亿美元，占总出口额比为 17.64%。

叙利亚的出口地主要集中在西亚和欧洲。这里最新数据为 2010 年，叙利亚出口排名前十的国家分别为伊拉克、意大利、德国、土耳其、沙特阿拉伯、法国、黎巴嫩、约旦、美国、荷兰，前十出口国家的出口额合计为 85.85 亿美元，约占总出口额的 75.62%，其中，有 5 个国家来自西亚，4 个国家来出自欧洲，1 个国家来自美洲。

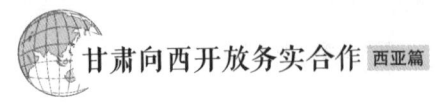

(二）进口贸易

2017年，叙利亚的进口贸易额为61.1亿美元，和2005年相比减少了17.97亿美元，减少了22.75%。叙利亚的进口贸易在2011年达到最高点181.83亿美元。内战爆发后，受战争和国际制裁的影响，叙利亚进口贸易逐年下降，至今没有恢复正常。

叙利亚进口的产品主要是机电设备。2017年，叙利亚进口排名前十的产品分别为电动机械和设备及其部件、录音机和复印机、电视，烟草和烟草代用品，机械和机械装置、核反应堆、锅炉及其部件，铁路或电车轨道车辆以外的车辆及其零件，塑料及其制品，未指明商品，糖和糖果，动植物脂肪和油脂及其裂解产品、制备的可食用脂肪，钢铁制品，咖啡、茶、香料，这前十类产品合计进口额为31.24亿美元，占比为51.2%，其中电动机械和设备及其部件、录音机和复印机、电视是叙利亚主要的进口产品，2017年进口额为8.27亿美元，占比为13.56%。

叙利亚的进口市场主要分布在亚洲和欧洲。这里最新数据为2010年，叙利亚进口排名前十的国家分别为中国、土耳其、意大利、乌克兰、俄罗斯、韩国、沙特阿拉伯、埃及、德国、巴西，这十个国家的进口额为114.74亿美元，约占进口总额的65.34%，有4个国家来自亚洲，有4个国家来自欧洲，有1个国家来自非洲、美洲。其中，中国是叙利亚最大的进口来源国，进口额为24.43亿美元，约占总进口额的13.91%。

第二节 中国与叙利亚务实合作

一、叙利亚与中国的政治与外交情况

1956年8月1日，叙利亚与中国建交。作为中东地区第一批与中国建交的国家之一，是中国在阿拉伯世界重要的政治盟友。叙利亚对外奉行不结盟政策，并实行多方位外交政策，主张阿拉伯国家联合自强，以大小国家一律平等为基础建立国际新秩序，积极支持和参加不结盟运动。叙利亚是阿拉伯国家联盟、阿拉伯议会联盟和阿拉伯石油输出国组织的成员国。

叙利亚政治危机爆发后，中国向叙利亚连续四次派出中方特使或代表，向叙利亚政府表达中国的立场。中国政府也同叙利亚反对派进行接触,先后两次接待叙利亚反对派领导人访华,呼吁各方停火,开启包容性的政治进程。中国与阿拉伯国家联盟也进行了沟通,阐释中方的立场,消除中国动用否决权造成的误解。2012 年 3 月 4 日,中国提出了解决叙利亚问题的"六点方案",呼吁各方停止暴力冲突,尊重叙利亚主权,通过政治方式解决叙利亚问题。

二、中国与叙利亚的经济贸易情况

中国与叙利亚牢固的政治关系使得双方长期保持着良好的经贸合作。1963 年,中叙两国政府签订政府间的贸易协定和经济技术合作协定。1982 年,两国签订了长期贸易协定。1996 年,两国政府签订了鼓励和保护投资协定。2003 年 3 月,两国草签了政府避免双重征税协议。2004 年 6 月,两国政府签署了经济合作协定、旅游合作协定和提供优惠贷款的框架协议。2011 年前,中叙双边贸易增长迅速。2001 年的双边贸易额为 2.232 亿美元,至 2010 年,双边贸易总额达到 24.8 亿美元,增长了 10.11 倍。此外,双方还在纺织、汽车、发电、能源等方面开展互利合作。

2012 年以来,由于美国、欧盟和阿盟的联手制裁,叙利亚经济面临全面崩溃的境地,受战乱影响,中叙多个合作项目被迫中止,这给中国带来大量的直接经济损失,中国在中东地区的经济发展进程受到严重阻碍。

2017 年,叙利亚同中国贸易总额仅 11.043 亿美元,占中国进出口总额的比重为 0.03%(参见表 15-1)。

表 15-1　中国与叙利亚进出口总额情况

	种类	2017 年	2016 年	2015 年	2014 年	2013 年	2012 年
进出口	中国与叙利亚进出口总额(亿美元)	11.043	9.182	10.256	9.861	6.947	12.000
	占中国进出口总额的比重(%)	0.03	0.02	0.03	0.02	0.02	0.03
进口	中国自叙利亚进口总额(亿美元)	0.013	0.032	0.036	0.021	0.047	0.100
	占中国进口总额的比重(%)	0.0001	0.0002	0.0002	0.0001	0.0002	0.0005

续表15-1

	种类	2017年	2016年	2015年	2014年	2013年	2012年
出口	中国对叙利亚出口总额（亿美元）	11.03	9.15	10.22	9.84	6.90	11.90
	占中国出口总额的比重（%）	0.05	0.04	0.04	0.04	0.03	0.06

数据来源：根据海关总署发布的数据整理。

从结构来看，中国从叙利亚进口的产品主要是蔬菜产品，肥皂、有机表面活性剂、洗涤剂、润滑剂，塑料及其制品，棉，生皮（毛皮除外）及皮革，精油和脂类化合物、香水、化妆品，谷物、面粉、淀粉或牛奶制品，未指明商品，蔬菜、水果、坚果或其他植物部分的制剂；中国向叙利亚出口的产品主要是电动机械和设备及其部件、录音机和复印机、电视，机械和机械装置、核反应堆、锅炉及其部件，针织或钩编织物，铁路或电车轨道车辆以外的车辆及其部件，塑料及其制品，鞋类，人造长丝、人造纺织材料，橡胶及其制品，人造短纤维等（参见表15-2）。

表15-2 2017年中国与叙利亚进出口产品种类结构情况

	进口			出口	
产品种类	进口总额（亿美元）	占进口总额比重（%）	产品种类	出口总额（亿美元）	占进口总额比重（%）
蔬菜产品	0.00360	44.17	电动机械和设备及其部件、录音机和复印机、电视	1.700	15.41
肥皂、有机表面活性剂、洗涤剂、润滑剂	0.00280	16.74	机械和机械装置、核反应堆、锅炉	1.080	9.79
塑料及其制品	0.00250	8.08	针织或钩编织物	0.730	6.62
棉	0.00210	7.92	铁路或电车轨道车辆以外的车辆及其部件	0.730	6.62
生皮（毛皮除外）及皮革	0.00091	5.40	塑料及其制品	0.600	5.44
精油和脂类化合物、香水、化妆品	0.00026	3.45	鞋类	0.517	4.69

续表15-2

产品种类	进口		产品种类	出口	
	进口总额（亿美元）	占进口总额比重（%）		出口总额（亿美元）	占进口总额比重（%）
谷物、面粉、淀粉或牛奶制品	0.00020	2.50	人造长丝、人造纺织材料	0.516	4.68
未指明商品	0.00019	2.43	橡胶及其制品	0.478	4.33
蔬菜、水果、坚果或其他植物部分的制剂	0.00016	1.50	人造短纤维	0.340	3.08
合计	0.01256	96.62	合计	6.351	57.58

数据来源：根据世界银行发布的数据整理。

三、中国与叙利亚的投资情况

叙利亚正在遭受战乱，经济发展受到了严重破坏，暂无对外投资数据。

第三节 甘肃与叙利亚经贸关系

一、甘肃与叙利亚的经贸情况

2005年，叙利亚农产品进口额为12.76亿美元，占进口总额的比重为16.15%；2017年，叙利亚农产品进口额增加到15.40亿美元，占进口总额的比重为25.24%，分别比2005年增加2.64亿美元和9.09个百分点，表明叙利亚农产品依赖进口规模较大。而叙利亚林业、渔业产品进口额在进口总额中的比重较小。2017年，叙利亚工业产品进口额为41.82亿美元，比2005年的61.75亿美元减少了47.65%，在进口总额中的比重下降了9.63个百分点（参见表15-3）。

表 15-3 叙利亚农业、林业、渔业、工业产品进口情况表

年度	进口总额（亿美元）	农产品		林业产品		渔业产品		工业产品	
		进口额（亿美元）	比重（%）	进口额（亿美元）	比重（%）	进口额（亿美元）	比重（%）	进口额（亿美元）	比重（%）
2005	78.98	12.76	16.15	2.42	3.06	0.25	0.31	61.75	78.18
2017	61.01	15.40	25.24	1.07	1.76	0.40	0.65	41.82	68.55

数据来源：根据 2005 年与 2017 年 ITC（International Trade Center）数据整理。

2005 年，叙利亚农产品出口额为 10.55 亿美元，在出口总额中的比重为 16.36%；2017 年，叙利亚农产品出口额为 4.40 亿美元，占出口总额的比重为 57.06%，出口规模比 2005 年大幅减少了 6.15 亿美元，但在出口总额中的比重大幅增加了 40.70 个百分点。而叙利亚的林业产品和渔业产品出口规模很小。2017 年，叙利亚工业产品出口额受战乱影响下降很大，为 1.89 亿美元，比 2005 年的 52.87 亿美元大幅减少了 96.43%，在出口总额中的比重下降了 57.47 个百分点（参见表 15-4）。

表 15-4 叙利亚农业、林业、渔业、工业产品出口情况

年度	出口总额（亿美元）	农产品		林业产品		渔业产品		工业产品	
		出口额（亿美元）	比重（%）	出口额（亿美元）	比重（%）	出口额（亿美元）	比重（%）	出口额（亿美元）	比重（%）
2005	64.50	10.55	16.36	0.65	1.01	0.00	0.01	52.87	81.97
2017	7.72	4.40	57.06	1.36	17.60	0.01	0.09	1.89	24.50

数据来源：根据 2005 年与 2017 年 ITC（International Trade Center）数据整理。

甘肃与叙利亚的经贸合作规模很小。2010 年甘肃与叙利亚进出口贸易额为 9287 万元，占当年甘肃对西亚国家进出口总额的 2.81%。2016 年甘肃与叙利亚进出口贸易额为 1157 万元，占当年甘肃对西亚国家进出口总额的 0.57%，比 2005 年减少了 1.24 个百分点，并且只有出口贸易，没有进口贸易。双经贸关系处于低水平（参见表 15-5）。

表15-5　2010年与2016年甘肃与叙利亚及西亚国家进出口总额情况

单位：万元

区域	2010年			2016年		
	进出口总额	进口总额	出口总额	进出口总额	进口总额	出口总额
叙利亚	9287	0	9287	1157	0	1157
西亚国家	330002	121618	208384	201056	15573	185483

数据来源：根据国家统计局发布的数据整理。

二、甘肃与叙利亚的潜在务实合作

叙利亚是西亚地区的一个低收入经济体，与甘肃经贸合作规模不大，由于战争不断，与甘肃潜在合作机会和条件无法确定。从叙利亚农业、林业、渔业、工业商品进出口情况分析，叙利亚农产品在国民经济中所占份额较大，属于农产品纯进口国家。从农产品进出口明细分析，叙利亚进口的农产品种类主要集中在烟草和烟草代用品，肉类和可食用肉类内脏，乳制品、鸟蛋、天然蜂蜜，谷物、面粉、淀粉或牛奶制品，食用蔬菜，糖和糖果，油籽和油果，杂粮、种子和水果，咖啡、茶、香料等，这与甘肃农产品生产种类有较高的契合度。而叙利亚林业、渔业商品进口额度小，与甘肃林业、渔业产品生产种类契合度较低。从工业品进出口明细分析，叙利亚进口的工业品主要集中在电动机械和设备及其部件、录音机和复印机、电视，机械和机械装置、核反应堆、锅炉及其部件，塑料及其制品，钢铁及其制品等，与甘肃出口的工业产品有一定契合度，而在钢铁、铝、铜及其制品方面有一定合作潜力。因此，甘肃与叙利亚的潜在务实合作优势在农产品领域和部分工业制品领域。

第十六章　甘肃与阿富汗务实合作

第一节　阿富汗基本概况

一、基本国情

（一）自然地理概况

阿富汗伊斯兰共和国（简称阿富汗）是一个位于亚洲中南部的内陆国家，坐落在亚洲的心脏地区，国土面积为65.23万平方公里。阿富汗的北部和土库曼斯坦、乌兹别克斯坦以及塔吉克斯坦接壤，东部与中国以及巴基斯坦部分地区接壤，南部与巴基斯坦接壤，西部与伊朗接壤。

阿富汗位于亚热带，因远离海洋，海拔又高，属大陆性气候，干燥少雨，冬季严寒，夏季酷热。阿富汗全国年平均降雨量只有240毫米。

阿富汗矿藏资源丰富，但开发不足。据估测，阿富汗的矿产资源价值超过3万亿美元。至2014年已发现1400多处矿藏，包括铁、铜、铅、锌、镍、锂、铍、重晶石、宝石、盐、煤、铀、石油和天然气等，在阿富汗的塔吉克盆地发现了丰富的油气田。天然气储量约为1500亿立方米，煤矿储量约1亿吨。

（二）国家发展简史

阿富汗的历史可上溯到波斯帝国时期，公元前6世纪居鲁士大帝远征时并入波斯。公元前329年遭到亚历山大侵略后又并入亚历山大帝国。公元821年，阿拉伯帝国阿拔斯王朝（黑衣大食）霍拉桑总督塔希尔建立了塔希尔王朝，领地包括伊朗、伊拉克、叙利亚、阿富汗等地区，名义上承认哈里发主权，但实如独立。12世纪中叶，赫拉特与加兹尼之间的古尔山区兴起了古尔王朝，很快就据有阿富汗全境，后又灭加兹尼王朝，占波斯、印度各一部，1215年古尔王朝被兴起于河中的花剌子模王朝所灭。1747年，阿富汗普什图族阿布达里人酋长艾哈迈德建立了杜兰尼王朝，使得统一的阿富汗国家正式形成。第二次世界大战前阿富汗一直是英国与俄国反复争夺的英国殖民地区。阿富汗就在这两大猛兽的夹缝间生存。1979年9月底，苏联出兵占领了阿富汗，直到1989年最终撤兵。1994年，由奥马尔领导的塔利班得到国民支持，于1997年基本占领全国。直至2001年美国"9·11"后，美国以打击藏匿的本·拉登为由推翻塔利班政权。随后，美军与当地武装的冲突及引发的各种暴力事件不断。

2004年1月26日，阿富汗过渡政府总统卡尔扎伊签署颁布新宪法，确立阿国名为"阿富汗伊斯兰共和国"，实行总统制。

2014年4月5日，阿富汗正式举行总统选举，阿什拉夫·加尼当选为阿富汗总统。

（三）人口及主要城市

据2017年统计，阿富汗人口为3553万人。男性比例为51.53%，女性比例为48.47%，人口增长率2.52%，位于世界第39名。

首都喀布尔，人口约500万，是阿富汗第一大城市，全国的政治、经济、文化中心。

二、经济结构

（一）基本情况

自1979年苏联入侵开始，阿富汗历经四十多年战乱，经济破坏殆尽，交通、通信、工业、教育和农业基础设施遭到的破坏最为严重，生产生活物资短缺，曾有600多万人沦为难民，成为世界上最落后的国家之一。

2005年以来，阿富汗国民经济呈现"低水平的快速增长"，经济逐步恢复发展。2017年，阿富汗GDP为208.15亿美元，人均GDP为585.85美元，属于最不发达经济体。三次产业结构为21∶21.7∶57.3。根据世界银行按人均GDP和石油收入占GDP的比重为标准的划分方法，阿富汗属于非能源型低收入经济体。

1. 第一产业

农牧业是阿富汗国民经济的主要支柱。农牧业人口占全国总人口的80%,耕地不到全国土地总面积的10%。阿富汗主要农作物包括小麦、棉花、甜菜、干果及各种水果,主要畜牧产品是肥尾羊、牛、山羊等。阿富汗是世界第一大毒源地"金新月"的中心。2013年鸦片产量为5500吨,严重影响阿富汗的和平重建进程,也给地区和平与安全带来威胁和挑战。2017年阿富汗的农业增加值为43.71亿美元,占GDP的比重为20.96%。

2. 第二产业

多年战乱使阿富汗工业基础濒临崩溃。第二产业以轻工业和手工业为主,主要有纺织、化肥、水泥、皮革、地毯、电力、制糖、金属制造和农产品以及水果加工等。2017年阿富汗的工业增加值为45.16亿美元,占GDP的比重为21.7%。

3. 第三产业

2017年,阿富汗的第三产业增加值为119.27亿美元。

三、对外贸易

阿富汗经济体量较小,目前仅同60多个国家和地区有贸易往来。2017年,阿富汗贸易额达到118.27亿美元,比2005年的28.55亿美元增长了3.14倍,年均增长26.19%;进口额为107.8亿美元,出口额仅10.47亿美元,进出口额严重不平衡。

阿富汗主要出口商品为农副产品和矿产品,可食用水果和坚果、瓜皮、胶、树脂和其他植物囊和提取物,天然或养殖珍珠、半宝石、贵金属,食用蔬菜和某些根和块茎、矿物燃料、矿物油及其蒸馏产物,沥青物质,矿物蜡,盐、硫、土石、抹灰材料、石灰和水泥,棉、咖啡、茶、香料,钢铁,油籽和油果、杂粮、种子和水果等。前十类产品出口总额为9.32亿美元,占阿富汗出口总额的89.02%。

2017年阿富汗出口贸易领域成绩斐然,出口增长75.67%。阿富汗的主要出口国为巴基斯坦、印度、伊朗、土耳其、伊拉克、阿联酋、中国、德国、哈萨克斯坦、俄罗斯等,出口贸易市场依存度高度集中。

2017年,阿富汗主要进口商品有电动机械和设备及其部件、录音机和复印机、电视,铁路或电车轨道车辆以外的车辆及其零件及附件,矿物燃料、矿物油及其蒸馏产物,沥青物质,矿物蜡,烟草和烟草代用品,铣削工业产品、麦芽、淀粉、菊粉、小麦面筋、机械和机械装置、核反应堆、锅炉及其部件，糖和糖果，飞机及其部件，医药产品，塑料及其制品等，前十类产品进口总额为 61.48 亿美元，占阿富汗进口总额的 57.03%。阿富汗的进口产品大部分来自周边国家。

阿富汗主要产品进口国为伊朗、巴基斯坦、哈萨克斯坦、中国、乌兹别克斯坦、土库曼斯坦、马来西亚、日本、阿联酋、印度等，进口贸易依存度相对集中。

第二节 中国与阿富汗务实合作

一、中国与阿富汗的政治外交情况

阿富汗自古以来就是中国的友好邻邦，也是最早承认新中国并建立外交关系（1955年1月20日）的国家之一。1979年，苏联入侵阿富汗，中国不承认其扶植的政府。1992年中阿两国关系正常化，两国关系得到迅速恢复和发展。2001年阿富汗战争后，中国积极参与和促进阿富汗和平重建，尤其在阿富汗经济和社会建设方面发挥了积极作用。2006年6月，卡尔扎伊总统在出席上海合作组织峰会后访华，双方签署了《中阿睦邻友好合作条约》，宣布建立全面合作伙伴关系。

2014年5月19日，习近平主席在会见阿富汗总统卡尔扎伊时郑重表示：中方坚定不移奉行对阿友好政策，无论国际和地区形势如何变化，中国都是阿富汗可以信赖的朋友。我们愿同阿方保持高层交往，推进各层次各领域交流合作，为阿富汗和平重建提供力所能及的帮助，同阿方一道推进丝绸之路经济带建设。

2014年10月31日，阿富汗问题伊斯坦布尔进程第四次外长会在北京召开，会议取得了包括通过《北京宣言》在内的三大成果，提出了一系列有关解决阿富汗问题的新理念和主张，并将阿富汗问题上升到"亚洲中心"的高度。

从2001年至2014年10月阿富汗问题伊斯坦布尔进程第四次会议召开前，中方在免除阿富汗到期债务的同时，向阿富汗提供了15.2亿元人民币的无偿援助，同时在物质援助、基础设施建设、人员培训等方面为阿富汗重建做出了重要贡献。同时，为了帮助阿富汗政府增强治理能力，中国一直鼓励阿富汗政府采取有效措施,加快发展经济,改善民生;支持推进阿警察和安全部队建设,提升自主维护国家安全的能力,还为阿富汗举办扫雷技术培训并向阿富汗捐献一批扫雷设备。

二、中国与阿富汗的经济贸易情况

在经贸领域,中阿双方签署的一系列贸易、经济技术合作协定和条约为双方合作奠定了良好基础。从2002年至2013年,中国在阿富汗经济合作的合同总额为8.58亿美元,完成总营业额约9.83亿美元,主要涉及通信、公路建设等基础设施领域。另外,中阿双方还在互利共赢的基础上开展资源合作。2008年5月,中国冶金科工集团公司——江西铜业集团公司联合集团通过竞争与阿工矿部签署了总投资达44亿美元、期限为30年的阿富汗艾娜克铜矿的租赁开发合同。

自2010年7月1日起,中方对阿方60%的对华出口产品实施零关税待遇。2011年9月,中石油获得阿富汗北部阿姆河沿岸三处油田的开采项目,双方于同年12月签署了价值约7亿美元的开采协议,该项是阿富汗重建以来的第一个大型油田开发项目,双方经济关系更加密切。

由于受世界金融危机的影响,两国贸易额在2008年大幅下降,但到2009年又得到恢复,并开始迅速增加。中国成为阿富汗的第二大进口国家和第五大出口市场。

2017年中阿双边贸易额达到5.444亿美元,其中中国从阿富汗进口总额为0.034亿美元,阿富汗占中国进口总额的比重为0.01%。中国向阿富汗出口总额为5.41亿美元,阿富汗占中国出口总额的比重为0.02%(参见表16-1)。

表16-1 中国与阿富汗主要产品进出口总额变化情况

	种类	2017年	2016年	2015年	2014年	2013年	2012年
进出口	中国与阿富汗进出口总额(亿美元)	5.444	4.345	3.740	4.100	3.376	4.692
	占中国进出口总额的比重(%)	0.01	0.01	0.01	0.01	0.01	0.01
进口	中国从阿富汗进口总额(亿美元)	0.034	0.045	0.120	0.170	0.096	0.052
	占中国进口总额的比重(%)	0.00018	0.00028	0.00071	0.00087	0.00049	0.00029

续表16-1

	种类	2017年	2016年	2015年	2014年	2013年	2012年
出口	中国向阿富汗出口总额（亿美元）	5.41	4.30	3.62	3.93	3.28	4.64
	占中国出口总额的比重（%）	0.02	0.02	0.02	0.02	0.01	0.02

数据来源：根据海关总署发布的数据整理。

中国主要出口产品为电动机械和设备、录音机和复印机、电视，铁路或电车轨道车辆以外的车辆及配件，机械和机械装置及部件等，橡胶及其制品，鞋类及此类物品的一部分，针织或钩编服装及服装配件制品，服装及服装附件制品、非针织或钩编服装，其他化装纺织品、套装和旧纺织品、破布，塑料及其制品等工业产品和轻工产品。从阿富汗进口的产品主要为动物细毛或粗毛、马毛纱和机织织物，棉花，天然或养殖珍珠、半宝石、贵金属，盐、硫、土石、抹灰材料、石灰和水泥，可食用水果和坚果、柑橘类水果或瓜皮等（参见表16-2）。

表16-2 2017年中国与阿富汗进出口产品种类结构情况

进口			出口		
产品种类	进口总额（亿美元）	占进口总额比重（%）	产品种类	出口总额（亿美元）	占进口总额比重（%）
动物细毛或粗毛、马毛纱和机织织物	0.0170	50.00	电动机械和设备、录音机和复印机、电视	1.06	19.59
棉花	0.0034	10.00	铁路或电车轨道车辆以外的车辆及其配件	0.08	1.48
天然或养殖珍珠、半宝石、贵金属	0.0031	9.12	机械和机械装置及部件等	0.57	10.54
盐、硫、土石、抹灰材料、石灰和水泥	0.0029	8.53	橡胶及其制品	0.45	8.32
未指明的商品	0.0017	5.00	鞋类等	0.26	4.81
毛皮和人造毛皮	0.0016	4.71	针织或钩编服装及服装配件制品	0.23	4.25

续表16-2

产品种类	进口		产品种类	出口	
	进口总额（亿美元）	占进口总额比重（%）		出口总额（亿美元）	占进口总额比重（%）
电动机械和设备、录音机和复印机、电视	0.0013	3.82	服装及服装附件制品、非针织或钩编服装	0.18	3.33
地毯及其他纺织铺地用品	0.0012	3.53	其他化装纺织品、套装和旧纺织品、破布	0.17	3.14
可食用水果和坚果、柑橘类水果或瓜皮	0.0011	3.24	塑料及其制品	0.15	2.77
合计	0.0322	94.71	合计	3.00	55.45

数据来源：根据世界银行发布的数据整理。

三、中国与阿富汗的投资情况

四十多年的战乱令阿富汗的国家经济近乎瘫痪，百废待兴，基础设施亟待恢复，而战争造成的难民问题和塔利班"死灰复燃"令阿富汗战后重建的难度进一步加大。

2014年底，阿富汗政府换届选举，实现权力的正常交接，但国家政治权力架构依然十分脆弱。美国仍然是阿富汗事务的主导者。中国参与阿富汗重建的范围和影响都有限。在安全上，宗派冲突、恐怖主义及毒品犯罪问题严重威胁阿富汗的长治久安。阿富汗重建急需国际援助和大量吸引外资，但目前复杂的国内外因素使重建形势非常不乐观。

根据世界银行发布的数据，2012—2016年，阿富汗实际利用外资累计4.1亿美元，而同期对外直接投资额累计0.4651亿美元。战争没有停止，恐怖主义活动依然猖獗，阿富汗吸引外资的数量和对外投资的数量都很少。

2012—2016年底，中国对阿富汗承包工程完成营业额1.269亿美元，占同期中国对外承包工程完成营业额的0.001%、对亚洲承包工程完成营业额的0.02%，累计对阿富汗承包工程年末在外劳务人员511人次（参见表16-3）。

表16－3 中国与阿富汗投资情况

种类	2016年	2015年	2014年	2013年	2012年
阿富汗实际利用外资额（亿美元）	0.93	1.69	0.43	0.48	0.57
阿富汗对外直接投资额（亿美元）	−0.1500	−0.0100	−0.0002	0.0053	0.6200
中国实际利用外资额（亿美元）	1260.01	1262.67	1197.05	1187.21	1132.94
中国实际利用阿富汗外商直接投资金额（亿美元）	0.0035	0.0050	0.0100	0.0560	0.0160
中国对亚洲承包工程年末在外劳务人员（人次）	173780	168038	165571	166523	156276
中国对阿富汗承包工程年末在外劳务人员（人次）	17	49	31	47	367
中国对外承包工程合同金额（亿美元）	2440.10	2100.70	1917.60	1716.30	1565.29
中国对亚洲承包工程完成营业额（亿美元）	768.51	690.70	648.38	643.97	542.92
中国对阿富汗承包工程完成营业额（亿美元）	0.406	0.113	0.163	0.432	0.155

数据来源：根据国家商务部发布的数据整理。从2001年起，外商投资合同金额和实际使用外资额均不包括对外借款。从2007年起商务部不再对外公布外资合同金额数据。

四、合作建议

阿富汗不仅是古丝绸之路途径的重要地区，而且是当今"一带一路"倡议的战略连接地，战略地位非常重要。

阿富汗新政府赞赏并积极响应"一带一路"倡议，并强调加强中阿双方在油气、矿产、基础设施建设、民生等领域合作。

阿富汗矿产资源丰富，是重振经济的突破口。中国有完善的工业体系、巨大的需求市场，也是阿富汗的好伙伴，在未来阿富汗相对稳定的情况下，在中阿公路、铁路交通建设，矿产及油气资源开发方面，中国在阿富汗全面恢复重建方面能够发挥积极作用。

安全领域的合作也是中阿合作的重点。作为"亚洲中心"，阿富汗有着独特的地理优势，同时阿富汗经历长期战争的摧残，恐怖主义非常活跃，中阿双方都有着打击极端势力、维护国家安全稳定的需要。因此，中阿合作有着深厚的基础和发展前景。

第三节 甘肃与阿富汗经贸关系

一、甘肃与阿富汗的经贸情况

2008年，阿富汗农产品进口额为4.52亿美元，占进口总额的比重为15.00%；2017年，阿富汗农产品进口额增加到22.52亿美元，占进口总额的比重为20.89%，分别比2008年增加18.00亿美元和5.89个百分点，表明阿富汗农产品的进口额度和规模都在扩大。而阿富汗林业、渔业产品进口额在进口总额中的比重几乎没有。2017年，阿富汗工业产品进口额为60.09亿美元，比2008年的13.22亿美元增加了354.54%，在进口总额中的比重增加了11.95个百分点（参见表16-4）。

表16-4 阿富汗农业、林业、渔业、工业产品进口情况

年度	进口总额（亿美元）	农产品		林业产品		渔业产品		工业产品	
		进口额（亿美元）	比重（%）	进口额（亿美元）	比重（%）	进口额（亿美元）	比重（%）	进口额（亿美元）	比重（%）
2008	30.19	4.52	15.00	1.55	5.15	0.0	0.0	13.22	43.79
2017	107.80	22.52	20.89	2.21	2.05	0.0	0.0	60.09	55.74

数据来源：笔者根据2008年与2017年ITC（International Trade Center）数据整理。

2008年，阿富汗农产品出口额为35.31亿美元，在出口总额中的比重为65.38%；2017年，阿富汗农产品出口额增加到73.32亿美元，占出口总额的比重为70.01%，出口规模分别比2008年增加38.01亿美元和4.63个百分点，而林业产品和渔业产品没有出口。2017年，阿富汗工业产品出口额为27.53亿美元，比2008年的15.7亿美元增加了75.35%，但在出口总额中的比重下降了2.79个百分点（参见表16-5）。

表 16-5　阿富汗农业、林业、渔业、工业产品出口情况

年度	出口总额（亿美元）	农产品		林业产品		渔业产品		工业产品	
		出口额（亿美元）	比重（%）	出口额（亿美元）	比重（%）	出口额（亿美元）	比重（%）	出口额（亿美元）	比重（%）
2008	54.00	35.31	65.38	0.0	0.0	0.0	0.0	15.70	29.08
2017	104.74	73.32	70.01	0.0	0.0	0.0	0.0	27.53	26.29

数据来源：根据 2008 年与 2017 年 ITC（International Trade Center）数据整理。

甘肃与阿富汗的经贸合作规模很小。2010 年甘肃与阿富汗没有进出口贸易。2016 年甘肃与阿富汗进出口贸易额为 529 万元，占当年甘肃对西亚国家进出口总额的 0.26%，主要为出口贸易，而进口额仅 8 万元。双方经贸关系处于很低水平（参见表 16-6）。

表 16-6　2010 年与 2016 年甘肃对阿富汗和西亚国家进出口总额情况

单位：万元

区域	2010 年			2016 年		
	进出口总额	进口总额	出口总额	进出口总额	进口总额	出口总额
阿富汗	0	0	0	529	8	521
西亚国家	330002	121618	208384	201056	15573	185483

数据来源：根据国家统计局发布的数据整理。

二、甘肃与阿富汗的潜在务实合作

阿富汗是西亚地区的一个低收入经济体，与甘肃经贸合作规模不大，由于长期战乱影响，与甘肃的潜在合作机会和条件有很大不确定性。从阿富汗农业、林业、渔业、工业商品进出口情况分析，阿富汗的农产品在国民经济中所占份额很高，主要依赖农产品出口。从农产品进出口明细分析，阿富汗进口的农产品种类主要集中在烟草和烟草代用品，谷物、面粉、淀粉，糖和糖果，可食用水果和坚果，柑橘类水果或瓜皮，乳制品、鸟蛋、天然蜂蜜，谷类、食用蔬菜、咖啡、茶、香料等，这与甘肃农产品生产种类有较高的契合度。从工业品进出口明细分析，阿富汗进口的工业品主要集中在电动机械和设备及其部件、录音机和复印机、电视，铁路或电车轨道车辆以外的车辆及其配件，矿物燃料、矿物油及其蒸馏产物，沥青物质，矿物蜡，机械和机械装置及部件，塑料及其制品，钢铁及制品

等，与甘肃出口的工业产品有部分契合度，而在钢铁、铜、铝、铅、锌及其制品方面有一定合作潜力。因此，甘肃与阿富汗的潜在务实合作优势在农产品领域和部分工业制品领域。

第十七章 甘肃与巴勒斯坦务实合作

第一节 巴勒斯坦基本概况

一、基本国情

（一）自然地理

巴勒斯坦国（简称巴勒斯坦）位于地中海东岸，是欧、亚、非三洲交通的要冲，为连接阿拉伯东西方的桥梁，战略地位十分重要。巴勒斯坦由加沙和约旦河西岸两部分组成，其中加沙地区位于以色列的西南部、埃及的东北部，加沙地区有 40 公里长的海岸线，加沙地区面积 365 平方公里；约旦河西岸地区位于以色列的中东部、约旦国的西部，面积 5800 平方公里。目前，加沙地区由哈马斯完全控制，约旦河西岸由巴勒斯坦民族权力机构实际控制。

巴勒斯坦属地中海气候，夏季炎热干燥，冬季较冷，湿润多雨。巴勒斯坦主要矿藏储备有天然气 4920 亿立方米、石油 1.84 亿桶、煤 1850 亿吨、铁 4.3 亿吨、铝土 7400 万吨，还有大量的铬矿、大理石和宝石。

（二）国家发展简史

巴勒斯坦国，古称迦南。公元前 20 世纪前后，闪米特族的迦南人就定居在巴勒斯坦的沿海和平原。公元 637 年，阿拉伯人征服巴勒斯坦，巴勒斯坦随之阿拉伯化和伊斯兰化。阿拉伯人同当地原有居民互相融合，逐渐形成了巴勒斯坦人。第一次世界大战期间（1917 年），英国军队占领了巴勒斯坦。1918 年 10 月，英土签订停战协定，奥斯曼土耳其结束对巴勒斯坦的统治。第二次世界大战后，美国成为犹太复国主义的主要支持者。1947 年 11 月 29 日，联合国大会通过关于巴勒斯坦分治的决议，决定英国的委任统治于 1948 年 8 月 1 日结束。巴勒斯坦长期饱受战乱的侵扰，1988 年 11 月 15 日在阿尔及尔举行的巴勒斯坦全国委员会第 19 次特别会议通过《独立宣言》，宣布建立以耶路撒冷为首都的巴勒斯坦国。目前巴勒斯坦是联合国观察员国，正在争取正式席位。

（三）政治宗教

巴勒斯坦解放组织简称"巴解"，1964 年 5 月在耶路撒冷成立。巴勒斯坦全国委员会是"巴解"的最高权力机构。"巴解"组织执委会是"巴解"组织的最高执行机构，由"巴解"全国委员会选举产生，负责"巴解"组织的全面行政事务，并对全国委员会负责。"巴解"执行委员会是"巴解"组织的常设领导机构。

哈马斯是伊斯兰抵抗运动的缩写，也被称为巴勒斯坦伊斯兰抵抗运动，是成立于 1987 年的一个巴勒斯坦伊斯兰教逊尼派组织，是一个集宗教性、政治性为一体的组织，拥有自己的武装力量。

巴勒斯坦是一个多宗教信仰的国家，主要有伊斯兰教、犹太教、天主教、东正教、基督新教。

（四）人口及主要城市

2017 年，巴勒斯坦人口总量达到了 468.5 万人（仅加沙地区和约旦河西岸人口），阿拉伯人是该地区的主要居民。

拉姆安拉是"巴解"的经济、文化和商业中心，是巴民族权力机构在约旦河西岸的行政管理中心。

加沙城（现为哈马斯控制）位于加沙地区的东北部，是加沙地区的行政中心，在靠近埃及边境与地中海之间的加沙地带内，通过沙丘带上的一个豁口与海岸相通。

巴勒斯坦主张未来首都设在耶路撒冷，它是基督教、伊斯兰教和犹太教三教的圣城。

二、经济结构

（一）基本情况

巴勒斯坦尚未建立起完整的经济体系。目前，巴勒斯坦百废待兴，产业基本上以农业为主，经济上严重依赖以色列，巴以冲突持续严重地制约了巴勒斯坦经济的发展。

巴勒斯坦以农业为主，其他产业有建筑业、加工业、手工业、商业、服务业等。2010年底世界银行报告认为，巴勒斯坦经济已经达到建立独立国家的水平。2012年，由于外部财政援助未能及时到位、以色列持续对巴封锁等原因，巴勒斯坦出现了严重的财政困难。

巴勒斯坦GDP增长迅速。2017年，巴勒斯坦GDP为144.98亿美元，比2005年增长了200.04%，年均增长16.67%；人均GDP3094.55美元，比2005年增长了112.62%，年均增长9.38%（考虑到国际援助和捐款等因素，实际状况与统计数据会有较大差异）。根据世界银行按人均GDP和石油收入占GDP的比重为标准的划分方法，巴勒斯坦属于非能源型低收入经济体。

（二）产业结构

1. 第一产业

巴勒斯坦农产品丰富，农业是其经济支柱。水果、蔬菜和橄榄油是外贸出口的重要部分，占出口产品的25%；可耕地面积为16.6万公顷，从事农业的劳动力占劳动力总数的20%左右。2013年，巴勒斯坦农业总产值达6.31亿美元，约占GDP的比重为5.0%。

2. 第二产业

巴勒斯坦工业水平很低，受以色列严格控制，巴工业主要局限在一般加工业方面，主要有制革、塑料、橡胶、化工、食品、石材、大理石和人造石板、制药、造纸、印刷、建筑、纺织、制衣和家具等。工业产值约为19.96亿美元，约占GDP的16%。截至2013年底，巴勒斯坦共有各种工业企业5400余家，外资企业仅25家。

3. 第三产业

巴勒斯坦的服务业主要以旅游业为主。巴勒斯坦气候宜人，有大量的历史文化古迹，旅游资源丰富。主要旅游城市有耶路撒冷、拉马拉、比拉、伯利恒、杰里科、纳布卢斯、希伯伦、加沙。主要的旅游景点有杰里科古遗迹、耶稣诞生地、阿喀萨清真寺、哭墙等。2013年，巴勒斯坦第三产业产值为82.34亿美元，约占GDP的66%。

巴勒斯坦的特殊国情，使其国民经济处于非正常状态。其国民收入还有两大来源：一是国际援助和捐款，二是巴勒斯坦人在以色列及周边国家打工收入。两项合计约占GDP的13%。

二、对外贸易

目前巴勒斯坦还不是世界贸易组织成员方，但是巴勒斯坦与南方共同市场、约旦等国家和地区签署了自由贸易协定。

2017年巴勒斯坦的进出口贸易总额为11.59亿美元，其中，进口额为10.28亿美元，出口额为1.31亿美元。水果、蔬菜和橄榄油是巴勒斯坦重要的外贸出口产品。

（一）出口贸易

2017年，巴勒斯坦的出口贸易总额为1.31亿美元，相比2007年下降了3.82亿美元，下降了74.46%。

2017年，巴勒斯坦排名前十的出口产品为可食用水果和坚果，石材、灰泥、水泥、石棉、云母或类似材料制的物品，动植物脂肪和油脂及其裂解产品、制备的可食用脂肪，钢铁，医药产品，肉类、鱼类或甲壳类动物、软体动物或其他水生无脊椎动物的制剂，食用蔬菜、某些根和块茎，咖啡、茶、香料，蔬菜、水果、坚果或其他植物部分的制剂，油籽和油果、杂粮、种子和水果、药材等，合计出口额为1.084亿美元，占出口总额的比重为82.75%。

2016年，巴勒斯坦排名前十的出口市场为以色列、约旦、阿联酋、沙特阿拉伯、科威特、美国、意大利、英国、荷兰、土耳其，对这十个国家的出口总额为9.09亿美元，所占比重为98.14%。其中，对以色列的出口额为7.71亿美元，占出口总额的83.26%。这说明巴勒斯坦的出口从2007年有统计数据以来一直严重依赖以色列市场。

（二）进口贸易

2017年，巴勒斯坦的进口贸易总额为10.28亿美元，相比于2007年下降了21.13亿美元,下降了67.27%。

2017年,巴勒斯坦排名前十的进口产品为铁路或电车轨道车辆以外的车辆及其部件,电动机械和设备及其部件、录音机和复印机、电视,盐、硫、土石、抹灰材料、石灰和水泥,机械和机械装置等,谷物、面粉、淀粉或牛奶制品,医药产品,可可和可可制剂,肉类,动植物脂肪和油脂及其裂解产品、制备的可食用脂肪,蔬菜、水果、坚果或其他植物部分的制剂等,总额为6.363亿美元,所占进口总额的比重为61.9%。

2016年,巴勒斯坦排名前十的进口市场为以色列、土耳其、德国、约旦、意大利、沙特阿拉伯、西班牙、法国、埃及、乌克兰,对这十个国家进口总额为43.24亿美元,所占比重为80.62%。其中,从以色列进口额为31.23亿美元,占进口总额的比重为58.22%。巴勒斯坦进口市场也严重依赖以色列,但2017年进口贸易对以色列的依赖程度比2007年下降了15.26个百分点。

第二节 中国与巴勒斯坦务实合作

一、中国与巴勒斯坦的政治外交情况

第二次世界大战后,中国同巴勒斯坦一直保持着友好的关系。自巴勒斯坦民族主义兴起以来,中国一直支持巴勒斯坦人民的民族解放事业。20世纪50年代至70年代是巴勒斯坦同以色列激烈抗争的时期,中国坚定不移地支持巴勒斯坦人为争取民族独立而进行的斗争。1988年,法理上的巴勒斯坦国建立,中国在国际上率先承认巴勒斯坦国并与之建交。

20世纪90年代以来,随着巴以和平进程向积极方向转变,中国同巴勒斯坦的交往与合作开始从政治领域延伸到经济和文化等领域。两国人民相互理解、相互信赖、相互支持,是真正的好朋友、好伙伴、好兄弟。近年来,中巴两国高层交往密切,政治互信更加巩固,各领域合作得到稳步发展。

2017年7月18日,国家主席习近平与来华进行国事访问的巴勒斯坦国总统阿巴斯举行会谈并指出:中方愿与巴方共建"一带一路",支持有实力、有条件的企业到巴勒斯坦开展投资合作,实现互利共赢。中方愿同巴方在工业区建设、人才培训和太阳能电站项目等方面合作,帮助巴方提升自主发展能力。双方要继续加强在文化、教育、科研、政党、地方、民间、青年等各

领域各层次交流合作，不断增进两国人民友谊。

国家主席习近平提出了推动解决巴勒斯坦问题的四点主张，强调中方坚定支持巴勒斯坦人民的正义事业，愿同巴方一道，传承和发展中巴友好合作。

中国与巴勒斯坦签署了两国政府间经济技术合作协定，这是中巴之间的第一份经济技术合作协定。同时，两国还签署了文化、教育合作文件。

二、巴勒斯坦与中国的经济贸易情况

巴勒斯坦与中国的贸易数量非常小，每年仅数千万美元。2017 年两国贸易额为 0.691 亿美元。进出口产品仅为一般工业制品和轻工产品（参见表 17-1、表 17-2），没有正常投资行为。

表 17-1 中国与巴勒斯坦进出口总额变化情况

	种类	2017 年	2016 年	2015 年	2014 年	2013 年	2012 年
进出口	中国与巴勒斯坦进出口总额（亿美元）	0.691	0.593	0.694	0.7508	0.912	0.413
	占中国进出口总额的比重（%）	0.0017	0.0016	0.0018	0.0017	0.0022	0.0011
进口	中国从巴勒斯坦进口总额（亿美元）	0.0010	0.0030	0.0040	0.0008	0.0020	0.0030
	巴勒斯坦占中国进口总额的比重（%）	0.00001	0.00002	0.00002	0.00000	0.00001	0.00002
出口	中国对巴勒斯坦出口总额（亿美元）	0.69	0.59	0.69	0.75	0.91	0.41
	占中国出口总额的比重（%）	0.0030	0.0028	0.0030	0.0032	0.0041	0.0020

数据来源：根据海关总署发布的数据整理。

表 17-2 2017 年中国与巴勒斯坦进出口产品种类结构情况

	进口			出口	
产品种类	进口总额（亿美元）	占进口总额比重（%）	产品种类	出口总额（亿美元）	占进口总额比重（%）
生皮（毛皮除外）及皮革	0.00100	55.56	机械和机械装置及部件等	0.210	30.43

续表2-2

产品种类	进口		产品种类	出口	
	进口总额（亿美元）	占进口总额比重（%）		出口总额（亿美元）	占进口总额比重（%）
电动机械和设备、录音机和复印机、电视	0.00004	2.22	电动机械和设备、录音机和复印机、电视	0.120	17.39
光学、摄影、电影、测量、检查仪器设备	0.00001	0.56	陶瓷制品	0.042	6.09
未指明商品	0.00001	0.56	橡胶及其制品	0.031	4.49
皮革制品、马鞍和马具、旅行用品、手提包	0.00001	0.56	塑料及其制品	0.030	4.35
—	—	—	家具、床上用品和类似的填充家具	0.029	4.20
—	—	—	铝及制品	0.018	2.61
—	—	—	针织或钩编服装及服装配件制品	0.017	2.46
—	—	—	钢铁制品	0.015	2.17
合计	0.00107	59.44	合计	0.497	72.03

数据来源：根据世界银行发布的数据整理。

三、中国与巴勒斯坦的投资情况

巴勒斯坦在国际上的地位尚有争议，因此相关投资数据未被统计（表17-3）。

表17-3 中国与巴勒斯坦投资情况

种类	2016年	2015年	2014年	2013年	2012年
中国实际利用外资额（亿美元）	1260.010	1262.670	1197.050	1187.210	1132.940
中国实际利用巴勒斯坦外商直接投资金额（亿美元）	0.0008	0.0000	0.0070	0.0003	0.0010
中国对亚洲承包工程年末在外劳务人员（人次）	173780	168038	165571	166523	156276

续表17－3

种类	2016年	2015年	2014年	2013年	2012年
中国对外承包工程合同金额（亿美元）	2440.10	2100.70	1917.60	1716.30	1565.29
中国对亚洲承包工程完成营业额（亿美元）	768.51	690.70	648.38	643.97	542.92
中国对巴勒斯坦承包工程完成营业额（亿美元）	0.00	0.00	0.00	0.00	0.00

数据来源：根据国家商务部发布的数据整理。从2001年起，外商投资合同金额和实际使用外资额均不包括对外借款。从2007年起商务部不再对外公布外资合同金额数据。

第三节 甘肃与巴勒斯坦经贸关系

一、甘肃与巴勒斯坦的经贸情况

2007年，巴勒斯坦农产品进口额为4.72亿美元，占进口总额的比重为15.03%；2017年，巴勒斯坦农产品进口额为2.70亿美元，占进口总额的比重为26.26%，比2007年减少2.02亿美元，但在进口总额中的占比却增加了11.22个百分点，表明巴勒斯坦农产品的进口环境在恶化；而林业、渔业产品进口额在进口总额的占比很小。2017年，巴勒斯坦工业产品进口额为7.39亿美元，比2007年的26.12亿美元大幅减少了71.70%，在进口总额中的比重也减少了11.24个百分点（参见表17－4）。

表17－4 巴勒斯坦农业、林业、渔业、工业商品进口情况

年度	进口总额（亿美元）	农产品		林业产品		渔业产品		工业产品	
		进口额（亿美元）	比重（%）	进口额（亿美元）	比重（%）	进口额（亿美元）	比重（%）	进口额（亿美元）	比重（%）
2007	31.41	4.72	15.03	0.43	1.38	0.09	0.29	26.12	83.16
2017	10.28	2.70	26.25	0.04	0.39	0.06	0.62	7.39	71.92

数据来源：根据2007年与2017年ITC（International Trade Center）数据整理。

2007年，巴勒斯坦农产品出口额为0.92亿美元，在出口总额中的比重为17.97%；2017年，巴勒斯坦农产品出口额为0.60亿美元，占出口总额

的比重为45.86%，出口规模比2007年减少了0.32亿美元，但在出口总额中的比重增加了28.26个百分点，而林业产品和渔业产品出口规模很小。2017年巴勒斯坦工业产品出口额仅为0.6亿美元，比2007年的3.82亿美元大幅减少84.29%，在出口总额中的比重减少了28.66个百分点（参见表17-5）。

表17-5 巴勒斯坦农业、林业、渔业、工业产品出口情况

年度	出口总额（亿美元）	农产品		林业产品		渔业产品		工业产品	
		出口额（亿美元）	比重（%）	出口额（亿美元）	比重（%）	出口额（亿美元）	比重（%）	出口额（亿美元）	比重（%）
2007	5.12	0.92	17.95	0.34	6.82	0.02	0.55	3.82	74.59
2017	1.31	0.60	46.21	0.01	0.45	0.08	5.83	0.60	45.93

数据来源：根据2007年与2017年ITC（International Trade Center）数据整理。

甘肃与巴勒斯坦的经贸合作规模很小。2010年甘肃与巴勒斯坦没有贸易往来。2016年甘肃仅对巴勒斯坦出口了84万元。双方经贸关系处于很低水平（参见表17-6）。

表17-6 2010年与2016年甘肃对巴勒斯坦以及西亚国家进出口总额情况

单位：万元

区域	2010年			2016年		
	进出口总额	进口总额	出口总额	进出口总额	进口总额	出口总额
巴勒斯坦	0	0	0	84	0	84
西亚国家	330002	121618	208384	201056	15573	185483

数据来源：根据国家统计局发布的数据整理。

二、甘肃与巴勒斯坦的潜在务实合作

巴勒斯坦是西亚地区的一个低收入经济体，长期的战争使巴勒斯坦经济处于非正常状态，与甘肃经贸合作几乎处于停滞，潜在合作机会和条件有很大的不确定性。从巴勒斯坦农业、林业、渔业、工业产品进出口情况分析，巴勒斯坦属于农产品纯进口国。从农产品进出口明细分析，巴勒斯坦进口的农产品种类主要集中在谷物、面粉、淀粉，乳制品，鸟蛋，天然蜂蜜，动物食用产品，食用蔬菜，水果，咖啡、茶、香料等，这与甘肃农产品生产种类

有较高的契合度。从工业品进出口明细分析，巴勒斯坦进口的工业品主要集中在铁路或电车轨道车辆以外的车辆及其部件，机械和机械装置及其部件等，电动机械和设备及其部件、录音机和复印机、电视，盐，硫，土石，抹灰材料，石灰和水泥等，与甘肃出口的工业产品契合度较低。由于巴勒斯坦进出口水平都很低，因此，双方合作关系存在很大的不确定。

第十八章 甘肃与塞浦路斯务实合作

第一节 塞浦路斯基本概况

一、基本情况

(一) 自然地理

塞浦路斯共和国(简称塞浦路斯)位于地中海东北部,是欧洲与亚洲交界处的一个岛国,其扼守着亚、非、欧三洲海上交通要冲,面积9251平方公里,为地中海第三大岛。塞浦路斯岛分为南塞浦路斯和北塞浦路斯,南塞浦路斯为政府控制区。塞浦路斯北距土耳其40公里,东距叙利亚96.55公里,南距埃及的尼罗河三角洲402.3公里。

塞浦路斯属地中海气候,夏天干热,冬天温湿,全年有阳光辐射的天数达300天左右。

塞浦路斯自然资源以铜为主,其他有硫化铁、盐、石棉、石膏、大理石、木材和土性无机颜料。其森林面积1735平方公里,国土的36%~38%为森林。水资源匮乏。

(二) 国家发展简史

塞浦路斯因地处地中海进入西亚地区的要冲,公元前1500年古希腊人移居塞浦路斯岛。塞浦路斯先后曾被亚述、古埃及、波斯、古罗马、拜占庭和奥斯曼土耳其人占领。1878年塞浦路斯被奥斯曼土耳其割让给英国,1925年正式沦为英国殖民地;1960年8月16日宣告独立,隔年成为英联邦成员国。

塞浦路斯独立后，主体民族希腊人和少数民族土耳其人零星冲突不断，直至1974年爆发严重的种族流血冲突，主要居住于该岛北部的土耳其人在土耳其政府的干预和支持下在当地另立政权——北塞浦路斯土耳其共和国。自此塞浦路斯共和国长期处于南北分裂状态。而塞浦路斯共和国事实上有效统治区域仅为南方，占全岛面积的63%。北塞浦路斯作为政治实体目前仅为土耳其政府所承认。

塞浦路斯是世界上著名的旅游目的地，经济收入和人类发展指数很高，被世界银行列为高收入经济体系，被国际货币基金组织列入发达经济体系。塞浦路斯共和国是不结盟运动的创始成员，2004年5月1日加入欧盟。2008年1月1日，塞浦路斯加入了欧元区。

（三）政治宗教

宪法规定塞浦路斯为共和国，总统由希腊族人担任，土耳其族人任副总统，行政权属总统、副总统。由于两族争端，宪法并未得到贯彻。塞浦路斯议会实行一院制，每五年选举一次。总统是国家元首、政府首脑。塞浦路斯官方语言为希腊语和土耳其语，通用语言为英语。希腊族信奉东正教，土耳其族信奉伊斯兰教。

（四）人口及主要城市

塞浦路斯现有总人口为118.48万（2017年1月），其中希腊族人口占71.8%，土耳其族人口占9.5%，外籍人口占18.7%。

首都尼科西亚是塞浦路斯第一大城市，是塞浦路斯的政治、经济、文化中心，也是著名的商业和旅游城市。

利马索尔是塞浦路斯第二大城市、最大的港口和最重要的贸易、商业和旅游城市。

二、经济结构

（一）基本情况

塞浦路斯是以服务业、旅游业为主导并重视传统农业的现代高收入国家，人民生活富足，人均国内生产总值高于欧盟平均数。

塞浦路斯实行自由开放、以市场为主导的现代经济体系，政府推行健全的宏观经济政策，国民素质较高，劳动力普遍接受过高等教育。

2017年，塞浦路斯GDP为216.52亿美元，同比增长了7.43%；人均GDP为25233.57美元，同比增长了7.19%。三次产业结构为1.8∶9.9∶88.3。根据世界银行，按人均GDP和石油收入占GDP的比重为标准的划分方法，塞浦路斯属于非能源型高收入经济体。

（二）产业结构

1. 第一产业

塞浦路斯农业生产总值约占国内生产总值的1.81%（2016年），由于缺水，农业发展受限，在国民经济中的贡献率也随着服务业的快速发展不断下降，但农产品贸易在对外贸易中仍具有举足轻重的地位，出口最多的五种产品中有三种为农产品——土豆、橘类和奶酪。

2. 第二产业

工业生产总值约占国内生产总值的9.92%（2016年），由于国内市场不大，塞浦路斯工业产品和加工农产品大部分用于出口。工业企业大多为私人企业，规模不大。主要工业部门有食品、纺织、皮革、木材、金属、机械、运输、电力、光学、化工等。

3. 第三产业

塞浦路斯的金融、保险、服务及旅游业比较发达，尤其以度假旅游为特征的旅游业为第三产业发展的龙头。2010年以来，旅游业成为塞浦路斯外汇收入主要来源和拉动经济增长的支柱产业。第三产业从业人员占全国总就业人口的80%，因此塞浦路斯的经济通常被称为"服务经济"。2016年，塞浦路斯第三产业增加值占GDP的比重为88.27%。

三、对外贸易

塞浦路斯2017年进出口贸易总额为126.6亿美元，其中进口贸易总额为92.92亿美元，比前一年增加了26.88亿美元；出口贸易总额为33.68亿美元，比前一年增加了14.48亿美元。塞浦路斯是一个严重依赖进口的国家，国民经济发展和国民生活保障性用品大多需要进口，如机械产品、运输设备、燃料以及食品等。

（一）出口贸易

通过整理世界银行发布的数据得知，2017年，塞浦路斯主要出口产品有船舶、船只及浮动构筑物,出口额为 8.86 亿美元,占出口总额的 26.31%;矿物燃料、矿物油及其蒸馏产物,沥青物质,矿物蜡出口额为 7.24 亿美元,占出口总额的 21.5%;医药用品出口额为 3.09 亿美元,占出口总额的 9.17%;电动机械和设备及其部件、录音机和复印机、电视出口额为 1.95 亿美元,占出口总额的 5.79%;乳制品、鸟蛋、天然蜂蜜、动物食用产品出口额为 1.89 亿美元,占出口总额的 5.61%,这前五大类出口产品占出口总额的比重为 68.38%。机械和机械装置等及其部件,飞机、航天器及其部件,天然或养殖珍珠、半宝石、贵金属等,食用蔬菜和某些根和块茎等合计占比 13.21%。

塞浦路斯主要产品前十大出口市场有利比亚、希腊、挪威、英国、德国、新加坡、荷兰、以色列、比利时、埃及。前十大出口市场出口额合计占塞浦路斯出口总额的 45.81%,出口市场相对分散,依赖程度较低。

(二) 进口贸易

整理世界银行发布数据资料得知,2017 年,塞浦路斯前十大主要进口商品有船舶、船只及浮动构筑物进口额为 20.4 亿美元,占进口总额的 21.95%;矿物燃料、矿物油及其蒸馏产物,沥青物质,矿物蜡进口额为 16.41 亿美元,占进口总额的 17.66%;铁路或电车轨道车辆以外的车辆及其部件进口额为 6.5 亿美元,占进口总额的 7.0%;机械和机械装置等及其部件进口额为 4.68 亿美元,占进口总额的 5.04%;电动机械和设备及其部件、录音机和复印机、电视进口额为 3.82 亿美元,占进口总额的 4.11%;医药产品,飞机、航天器及其部件;塑料及其制品;钢铁制品和饮料、烈酒和醋等合计为 61.71 亿美元,占进口总额的比重为 66.41%。塞浦路斯进口产品相对分散,主要集中在工业机械、设备及其制品方面。

塞浦路斯主要产品前十大进口市场有希腊、意大利、德国、韩国、中国、英国、荷兰、以色列、法国、西班牙。前十大进口市场进口额合计占塞浦路斯进口总额的 66.97%,进口市场相对集中,对外依赖程度较高。

第二节　中国与塞浦路斯务实合作

一、塞浦路斯与中国的政治外交情况

塞浦路斯和中国于1971年12月14日建立外交关系，1989年塞浦路斯在北京正式设立大使馆。塞浦路斯奉行中立的和平外交政策，支持不结盟运动，强调维护国家独立、主权、统一和领土完整，发展同世界各国的友好关系。两国建交以后，高层互访不断。塞浦路斯与中国签订了18份双边协议，其中包括双重课税避税协议、文化双边协议、经济及科技合作协议、旅游双边协议、投资共促协议、经济合作协议、商船运输协议等。2006年塞浦路斯总统正式访问中国期间，中方组织了塞浦路斯和中国建交35周年庆典活动。塞浦路斯一直坚持"一个中国"原则，支持中国的统一。在1971年中国申请加入联合国时，塞浦路斯是最先支持中国的友邦之一。

二、塞浦路斯与中国的经济贸易情况

2017年，塞浦路斯与中国双边贸易进出口额约为5.77亿美元，比上年增长了13.13%。其中，塞浦路斯对中国出口仅0.53亿美元，比上年增加了10.42%，占中国进口总额的比重约为0；塞浦路斯从中国进口5.24亿美元，比上年增长了13.42%，占中国出口总额的0.02%（参见表18-1）。塞浦路斯与中国的贸易逆差4.71亿美元。

表18-1　中国与塞浦路斯进出口总额情况

	种类	2017年	2016年	2015年	2014年	2013年	2012年
进出口	中国与塞浦路斯进出口总额（亿美元）	5.77	5.10	6.40	11.01	10.25	12.14
	占中国进出口总额的比重（%）	0.01	0.01	0.02	0.03	0.02	0.03
进口	中国从塞浦路斯进口总额（亿美元）	0.53	0.48	0.50	0.63	0.53	1.21
	占中国进口总额的比重（%）	0.00	0.00	0.00	0.00	0.00	0.01

续表18-1

	种类	2017年	2016年	2015年	2014年	2013年	2012年
出口	中国对塞浦路斯出口总额（亿美元）	5.24	4.62	5.9	10.38	9.72	10.93
	占中国出口总额的比重（%）	0.02	0.02	0.03	0.04	0.04	0.05

数据来源：根据海关总署发布的数据整理。

塞浦路斯以服务业为主，工农业产品少，对中国出口规模较小，且主要集中在医药产品和蔬菜、水果、坚果和其他植物部分的制剂，这两项占塞浦路斯对中国出口贸易总额的81.13%。其他出口商品规模小，金额均不足百万美元。

塞浦路斯进口的主要商品为船舶、船只及浮动构筑物等运输设备，矿物燃料、矿物油及其蒸馏产物，沥青物质，矿物蜡，机械和机械装置、核反应堆、锅炉及部件，这三类商品占进口总额的28.82%、12.21%和12.02%，合计53.05%。电动机械和设备及其部件、录音机和复印机、电视，家具、床上用品和类似的填充家具，有机化学品，橡胶及其制品，钢铁制品，塑料及其制品合计占进口总额的26.72%（参见表18-2）。中国的劳动密集型产品在塞浦路斯具有相对竞争优势，但中国在塞浦路斯进出口贸易中所占比重均不大。

表18-2　2017年中国与塞浦路斯进出口产品种类结构情况

	进口		出口		
产品种类	进口总额（亿美元）	占进口总额比重（%）	产品种类	出口总额（亿美元）	占进口总额比重（%）
医药产品	0.310	58.49	船舶、船只及浮动构筑物	1.51	28.82
蔬菜、水果、坚果或其他植物部分的制剂	0.120	22.64	矿物燃料、矿物油及其蒸馏产物，沥青物质，矿物蜡	0.64	12.21
铜及其制品	0.020	3.77	机械和机械装置、核反应堆、锅炉等及其部件	0.63	12.02
饮料、烈酒和醋	0.020	3.77	电动机械和设备及其部件、录音机和复印机、电视	0.38	7.25

续表18-2

进口			出口		
产品种类	进口总额（亿美元）	占进口总额比重（%）	产品种类	出口总额（亿美元）	占进口总额比重（%）
木浆或其他纤维材料、回收纸类	0.020	3.77	家具、床上用品和类似的填充家具	0.29	5.53
可食用水果和坚果	0.006	1.13	有机化学品	0.24	4.58
其他贱金属、金属陶瓷、其制品	0.003	0.57	橡胶及其制品	0.19	3.63
机械和机械装置等及其部件	0.003	0.57	钢铁制品	0.17	3.24
光学、摄影、电影、测量、检查仪器	0.002	0.38	塑料及其制品	0.13	2.48
合计	0.504	95.09	合计	4.18	79.77

数据来源：根据世界银行发布的数据整理。

三、中国与塞浦路斯的投资状况分析

（一）对外投资状况分析

根据世界银行发布的数据整理，2012—2016年，塞浦路斯实际利用外资累计535.36亿美元，年均107.07亿美元，其吸引外资的数量较大；而同期对外直接投资额累计617.59亿美元，年均123.52亿美元。两者相比，塞浦路斯对外直接投资规模大于外资流入规模82.23亿美元，是世界主要对外投资来源国之一。

2012—2016年，中国对塞浦路斯各类投资累计为0.86亿美元，实际利用塞浦路斯外商直接投资总额0.41亿美元，在塞浦路斯利用外资总额中所占比例很小。2012—2016年，中国对塞浦路斯承包工程完成营业额合计2.24亿美元；中国对塞浦路斯承包工程年末在外劳务人员累计15人次。（参见表18-3）

表 18-3　中国与塞浦路斯投资情况

种类	2016年	2015年	2014年	2013年	2012年
塞浦路斯实际利用外资额（亿美元）	26.07	81.07	−7.54	−60.25	496.01
塞浦路斯对外直接投资额（亿美元）	11.60	173.88	−23.93	−64.86	520.90
中国实际利用外资额（亿美元）	1260.010	1262.670	1197.050	1187.210	1132.940
中国实际利用塞浦路斯外商直接投资金额（亿美元）	0.02	0.02	0.07	0.21	0.09
中国对塞浦路斯直接投资净额（亿美元）	0.05	0.02	0.00	0.76	0.03
中国对亚洲承包工程年末在外劳务人员（人次）	173780	168038	165571	166523	156276
中国对塞浦路斯承包工程年末在外劳务人员（人次）	13.00	0.00	2.00	0.00	0.00
中国对外承包工程合同金额（亿美元）	2440.10	2100.70	1917.60	1716.30	1565.29
中国对亚洲承包工程完成营业额（亿美元）	768.514	690.701	648.381	643.975	542.928
中国对塞浦路斯承包工程完成营业额（亿美元）	1.14	0.01	0.82	0.06	0.21

数据来源：根据国家商务部发布的数据整理。从2001年起，外商投资合同金额和实际使用外资额均不包括对外借款。从2007年起商务部不再对外公布外资合同金额数据。

（二）投资风险分析

1. 经营风险

塞浦路斯为典型的外向型经济，以金融、航运、旅游业等第三产业为主导，容易受到世界经济波动尤其是欧盟其他成员国及周边国家经济波动的影响。2008年初爆发的金融危机对塞浦路斯金融行业影响很大，尤其是希腊主权债务危机对塞浦路斯金融业产生了巨大冲击，导致塞浦路斯政府财政赤字飙升，政府财税收入锐减，失业率上升，部分中小企业倒闭或生产困难，主权信用评级扫地，无法继续获得国际贷款，不得已接受欧元集团的救助协议。市场上流动性严重不足，波及建筑、房地产、外贸、制造业、股票市场等，国民经济整体衰退。2016年开始，塞浦路斯经济逐步恢复增长，经济发展趋于稳定。

2. 政治风险

塞浦路斯长期南北分治，民族对立，统一和谈困难重重是最大的政治风险。潜在的民族冲突有时刻爆发的可能。

（三）投资前景

塞浦路斯的法律制度以英国法制为基础，法律法规健全。企业所得税率比欧盟低10%。塞浦路斯与40多个国家签订避免双重征税条约。目前，塞浦路斯政治形势总体稳定，经济发展，自由开放的市场，没有外汇限制，吸引了大量国际投资者。塞浦路斯也是"一带一路"沿线的重要合作国。"一带一路"倡议将有力推动中塞两国在交通运输设备、贸易、农业、旅游等领域的广泛合作，有利于中国在西亚扩大影响力和拓展战略发展空间。

2015年，在塞浦路斯东部盆地发现了2.831万亿立方米的未开发天然气，塞浦路斯政府加大了近海油气田的勘探和开发力度，制定了天然气液化厂建设蓝图和打造东地中海能源中心的能源战略以及相关吸引外资的优惠政策。这为中资企业在塞浦路斯投资提供了较为广阔的发展空间。

四、合作建议

（一）加强与当地政府和居民的沟通与合作

中国企业首先要了解和熟悉当地的立法、政策及走向动态，与当地企业家、居民建立广泛的社会关系，以获得更多的信息和支持，并开辟向当地政府部门反映投资环境问题和企业诉求的更直接渠道。其次，掌握当地及本行业职工工资和待遇水平，了解和参考其他会员企业处理劳资纠纷的常用办法和途径；注意与工会保持友好沟通和经常对话，以便在发生问题和处理纠纷时能够及时准确了解情况，得到配合和理解。再次，要尊重当地居民的宗教信仰和民族习俗及个人尊严，保障企业中当地雇员的合法权益，并与其保持良好的关系。有条件的情况下，企业应积极参与当地和社区的社会公益活动，为民生事业做些力所能及的实事。这将有助于中资企业与当地合作伙伴建立互信的人际关系，有利于树立良好的企业形象。

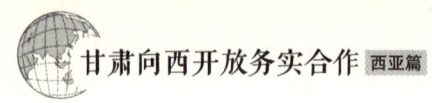

(二) 依法保护生态环境，承担必要的社会责任

塞浦路斯虽地处亚洲，但其在经济发展中，许多要求和标准向欧盟看齐。因此，政府在环保标准方面有意识地向欧盟靠近。中国企业在塞浦路斯开展投资合作或工程承包合作，应主动了解和熟悉当地的环保规定，在项目设计、施工、生产、污水及工业废料乃至生活垃圾的处理等各个环节严格遵守环保规定。此外，不要吝惜在环保方面的投入。同时，作为在当地经营的外国企业，中资企业有义务在环境保护、劳工问题、安全生产、诚信经营和社会公德等方面主动承担必要的责任，树立良好的企业形象。另外，为保证企业合法经营，维护企业的正当权益，建议有条件的中国企业聘请常年律师，为企业提供有针对性的咨询、维权等方面的服务。

(三) 加强两国人文领域交往与合作

除国家层面的合作外，鼓励双方地方政府、企业和民间积极开展文化、卫生、教育、体育等方面的交流，双方互派艺术团访演，举办电影节、书画展，缔结友好城市，合建孔子学院等，促进两国人民的相互了解、信任，提高经贸合作水平。

第三节　甘肃与塞浦路斯经贸关系

一、甘肃与塞浦路斯的经贸情况

2005年，塞浦路斯农产品进口额为5.05亿美元，占进口总额的比重为7.91%。2017年，塞浦路斯农产品进口额增加到7.94亿美元，占进口总额的比重为8.54%，分别比2005年增加2.89亿美元和0.63个百分点，表明塞浦路斯农产品的进口规模和消费能力在扩大；而林业和渔业产品进口额在进口总额的占比不大，但2017年比2005年显著下降。2017年，塞浦路斯工业产品进口额为69.41亿美元，比2005年的43.54亿美元增加了59.42%，在进口总额中的比重也增加了6.48个百分点（参见表18-4）。

表 18-4　塞浦路斯农业、林业、渔业、工业产品进口情况

年度	进口总额（亿美元）	农产品		林业产品		渔业产品		工业产品	
		进口额（亿美元）	比重（%）	进口额（亿美元）	比重（%）	进口额（亿美元）	比重（%）	进口额（亿美元）	比重（%）
2005	63.82	5.05	7.92	1.24	1.96	0.76	1.20	43.54	68.23
2017	92.91	7.94	8.55	0.13	0.14	0.67	0.72	69.41	74.71

数据来源：根据 2005 年与 2017 年 ITC（International Trade Center）数据整理。

2005 年，塞浦路斯农产品出口额为 1.66 亿美元，占出口总额的比重为 10.74%；2017 年，塞浦路斯农产品出口额增加到 4.26 亿美元，占出口总额的比重为 12.65%，分别比 2005 年增加 2.6 亿美元和 1.91 个百分点；而林业产品和渔业产品出口规模很小。塞浦路斯工业产品出口额在出口总额中处于绝对比重，2017 年为 14.02 亿美元，比 2005 年的 13 亿美元增加了 1.02 亿美元，但在出口总额中的比重出现了大幅下降（参见表 18-5）。

表 18-5　塞浦路斯农业、林业、渔业、工业产品出口情况

年度	出口总额（亿美元）	农产品		林业产品		渔业产品		工业产品	
		出口额（亿美元）	比重（%）	出口额（亿美元）	比重（%）	出口额（亿美元）	比重（%）	出口额（亿美元）	比重（%）
2005	15.46	1.66	10.74	0.01	0.06	0.31	2.01	13	87.18
2017	33.67	4.26	12.65	0.02	0.06	0.34	1.01	14.02	41.64

数据来源：根据 2005 年与 2017 年 ITC（International Trade Center）数据整理。

甘肃与塞浦路斯的经贸合作规模很小。2010 年甘肃对塞浦路斯出口了价值 500 万元的商品，占当年甘肃对西亚国家出口总额的 0.2%。2016 年甘肃与塞浦路斯没有贸易往来。双方经贸关系处于低水平（参见表 18-6）。

表 18-6　2010 年与 2016 年甘肃对塞浦路斯和西亚国家进出口总额情况

单位：万元

区域	2010 年			2016 年		
	进出口总额	进口总额	出口总额	进出口总额	进口总额	出口总额
塞浦路斯	500	0	500	0	0	0
西亚国家	330002	121618	208384	201056	15573	185483

数据来源：根据国家统计局发布的数据整理。

二、甘肃与塞浦路斯的潜在务实合作

塞浦路斯是西亚地区的一个高收入小国,以服务业为主,与甘肃经贸合作很少,但潜在合作机会和条件是满足的。从塞浦路斯农业、林业、渔业、工业商品进出口情况分析,塞浦路斯的农产品在国民经济中所占份额较小,但在进出口总额中的比重并不低,说明农产品的进出口额在塞浦路斯商品进出口总额中的份额一直处于稳定并略有增加的状态。从农产品进出口明细分析,塞浦路斯进口的农产品种类集中在乳制品、鸟蛋、天然蜂蜜、食用蔬菜、烟草、水果、谷物、面粉、肉类等,这与甘肃农产品生产种类有较高的契合度;而林业、渔业商品进口额度小,与甘肃林业、渔业产品生产种类契合度较低。从工业品进出口明细分析,塞浦路斯进口的工业品集中在船舶、船只及浮动构筑物,矿物燃料、矿物油及其蒸馏产物,沥青物质,矿物蜡,电动机械和设备及其部件、录音机和复印机、电视,机械和机械装置、核反应堆、锅炉及其部件等,与甘肃出口的工业产品契合度较低。因此,甘肃与塞浦路斯的潜在务实合作在农产品领域。由于塞浦路斯商品生产、消费标准执行欧盟标准,甘肃农产品生产也要按照欧盟标准执行,双方才有合作的可能。

参考文献

计金标,梁昊光,2018."一带一路"投资安全蓝皮书:中国"一带一路"投资安全研究报告(2018)[R].北京:社会科学文献出版社.

李敬,谢晓英,李然,2017."一带一路"相关国家贸易投资关系研究:西亚北非十六国[M].北京:经济日报出版社.

罗林,2017.阿拉伯黄皮书:阿拉伯发展报告(2015—2016)[R].北京:社会科学文献出版社.

罗林,2018.阿拉伯黄皮书:阿拉伯发展报告(2017—2018)[R].北京:社会科学文献出版社.

杨光,2012.中东黄皮书:中东发展报告 No.14(2011—2012)[R].北京:社会科学文献出版社.

杨光,2013.中东黄皮书:中东发展报告 No.15(2012—2013)[R].北京:社会科学文献出版社.

杨光,2015.中东黄皮书:中东发展报告 No.17(2014—2015)[R].北京:社会科学文献出版社.

杨光,2016.中东黄皮书:中东发展报告 No.18(2015—2016)[R].北京:社会科学文献出版社.

杨光,2018.中东黄皮书:中东发展报告 No.20(2017—2018)[R].北京:社会科学文献出版社.

张廉,段庆林,王林聪,等,2016.中阿蓝皮书:中国-阿拉伯国家经贸发展报告(2016)[R].北京:社会科学文献出版社.

张廉,段庆林,王林聪,等,2017.中阿蓝皮书:中国-阿拉伯国家经贸发展报告(2017)[R].北京:社会科学文献出版社.

后 记

"一带一路"倡议的提出，是促进人类发展，造福世界人民，构建人类命运共同体的伟大实践。"一带一路"建设在世界范围内受到广泛欢迎和响应。

受"甘肃向西开放务实合作"专项课题组的委托，本课题组承担了"甘肃向西开放务实合作·西亚篇"的研究和专著编写工作。

2018年6月，课题组接受任务后，开始按照编写要求，制定编写提纲，走访甘肃省商务厅、统计局、农牧厅、兰州海关以及甘肃省图书馆，协调和收集相关信息和资料。

本书秉持客观公正、严谨的原则，以国家有关经济发展政策和甘肃省经济发展规划及商务战略部署为背景，在"一带一路"倡议下，重点分析了西亚地区17个国家的基本国情、经济结构、对外贸易；与中国的务实合作状况；与甘肃的经济贸易关系及合作发展现状、走势、差距和问题，潜在的合作机会和条件；提出向西务实合作的对策建议，对甘肃向西开放、务实合作提供了可操作的思路和基础理论支持。

本书共分十八章。第一章以甘肃与西亚国家务实合作作为总论，第二章到第十八章分别以西亚各国与甘肃进出口贸易额大小为序，依次从阿联酋、沙特阿拉伯、伊朗、土耳其、以色列、伊拉克、阿曼、约旦、也门、黎巴嫩、科威特、卡塔尔、巴林、叙利亚、阿富汗、巴勒斯坦、塞浦路斯与甘肃务实合作展开。

全书由韩建民教授执笔并审订校对，牟杨、薛斌斌、郭刚强、蔺文军、王潮卿、王欣雅、张靖参与了收集、整理资料以及分析数据等工作。

由于西亚十七国与甘肃的相关详细资料难以全面收集，因此笔者在编写过程中对西亚各国与甘肃经济贸易关系的梳理、研究和预测仍不够深入、具体。

后 记

"一带一路"建设是甘肃摆脱贫困、加快发展的难得的历史性机遇。甘肃向西开放务实合作，是甘肃省委省政府做出的一项重大决策，是把准甘肃发展脉搏，加快推进甘肃全方位对外开放，推进国内、国外两个市场统筹发展的具体措施。